Temps et aspect:
de la grammaire au lexique

Cahiers Chronos

10

Collection dirigée par   Carl Vetters (Université du Littoral – Côte d'Opale)

Directeur adjoint: Patrick Caudal (CNRS – Université Paris 7)

Comité de lecture: Céline Benninger (Université de Valenciennes)
    Anne-Marie Berthonneau (Université de Lille 3)
    Andrée Borillo (Université de Toulouse-Le Mirail)
    Philippe Bourdin (Université York - Toronto)
    Anne Carlier (Université de Valenciennes)
    Renaat Declerck (KULAK-Courtrai)
    Walter De Mulder (Université d'Artois)
    Patrick Dendale (Université de Metz)
    Ilse Depraetere (KUB - Bruxelles)
    Dulcie Engel (University of Swansea)
    Laurent Gosselin (Université de Rouen)
    Véronique Lagae (Université de Valenciennes)
    Sylvie Mellet (CNRS - Université de Nice)
    Arie Molendijk (Université de Groningue)
    Catherine Schnedecker (Université de Metz)
    Liliane Tasmowski-De Ryck (Université d'Anvers - UIA)
    Marleen Van Peteghem (Université de Lille 3)
    Co Vet (Université de Groningue)
    Carl Vetters (Université du Littoral - Côte d'Opale)
    Svetlana Vogeleer (Institut Libre Marie Haps - Bruxelles)
    Marcel Vuillaume (Université de Nice)

Ce volume est une réalisation de l'équipe de recherche "Modalités du Fictionnel" de l'Université du Littoral - Côte d'Opale

Temps et aspect:
de la grammaire au lexique

textes réunis par

Véronique Lagae *(ed and introd.)*
Anne Carlier *(ed. and introd)*
Céline Benninger *(ed. and introd.)*

Amsterdam - New York, NY 2002

Le papier sur lequel le présent ouvrage est imprimé remplit les prescriptions
de "ISO 9706:1994, Information et documentation - Papier pour documents -
Prescriptions pour la permanence".

The paper on which this book is printed meets the requirements of ISO
9706:1994, Information and documentation - Paper for documents -
Requirements for permanence'.

ISBN: 90-420-1133-5
Editions Rodopi B.V., Amsterdam - New York, NY 2002
Printed in The Netherlands

Table des matières

Présentation

Véronique LAGAE

Université de Valenciennes et du Hainaut-Cambrésis

Anne CARLIER

Université de Valenciennes et du Hainaut-Cambrésis

Céline Benninger

Université Marc Bloch – Strasbourg 2

Temporalité et aspect peuvent être exprimés tant par la grammaire que par le lexique. De la comparaison entre langues, il ressort toutefois qu'il n'est pas possible d'établir une répartition, valable pour toutes les langues, des tâches dévolues à la grammaire et au lexique dans l'expression du temps et de l'aspect. Pour l'aspect en particulier, les différences entre les langues sont grandes. Ainsi certaines oppositions qui relèvent de l'aspect lexical en français se présentent comme grammaticalisées dans les langues slaves. Même à l'intérieur d'une même langue, on ne peut admettre l'existence d'une réelle frontière entre grammaire et lexique. En effet, certains marqueurs temporels ou aspectuels se trouvent dans la zone frontière entre ces deux domaines. Il en va ainsi des semi-auxiliaires d'aspect en français : leur origine étant lexicale, ils ont subi un processus de grammaticalisation qui n'a toutefois pas entièrement abouti. Par ailleurs, on observe des interférences voire des incompatibilités entre aspect grammatical et aspect lexical. Sans prétendre apporter des réponses générales à la problématique soulevée ici, le présent recueil se propose d'ouvrir des pistes de réflexion en explorant quelques-uns des moyens propres à l'expression de la localisation temporelle et de l'aspect, des plus grammaticalisés aux plus nettement lexicaux, en particulier la construction verbale (A. Carlier, V. Lagae), l'auxiliaire *be* associé à V-*ing* (G. Girard, G. Mélis), les semi-auxiliaires (D. Battistelli et J.-P. Desclés), les préfixes (D. Amiot, A. Israeli, D. Paillard), les compléments temporels (L. José, H. de Penanros) et les noms (N. Flaux, K. Paykin).

Relativement au domaine de la grammaire, deux contributions sont consacrées à la diathèse. Quoique le choix de la diathèse soit prioritairement un choix qui concerne la place que l'on accorde à l'agent et, de manière secondaire, au patient, il n'en reste pas moins que ce choix peut avoir des implications aspectuelles. Anne Carlier examine sous cet angle le passif périphrastique, formé par *être* + participe passé. Partant de l'observation que, par rapport à la phrase active *Le sommelier sert le vin*, la phrase passive se distingue en ce qu'elle tend à évoquer non pas le procès en tant que tel mais l'état résultant de ce procès (*Le vin est servi*) ou le procès itéré (*Le vin est servi par le sommelier*), l'auteur défend l'hypothèse que ces glissements de sens s'expliquent par le fait que le passif, par la présence du verbe *être*, se présente aspectuellement comme statif. Elle analyse ensuite l'impact des temps verbaux sur l'interprétation du passif périphrastique et montre que la valeur aspectuelle des temps verbaux interagit avec celle du passif selon une relation hiérarchique : la valeur aspectuelle liée au passif se trouve dans la portée de l'aspect lié aux temps verbaux. Cette même relation hiérarchique existant au niveau morphologique entre flexion temporelle et flexion de dia-thèse, les faits étudiés ici appuient l'hypothèse, défendue par Givón, d'une relation iconique entre la forme des structures linguistiques et le contenu linguistique véhiculé par ces structures.

Outre la forme périphrastique *être* + participe passé (*Ce sport est pratiqué en plein air*), le français dispose d'une seconde forme pour l'expres-sion du passif, à savoir le tour pronominal (*Ce sport se pratique en plein air*). Il a été avancé que le recours à la construction pronominale pour l'expression du passif a pour fonction principale de suppléer aux restrictions d'emploi, surtout aspectuelles, du passif périphrastique. Après avoir rappelé les caracté-ristiques distinctives du passif pronominal, Véronique Lagae examine deux hypothèses qui ont été proposées afin d'expliquer cette coexistence de deux formes concurrentes, hypothèses qui soutiennent toutes deux l'idée d'une complémentarité, basée sur la propriété '(non) occurrentiel', d'une part, sur la propriété '(in)accompli', d'autre part. Il ressort de cette étude que, si l'on observe effectivement des tendances inverses dans la distribution des deux formes, il n'est pas possible de rendre compte de toutes les données au moyen d'oppositions binaires.

Les deux contributions suivantes sont consacrées à la forme périphras-tique *be* + V-*ing* en anglais. Celle de Gérard Mélis vise à dégager l'invariant sous-jacent aux deux lectures pouvant être distinguées pour ces formes : une lecture aspectuelle (*He was reading when the phone rang*) où la forme péri-phrastique marque l'inaccompli et une lecture dénominative (*When a girl of twenty marries a man close to eighty, she is marrying him for money*), qui regroupe la valeur anaphorique et la valeur modale. Mettant en évidence les facteurs qui orientent l'interprétation dans un sens ou dans l'autre, l'auteur en arrive à la conclusion que les deux propriétés fondamentales de la forme périphrastique sont son caractère localisant, d'une part, et l'identification qui est opérée avec un autre contenu, d'autre part. Cette identification s'établit, dans le cas de la lecture aspectuelle, entre les moments d'actualisation, menant ainsi à une interprétation de concomitance, et se fait, dans le cas de la lecture dénominative, entre les notions engagées dans la situation discursive, ouvrant ainsi la possibilité au locuteur d'offrir une représentation subjective d'un état de fait.

Centrée sur les séquences *be* + V-*ing* construites avec des verbes exprimant le dire ou toute autre forme d'attitude mentale (*When she said that, she was lying*), l'étude de Geneviève Girard s'intéresse plus particulièrement à une valeur qui relève d'après Gérard Mélis de la lecture dénominative, à savoir la valeur de « commentaire ». Ce faisant, l'auteur s'interroge sur la façon dont celle-ci peut être mise en relation avec la valeur aspectuelle d'imperfectivité attribuée à la forme périphrastique. Elle avance que l'unité de la forme périphrastique consiste en ce que son utilisation marque un écart référentiel entre la notion que code le verbe dans le lexique et le sens visé par l'énonciateur, soit, dans le cas de la lecture aspectuelle, parce que le terme du procès, qui est constitutif de son existence, n'est pas atteint, soit, dans le cas de la lecture de « commentaire », parce que l'énoncé comportant la forme *be* + V-*ing* n'évoque qu'une interprétation d'un énonciateur. Cette hypothèse lui permet en outre d'expliquer la préférence que manifestent certains verbes pour la forme périphrastique ainsi que le rôle que peut jouer la complémentation du verbe dans le choix entre forme simple et forme périphrastique. En définitive, les contributions de Gérard Mélis et de Geneviève Girard remettent toutes deux en cause l'existence d'une opposition stricte entre les valeurs aspectuelle et anaphorique associées à *be* + V-*ing*.

Delphine Battistelli et Jean-Pierre Desclés proposent une analyse sémantique et formelle de six semi-auxiliaires du français exprimant des modalités d'action (*se mettre à, commencer à, continuer à, être en train de, finir de* et *cesser de*), et ce dans le cadre de la Grammaire Applicative et Cognitive. Les auteurs établissent une hiérarchie entre opérateurs aspectuo-temporels et opérateurs de modalité d'action pour aboutir au schéma énonciatif suivant : l'opérateur aspectuo-temporel opère sur l'opérateur de modalité d'action, lequel s'applique à son tour à l'événement prédicatif tel qu'il est donné par le lexème verbal. Leur étude aboutit à une explication des inférences déclenchées par la présence des modalités d'action (par ex. *Pierre est en train de travailler à sa thèse. Donc, il y a eu un moment où il s'est mis à travailler à sa thèse.*).

Trois contributions de ce volume relèvent du domaine de la morphologie dérivationnelle et sont consacrées à la préfixation. Certains préfixes sont couramment associés à des valeurs aspectuelles telles que l'itération ou la perfectivité et sont dès lors considérés comme des marques morphologiques d'aspect. Cette position n'est pas sans susciter un certain nombre de questions, notamment en ce qui concerne les rapports complexes qu'entretient le préfixe avec la base, questions que n'hésitent pas à aborder Dany Amiot et Denis Paillard.

Ainsi, Dany Amiot analyse la façon dont se construit le sens des verbes français préfixés au moyen de *re-* et soumet à un examen critique l'hypothèse considérant *re-* comme un préfixe aspectuel. Elle analyse les différentes interprétations que présentent les verbes construits par le préfixe *re-* en s'interrogeant sur la part qui, dans ces interprétations, revient respectivement au préfixe et à la base et arrive ainsi à la conclusion que la valeur itérative du préfixe *re-* est une constante dans toutes les interprétations relevées. Quoique la valeur d'itération relève de l'aspect, on ne peut pour autant considérer le préfixe *re-* comme un préfixe aspectuel si l'on admet avec Guillaume que l'aspect peut être défini comme « le temps impliqué » du verbe, c'est-à-dire le temps destiné à « porter » la réalisation du procès verbal, car la valeur d'itération associée au préfixe *re-* ne concerne pas toujours le procès.

En russe, la préfixation verbale est associée à la notion de perfectif, dans la mesure où la forme perfective du verbe est dans la majorité des cas obtenue par préfixation à partir d'une base verbale imperfective. On ne saurait toutefois réduire l'opposition entre perfectif et imperfectif à celle entre accompli et inaccompli : d'une part, le nombre important de préfixes – une vingtaine au total – montre qu'il s'agit d'une opposition plus complexe, d'autre part, la dérivation de la forme perfective par préfixation donne lieu à quatre types d'interprétations très diverses sans que l'on puisse pour autant observer une spécialisation de tel préfixe verbal en tel type d'interprétation. Pour rendre compte de ces données complexes, Denis Paillard propose de définir les préfixes (ou préverbes) du russe comme des relateurs et dans ce cadre, les rapports entre le préfixe et la base sont envisagés comme une combinatoire de deux scénarios, le premier associé au préfixe et le second au verbe qui constitue la base. L'étude de cette combinatoire permet de distinguer trois configurations – juxtaposition, reconstruction et greffe – auxquelles il est possible de rattacher les diverses interprétations (de nature aspectuelle ou autres) traditionnellement associées à ces préfixes. L'auteur observe en outre une corrélation entre ces trois configurations et les constructions syntaxiques des verbes préfixés.

S'intéressant également à la préfixation en russe, Alina Israeli restreint toutefois son champ d'investigation aux seuls verbes de mouvement préfixés au moyen de *u-*, *vy-*, *po-*, *pri-* et *ot-*. Il ressort de cette étude que trois paramètres, à savoir le focus, la deixis et le point de vue, sont essentiels dans la description des conditions d'emploi de ces préfixes lorsqu'ils sont associés aux verbes de mouvement. Surtout, cette approche permet à l'auteur d'établir en quoi les quasi-synonymes *u-*, *vy-* et *po-* diffèrent et l'amène à distinguer deux fonctionnements de *ot-*.

Une dernière série de contributions est consacrée aux expressions lexicales du temps et de l'aspect. Les expressions lexicales par excellence de la localisation temporelle sont sans doute les compléments temporels. Deux contributions offrent un échantillon des formes variées que peuvent prendre ces compléments : l'une est consacrée aux groupes nominaux introduits par la locution prépositionnelle *lors de* (H. de Penanros), l'autre aux groupes nominaux sans préposition (L. José).

Hélène de Penanros fournit une caractérisation sémantique de la locution prépositionnelle *lors de* en la confrontant à deux locutions prépositionnelles de sens proche, *au moment où* et *à l'occasion de*. Envisageant ces prépositions comme des relateurs entre un repère Y, correspondant au groupe nominal introduit par la préposition, et un événement à localiser X, l'auteur examine la spécificité de chacune des trois locutions prépositionnelles en dégageant le statut qu'elles confèrent au repère Y et les contraintes qu'elles imposent à l'événement à localiser X. Cet examen révèle que, même si les locutions prépositionnelles *à l'occasion de, au moment où* et *lors de* ont en commun de sélectionner comme repère un événement et non pas, comme *pendant* ou *au cours de*, un intervalle, elles se distinguent par ailleurs entre elles : *à l'occasion de* prend en compte les propriétés qualitatives de l'événement Y, *au moment où* focalise sur sa localisation temporelle et *lors de* ne dissocie pas ces deux dimensions de l'événement.

Le point de départ de la réflexion de Laurence José est l'observation que certains compléments de localisation temporelle comme *le mois dernier* ou *le lundi* peuvent être construits directement lorsque le nom tête appartient à un ensemble limité de noms référant à une division temporelle. La préposition étant une marque segmentale du rapport de dépendance qui relie le complément temporel au prédicat verbal, l'auteur avance l'hypothèse que l'absence de cette marque segmentale implique que le rapport de dépendance avec le prédicat verbal est marqué d'une autre manière. Cette hypothèse est appuyée par une minutieuse analyse distributionnelle, qui met en évidence que l'absence de la préposition caractéristique de ces compléments temporels est liée au fait que l'identification du repère temporel fait intervenir des calculs de nature contrastive. Il est montré que cette lecture résulte de l'interaction de différents facteurs dont le plus important est le mode de repérage, marqué explicitement par des expressions de la deixis ou de l'anaphore ou implicitement par le sémantisme du nom temporel.

Les deux dernières études sont consacrées au lexique nominal. Certains noms peuvent en effet être dotés d'une étendue temporelle ou d'une structure aspectuelle comme le montrent Katia Paykin et Nelly Flaux respectivement à propos des noms météorologiques et des noms d'idéalités concrètes. Les deux auteurs s'attachent à caractériser ces classes particulières de noms en se fondant sur leur comportement linguistique et, dans cette optique, elles abordent notamment la question de la structure argumentale caractérisant ces noms.

Katia Paykin aborde le problème du classement des noms météorologiques du français, en complétant son étude de références au russe et à l'anglais. Dans un premier temps, elle soumet à un examen critique l'idée, évidente à première vue, que des liens morphologiques, syntaxiques ou sémantiques puissent être établis avec les verbes météorologiques correspondants et montre que les noms météorologiques présentent une originalité par rapport aux verbes correspondants : ils n'ont pas invariablement une lecture événementielle, mais peuvent être interprétés soit comme événement, soit comme état, soit comme substance. L'auteur propose ensuite, en étudiant le comportement linguistique de plusieurs noms de météores, un classement en fonction de ces trois types d'interprétations. Elle insiste toutefois sur le fait que ces trois sous-catégories ne sont pas clairement délimitées mais qu'il s'agit plutôt d'un continuum présentant, outre des cas plus ou moins prototypiques, des cas intermédiaires.

Les noms d'idéalités concrètes tels que *sonate*, qui dénotent des entités concrètes mais non sensibles, constituent d'après Nelly Flaux une catégorie à part parmi les noms concrets. Ces noms entretiennent un rapport virtuel au temps, car ils désignent fondamentalement des entités qui consistent en des « schémas » qui n'acquièrent une extension temporelle que par leur « exécution ». L'étude de leur combinatoire avec les déterminants, avec divers compléments et avec des noms « localisateurs » (*début, milieu, fin*) révèle que, malgré des propriétés communes, les noms d'idéalités concrètes ne forment pas une classe tout à fait homogène, notamment sur le plan de leur structure argumentale et de leur grille thématique. L'auteur discute enfin la nature du rapport sémantique qui relie les noms d'idéalités concrètes mais non sensibles (*ce roman est passionnant*) à leur lecture comme noms concrets sensibles (*ce roman est épais*).

La plupart des travaux rassemblés ici ont été présentés lors du troisième colloque *Chronos*, organisé à Valenciennes les 29 et 30 octobre 1998[1]. Nous tenons à remercier pour leur soutien précieux le Conseil Régional du Nord – Pas de Calais, l'Université de Valenciennes et du Hainaut-Cambrésis, la Faculté des Lettres, Langues, Arts et Sciences Humaines et le laboratoire de recherche CAMELIA – Centre d'analyse du message littéraire et artistique. D'autres contributions au colloque ont été réunies dans quatre recueils déjà

---

[1]   Les études d'A. Carlier, de N. Flaux et de V. Lagae ont été présentées au quatrième colloque *Chronos*, tenu à Nice les 18-20 mai 2000.

parus, consacrés aux temps du passé, au futur, au présent et au rôle textuel des temps verbaux[2].

[2]   Benninger, C. ; Carlier, A. ; Lagae, V., (éds), (2000). *Le présent, Travaux de linguistique* 40, Bruxelles : Duculot.
Benninger, C. ; Lagae V. ; Carlier, A., (éds), (2000). *Autour du futur, Verbum* XXII : 3, Nancy : Presses Universitaires.
Carlier, A. ; Lagae, V. ; Benninger, C., (éds), (2000). *Passé et parfait, Cahiers Chronos* 6, Amsterdam / Atlanta : Rodopi.
Benninger, C. ; Carlier, A. ; Lagae, V., (éds), (2002). *Temps et texte*, Valenciennes : Presses Universitaires.

Re-, préfixe aspectuel ? [1]

Dany AMIOT

Université d'Artois – Grammatica

0. Introduction

L'aspect préfixal est un domaine relativement peu étudié en français ; pour le morphologue néanmoins, il constitue un problème particulièrement intéressant dans la mesure où il permet de se demander si, en français, l'aspect peut être exprimé au moyen de marques morphologiques, comme dans les langues slaves. Je m'étais déjà intéressée à ce problème il y a quelques temps à propos du préfixe *pré-* [2]. Mais plus encore que *pré-*, *re-*, qui est censé exprimer l'itération, semble être le candidat idéal pour mener cette étude [3]. Pour R. Martin, qui écrit : « On reconnaîtra dans *re-* le préfixe aspectuel par excellence du français » (1971 : 82), cela semble aller de soi. Une telle affirmation ne peut cependant se justifier que si *re-* construit, de façon constante, des mots qui s'interprètent avec ce sens d'itération ; ce que ne semble pas confirmer, au moins à première vue, la consultation des dictionnaires. Le *TLF* par exemple, qui est à cet égard tout à fait représentatif, dégroupe les interprétations des mots construits par *re-* en trois grandes sous-catégories : « Mouvement d'inversion » – au « plan spatial » ou au « plan notionnel » ; « Retour à un état initial » et enfin « Répétition ou reprise après une interruption » (**s.v.** *re-*). Seule la dernière paraphrase paraît réellement exprimer ce sens d'itération, considéré comme fondamentalement aspectuel.

Pour mener mes analyses, je partirai de la « définition » très générale que G. Guillaume a donnée de l'aspect (ou du « mode d'action » si l'on respecte la distinction en usage), à savoir que celui-ci concerne « le temps impliqué », *i.e.* « le temps que le verbe emporte avec soi, qui lui est inhérent, fait partie intégrante de sa substance, et dont la notion est indispensablement liée au verbe » (Guillaume 1969 : 47) et je chercherai à déterminer (i) si *re-* construit toujours des mots qui s'interprètent avec un sens d'itération, ce que

---

[1]   Merci à Nelly Flaux et à Walter De Mulder pour leur relecture attentive et leurs précieuses suggestions. Merci aussi à mes relecteurs qui, par leurs commentaires, m'ont permis d'améliorer l'organisation d'ensemble de l'article.

[2]   Cf. Amiot (1995).

[3]   L'itération, c'est-à-dire la répétition, est généralement considérée comme un phénomène d'ordre aspectuel ; cf. Arrivé & *alii* (1986 : 81), Riegel & *alii* (1994 : 294), Denis & Sancier-Château (1994 : 65) ou Wilmet (1997 : 322), qui, au paragraphe consacré à l'aspect préfixal (§ 406), parle, lui, non d'itération, mais de « fonction réduplicative » justement à propos de *re–*.

ne laissent pas *a priori* supposer les paraphrases du *TLF*, et (ii) si l'itération construite concerne bien le procès lié au verbe dans les mots préfixés. En d'autres termes, pour que *re-* puisse être considéré comme un préfixe aspectuel dans le sens précisé ci-dessus, il faudra que les verbes préfixés servent à désigner une seconde occurrence (ou plus si le contexte le précise [4]) du procès désigné par le verbe de base.

Ceci implique quelques conséquences dans le choix de l'objet d'étude :

– Je limiterai mes analyses à une seule catégorie de mots préfixés, les verbes, laissant pour un autre travail l'étude des autres catégories construites par *re-* : les noms, les interjections et autres cas de figure (par exemple *j'ai re-faim, rebelote, rebonsoir*) ;

– L'analyse des verbes ne concernera que ceux dont le rapport avec la base est clairement analysable (du type *redescendre, resalir, repartir* ou *réopérer*) ; n'entreront donc pas dans mes analyses le cas de verbes comme *rendre* (dans lesquels la base n'est plus identifiable en français moderne) ou celui de verbes comme *recueillir, réparer* ou *repriser* dont le sens ne peut s'interpréter actuellement à partir, respectivement, des verbes *cueillir, parer* ou *priser*.

Les analyses présentées se limiteront donc aux verbes construits par le préfixe *re-* du français moderne qui s'interprètent de façon régulière, par association du sens du préfixe et de celui de la base [5] ; cela peut sembler regrettable - des cas intéressants resteront nécessairement inexpliqués – mais c'est l'extrême complexité des faits qui m'a conduite à restreindre l'analyse de façon aussi drastique [6].

1. L'itération concerne le procès

Ce cas est extrêmement fréquent [7] et pour en rendre compte, nous nous appuierons sur les deux séries d'exemples suivants :

---

[4]   Par exemple : *Tu te rends compte, Pierre a été réopéré ; ça fait la troisième fois en quelques mois.*

[5]   Les verbes, et même aussi parfois les exemples, à partir desquels je vais mener mes analyses ont, dans leur grande majorité, été choisis parmi ceux cités par le *TLF* sous l'entrée du préfixe *re-* ; il m'a par contre fallu parfois remettre en cause certaines des distinctions ou des classifications proposées, comme cela apparaîtra dans le cours de l'article.

[6]   Je ne distinguerai pas non plus ici les différentes variantes de *re-* : *ré-, ra-*, etc. ; cf. à ce sujet Mok (1964, 1980) ou Fuchs (1992).

[7]   Le *TLF* regroupe la plupart des verbes de ce type sous le paragraphe III, qui a pour titre « Le préfixe exprime la répétition du procès ou sa reprise après une interruption », et qui est effectivement le paragraphe où figurent le plus d'occurrences de verbes préfixés par *re-*.

(1)   La danse reprit ; Vésalius réinvita Amalia de Cardenas, qui fit une plaisante moue. (Borel, cité par le *TLF*, **s.v.** *re-*)

(2)   Évidemment, Folcoche ne mourut point. Elle fut seulement réopérée. (Bazin, cité par le *TLF*, **s.v.** *re-*)

(3)   Perronet (…) recalcula les caractéristiques des arches, auxquelles il donna une forme extra-plate déjà moderne. (Rousseau, cité par le *TLF*, **s.v.** *re-*)

(4)   La grêle vient de tomber, le soleil rebrille. (Flaubert, cité par le *TLF*, **s.v.** *re-*)

(5)   Il y a de ces moments où je me trouve à sec, où mon esprit tarit comme une source, puis il recoule. (E. de Guérin, cité par le *TLF*, **s.v.** *re-*)

(6)   Il passa le gymnase, il passa le boulevard Bonne-Nouvelle, ainsi s'arrêtant, puis remarchant. (Goncourt, cité par le *TLF*, **s.v.** *re-*)

Dans les deux séries d'exemples, le verbe dérivé exprime l'itération et cette itération concerne bien le procès : on présuppose en effet qu'une première occurrence du procès désigné par le verbe de base a eu lieu (Vésalius a déjà invité Amalia ; Folcoche a déjà été opérée ; le soleil brillait; etc.) et qu'une seconde occurrence du même procès a eu ou doit avoir lieu (selon le temps du verbe) : Vésalius invite à nouveau Amalia ; Folcoche fut à nouveau opérée ; le soleil brille à nouveau [8] ; etc.

---

[8]   Dans les paraphrases que je propose, je ne fais pas la distinction, comme il est sans doute possible de le faire, entre *à nouveau* et *de nouveau* ; cf. à ce sujet Camus (1992).

Le cas de *reprendre* de l'exemple (1), qui n'est pas glosé, est un peu particulier. Dans cet emploi, *reprendre* signifie 'recommencer' : si on reconnaît plus ou moins le sens du préfixe, on n'y retrouve pas le sens du verbe de base ; le sens de *reprendre* dans cette acception n'est pas compositionnel par rapport au sens des éléments qui le constituent. Par contre, dans d'autres emplois, ce verbe peut s'interpréter tout à fait régulièrement, comme les autres verbes analysés dans le cadre de cet article, ainsi par exemple dans *reprendre sa place, reprendre du poulet* ('prendre à nouveau sa place / du poulet') ou même *reprendre racine* ('prendre à nouveau racine'). Ce cas est assez fréquent, notamment lorsqu'un verbe est attesté depuis longtemps. Le verbe *réunir* illustre le cas de figure inverse : ce verbe peut encore signifier 'unir à nouveau', ce qu'il a effectivement signifié au point de départ, comme l'atteste le *Robert Historique* « Remettre ensemble des choses (qui avaient été séparées) » (**s.v.** *unir*). Mais ce sens purement dérivationnel a été supplanté en français moderne et *réunir* signifie en général « Faire en sorte d'être ensemble » (*ibid*), interprétation où l'on ne perçoit plus le sens du préfixe (contrairement à *reprendre*). Je ne m'attarderai pas davantage sur ces phénomènes de « désémantisation » dans le cadre de ce travail, même s'ils sont fréquents et concernent d'ailleurs tous les affixes.

Mais comme le suggère le titre du *TLF*, il semble que tous les verbes ne s'interprètent pas exactement de la même façon, ce qu'illustrent les deux séries d'exemples : dans la première série, les deux occurrences du procès apparaissent comme réellement distinctes l'une de l'autre alors que dans la deuxième série, la seconde occurrence se présente plutôt comme la reprise de la première occurrence, après interruption ; il y a en quelque sorte dans ce dernier cas retour à une situation initiale (le soleil brillait, il ne brillait plus (lorsque la grêle s'est mise à tomber), puis il a recommencé à briller).

Cette variation dans l'interprétation paraît en fait tout à fait logique lorsque l'on examine le sémantisme des verbes qui servent de base aux verbes dérivés :

(i) Ceux de la première série d'exemples sont des verbes perfectifs, ou perfectivés par leur complément. La perfectivité de ces verbes implique que la première occurrence du procès, présupposée par *re-*, soit conçue comme accomplie, la seconde occurrence ne pouvant alors être comprise que comme une autre instanciation du même procès, distincte de la première. Entre ces deux occurrences, il y a nécessairement une interruption conçue comme un espace temporel vide [9] et limitée de façon extrinsèque par la borne finale de la première occurrence du procès et la borne initiale de la seconde occurrence.

L'interprétation de ces verbes paraît donc mettre en jeu une sorte de schéma à trois temps : /1ère occurrence du procès/ → /interruption/ → /2ème occurrence du procès/, où les deux premiers temps sont présupposés et le troisième posé [10]. Une telle interprétation peut tout simplement se paraphraser par 'V à nouveau'.

---

[9] Lorsque j'affirme que l'espace temporel existant entre les deux occurrences du procès est « vide », je ne prétends pas qu'un procès (ou même plusieurs) ne puissent s'insérer dans cet intervalle ; l'exemple suivant : *il a été jugé, incarcéré puis rejugé*, qui m'a été donné par N. Flaux, suffirait à l'infirmer ; ce que j'entends par là, c'est que la préfixation par *re-* ne dit rien de cet intervalle qui existe *de facto*, dans la mesure où il résulte de la perfectivité du verbe de base. La longueur de l'interruption, le fait que des événements puissent venir, ou non, s'y insérer dépend des connaissances que nous avons du monde et non de l'opération de préfixation elle-même.

[10] J'ai pris le parti, dans cet article, de considérer que *re-* établissait un schéma à trois temps (ce schéma va en effet se retrouver tout au long de l'analyse), mais ce choix peut susciter des critiques : le second temps, ici conceptualisé comme une interruption, peut être mis en cause car il n'est peut-être qu'un effet sémantique induit. Si tel était le cas, *re-* n'établirait alors qu'un schéma à deux temps et non à trois, avec un seul présupposé et un seul posé. Je manque encore pour l'instant d'arguments pour choisir réellement entre l'une ou l'autre solution.

(ii) Les verbes de base de la seconde série d'exemples sont, quant à eux, des verbes imperfectifs - selon la terminologie de Vendler (1967) verbes d'état (*briller*) ou verbes d'activité (*couler, marcher*). Comme les procès désignés par les verbes de base sont conçus comme n'ayant pas de limites intrinsèques, c'est l'opération de préfixation elle-même qui va imposer des limites au procès, afin de pouvoir construire le schéma interprétatif que nous avons mis en évidence précédemment [11]. La première occurrence du procès, toujours présupposée, ne peut dans ce cas être conçue comme accomplie, elle est en quelque sorte suspendue, interrompue mais non achevée ; la seconde occurrence ne peut alors constituer une autre occurrence distincte de la première mais se présente comme la reprise de celle-ci, et donc, d'une certaine façon comme un retour à la situation antérieure.

Re- porte donc, comme précédemment, sur le procès désigné par le verbe de base, mais c'est le sémantisme de celui-ci qui donne lieu à une interprétation différente. Pour distinguer cette interprétation de la précédente, je propose de la paraphraser par 'V à nouveau avec retour à la situation antérieure'

Ce sont ces nuances interprétatives, dues à l'aspect perfectif ou imperfectif du verbe de base, qui transparaissent dans la distinction que fait le *TLF* dans le titre mentionné précédemment (les exemples donnés *supra* sont d'ailleurs tous empruntés à cette partie).

Pour confirmer ce qui vient d'être dit, et montrer que ces deux types d'interprétations peuvent parfois, et selon le contexte, se retrouver pour un même verbe, je me propose d'analyser les deux exemples suivants dans lesquels figure le verbe *reboire* :

(7)   a.   On m'a dit que Jean rebuvait.

       b.   Je reboirais bien un petit verre.

En (7a) *Jean rebuvait* signifie que 'Jean a recommencé à boire' : /il buvait/ → /il s'est arrêté de boire/ → /il boit à nouveau/ ; c'est donc un « à nouveau » qui est interprété comme retour à une situation antérieure ; alors qu'en (7b), *reboirais* s'interprète comme 'boire à nouveau' mais sans que soit présupposé un retour vers une quelconque situation antérieure : deux occurrences distinctes de procès se succèdent, l'une antérieure et présupposée, l'autre envisagée et posée comme telle. Cette différence d'interprétation illustre tout à fait ce qui vient d'être dit : en (7a), *reboire*, employé sans complément, doit être considéré comme un verbe d'activité (activité habituelle), c'est donc un verbe imperfectif, et on a vu que ce type de verbes était justement interprété

---

[11]   */1° occurrence du procès* = il pleuvait ; « il » marchait/ → /*interruption* = il ne pleut plus ; « il » ne marche plus, il s'arrête/ → /*2° occurrence du procès* = il recommence à pleuvoir ; il poursuit sa marche/.

de cette façon ; en (7b) en revanche, le verbe *reboire* est suivi d'un COD qui le rend perfectif, le complément introduisant une limite au procès, il s'interprète donc tout à fait régulièrement comme référant à une seconde occurrence du procès désigné par le verbe de base, distincte du premier procès présupposé, soit : « boire à nouveau un petit verre ».

Je voudrais maintenant étudier le cas de verbes dont l'interprétation diffère apparemment de celle des verbes qui viennent d'être analysés et qui pourtant vont pouvoir être considérés comme de simples variantes de celles-ci ; il s'agit :

– de verbes comme *relancer* ou *réexpédier* pour lesquels le *TLF* affirme que le préfixe exprime un mouvement d'inversion soit sur le plan notionnel (par exemple dans *redonner* ou *relancer*, il exprime alors la « réciprocité ») soit sur le plan spatial (dans *réexpédier* par exemple, il exprime alors le « retour vers le point de départ »).

– des verbes comme *réemmancher* ou *reboutonner* pour lesquels le *TLF* affirme que le préfixe exprime le « retour à un état initial ».

1.1. « Mouvement d'inversion » et itération du procès

J'examinerai d'abord l'exemple suivant :

(8)   Jean renvoie la balle à Marie.

Le verbe *renvoyer* exprime ici bien l'action en retour, la réciprocité comme le note le *TLF*. Dire en effet que Jean renvoie la balle à Marie, c'est présupposer qu'auparavant Marie a envoyé la balle à Jean ; il y a donc bien ici aussi deux occurrences du procès 'envoyer' (*renvoyer* présuppose donc, comme dans les autres cas analysés, une première occurrence du procès désigné par le verbe de base), mais la situation globale dans laquelle s'inscrit le procès ne reste pas identique, et n'est donc pas, elle, réitérée : dans la première occurrence du procès (présupposée), Marie est l'agent et Jean le bénéficiaire, alors que dans la seconde occurrence (posée), c'est Jean qui devient l'agent et Marie la bénéficiaire.

Une telle interprétation ne peut être construite avec n'importe quel verbe ; il faut en effet que celui-ci soit un verbe d'échange. Il est nécessaire que :

– le verbe de base soit un verbe de valence trois ;

– le premier et le troisième arguments réfèrent à de l'humain (ou tout au moins à de l'animé) pour que puissent leur être associés les rôles d'agent et de bénéficiaire ;

– que le second argument, le thème, qui transite entre l'agent et le bénéficiaire, réfère à une entité concrète (ou concrétisable d'une façon ou d'une autre [12]).

Lorsque cet ensemble de conditions est réuni, le verbe préfixé par *re-* peut sans aucune difficulté s'interpréter de cette façon ; il en est ainsi dans les exemples qui suivent :

(9)   Le joueur redonne / relance le ballon au gardien.

(10)   Je leur ai déjà réexpédié la lettre.

(11)   Pourquoi n'a-t-on pas plié l'Espagne et le Portugal à un traité de commerce à long terme, qui eût repayé tous les frais de leur délivrance. (Las Cases, cité par le *TLF*, **s.v.** *re-*) [13]

Par contre, il en va différemment lorsque l'une de ces conditions n'est pas respectée :

(12)   On réaccuse le maire de s'être enrichi au détriment de la collectivité.

(13)   Pierre nous réannonce une nouvelle surprenante.

(14)   Jean a renvoyé une balle à Marie.

– en (12), le verbe de base *accuser* est bien un verbe de valence trois mais le troisième argument ne réfère pas à de l'humain (cf. *accuser qqn de qqch* ; avec le verbe *accuser,* cet argument est saturé par un complément propositionnel) et ne peut donc assumer le rôle de bénéficiaire ;

– en (13), c'est le second argument qui est en cause : il ne réfère pas à une entité concrète, ou au moins concrétisable dans ce contexte[14] ;

---

[12]   Pour un exemple de ce type, cf. exemple (11) et note 13.

[13]   Dans certains cas, comme dans cet exemple, le bénéficiaire peut ne pas être explicitement mentionné ; on constate aussi que le second argument (*tous les frais de leur délivrance*) ne réfère pas à proprement parler à une entité concrète, mais qu'il peut être considéré comme « concrétisable » dans la mesure où ce qui va transiter entre d'une part l'Espagne et le Portugal et d'autre part le bénéficiaire pour repayer les frais engagés pour la délivrance des deux premiers, c'est de l'argent, de l'or, ou d'autres entités monnayables.

[14]   Dans un autre contexte, le nom *nouvelle* pourrait sans nul doute référer à une entité concrète (*J'ai reçu de ses nouvelles dernièrement*). Pour W. De Mulder, c'est le verbe qui détermine le fait que le nom soit ou non « concrétisable » (*renvoyer, recevoir vs annoncer*) ; ce qui me paraît être effectivement souvent le cas, même si d'autres facteurs peuvent intervenir dans l'interprétation de ce type de noms, qui appartient certainement à la catégorie des « noms concrets non physiques » (par exemple *sonate* ou *récit*) comme les dénomme N. Flaux (1999).

– en (14) enfin, c'est à nouveau le second argument qui est concerné, mais pour une raison différente. Le nom *balle* réfère bien à une entité concrète, mais le déterminant indéfini *une* indique qu'il ne s'agit pas de la même balle ; l'interprétation en termes de retour, même si elle n'est pas réellement impossible, est cependant nettement moins naturelle. Il faudrait un contexte plus large pour orienter l'interprétation dans ce sens. Sans ce contexte, on interprète *relancer une balle* en (14) comme 'lancer à nouveau une balle / lancer une nouvelle balle', *i.e.* avec un sens purement itératif.

Dans ces trois derniers exemples, le verbe dérivé s'interprète donc tout simplement comme les verbes perfectifs analysés précédemment, il peut donc se paraphraser par 'V à nouveau'.

On constate donc que les verbes d'échange ne constituent qu'un cas particulier par rapport à l'interprétation générale ('V à nouveau') : dans les deux cas, il y a itération du procès désigné par le verbe de base, la première occurrence étant présupposée et la seconde, distincte, étant posée. Ce qui diffère par contre, c'est le fait que, dans le cas des verbes perfectifs (du type *réopérer*), toute la « scène actancielle » est réitérée « à l'identique »[15] alors que dans le cas des verbes d'échange, seul le procès est réellement réitéré, les deux actants que sont l'agent et le bénéficiaire échangeant leur rôle à chaque occurrence.

1.2. « Retour à un état initial » et itération du procès

Une partie des verbes qui apparaissent avec cette paraphrase dans le *TLF*[16] manifeste une particularité morphologique : ce sont des verbes transitifs qui possèdent un nom dans leur structure ; en voici quelques exemples :

(15)   Il faudrait remmancher le balai.

(16)   Elle reboutonna son manteau jusqu'au cou.

(17)   Après l'incendie, il fallut reboiser les vastes étendues noircies.

Dans ces exemples, le verbe dérivé, s'il réfère bien à une seconde occurrence de procès, exprime aussi, comme l'affirme le *TLF*, un « retour à un état antérieur » : *il faudrait remmancher le balai* par exemple présuppose /le balai avait un manche/ et /le balai n'a plus eu de manche/, il faut donc le rem-

---

[15]   Le problème d'ailleurs ne se pose pas pour ces verbes : dans l'exemple *Folcoche (...) fut seulement réopérée*, Folcoche peut avoir été opérée par un chirurgien différent à chaque opération, la seconde opération peut avoir concerné un organe différent, cela importe peu.

[16]   L'autre partie sera analysée sous 2.1.

mancher pour qu'il ait à nouveau un manche [17]. *Elle reboutonna son manteau jusqu'au cou* présuppose /le manteau était boutonné/, /il a été déboutonné/, il faut donc le reboutonner pour qu'il soit à nouveau boutonné, etc. Il en est de même pour tous les verbes qui reçoivent cette interprétation [18].

Ce qu'il y a d'étonnant ici, c'est que les verbes de base des verbes *remmancher, reboutonner* ou *reboiser* sont des verbes perfectifs, ou perfectivés par leur complément ; or, les verbes dérivés ne s'interprètent pas simplement 'V à nouveau' comme les autres verbes perfectifs. Cet 'à nouveau' est en effet perçu comme un retour à un état antérieur, ce qui tend à rapprocher l'interprétation de ces verbes de celles des verbes imperfectifs ('V à nouveau, avec retour à une situation antérieure'). Il faut donc essayer de comprendre les raisons de la spécificité interprétative de ces verbes.

On a dit dès le point de départ que ces verbes étaient des verbes transitifs ayant un nom dans leur structure ; ces particularités morphologiques et syntactico-sémantiques jouent un rôle dans l'interprétation des verbes dérivés. Prenons en effet l'ensemble verbe de base + complément : *emmancher un balai, boutonner un manteau, boiser un espace* ; lorsque le procès désigné par le prédicat verbal est effectué, il donne lieu à un état résultatif, et l'objet, *i.e.* l'argument interne, est justement impliqué dans cet état : emmancher un balai implique un résultat : le balai a un manche ; le fait de boutonner un manteau implique que celui-ci est boutonné ; etc. L'accomplissement de ces procès implique donc un résultat – celui-ci consistant en une certaine relation stable [19] entre l'argument interne et le nom

---

[17] Ici aussi on retrouve le schéma interprétatif à trois temps dans lequel les deux premiers temps sont présupposés.

[18] Les trois verbes qui apparaissent dans les exemples sont tout à fait représentatifs d'un vaste ensemble, on pourrait encore citer : *r(é)empaqueter, recacheter, réharmoniser, réenchaîner, rempoissonner, réemprisonner, resangler*, etc., la liste est longue. Pour ces verbes, le processus de dérivation peut être légèrement différent, selon que le verbe de base a déjà, ou non, été préfixé :
– ainsi pour *remmancher* : manche$_N$ →$_{-em}$ emmancher$_V$ →$_{re-}$ r(é)emmancher$_V$ où *emmancher* = 'doter d'un manche', et *r(é)emmancher* = 'doter à nouveau d'un manche / d'un nouveau manche'.
– et pour *resangler* : sangle$_N$ →$_{conv.}$ sangler$_V$ →$_{re-}$ resangler$_V$ où *sangler* = 'serrer avec une/des sangle(s)' et *resangler* = 'serrer à nouveau avec une/des sangle(s)'.
Il serait aussi intéressant de déterminer dans quel cas deux paraphrases sont possibles pour exprimer le sens du verbe dérivé (cf. *remmancher* 'mettre à nouveau un manche' ou 'mettre un nouveau manche') et dans quel cas une seule paraphrase semble permise (cf. *resangler* 'serrer à nouveau la/les sangle(s)' mais ?? 'serrer une / des nouvelle(s) sangle(s)').

[19] Ce qu'avait bien démontré J.-J. Franckel (1997).

de base. Or, c'est bien à partir de l'occurrence du procès et de l'état qui en résulte que semble opérer *re-* :

/emmancher un balai (résultat : le balai a un manche)/ → /le balai n'a plus de manche/ → /emmancher à nouveau le balai (résultat : le balai a à nouveau un manche)/

Re- construit donc comme dans les cas précédemment étudiés de l'itération, mais cette itération concerne à la fois le procès désigné par le verbe de base et l'état résultant de l'effectuation de ce procès. Ces verbes peuvent donc simplement se paraphraser par 'V à nouveau avec retour à l'état initial'.

J'ai fait remarquer que ces verbes recevaient le même type d'interprétation que les verbes imperfectifs 'V à nouveau avec retour à la situation initiale' : en opérant sur des états (*briller*), sur des activités (*pleuvoir*) ou sur des états résultant d'un procès (*avoir un manche, être boutonné*), *re-* construit toujours le même type de sens (exprimé en termes de « retour à ») car le schéma interprétatif à trois temps qu'il impose à des « processus » non intrinsèquement limités ne peut que produire le même type d'interprétation : l'interruption est une suspension de l'état ou de l'activité (en général considérée comme une négation de celui-ci : *ne....plus*) et la seconde occurrence, une reprise de l'activité temporairement interrompue ou un retour à l'état antérieur.

Il reste cependant un problème que je n'ai pas encore évoqué et qui va me permettre d'enchaîner sur la seconde partie de cet article, celle-ci étant consacrée à l'étude des cas où l'itération ne porte pas, ou pas nécessairement, sur le procès lui-même. Ce problème sera illustré par le verbe *reboiser*, cité dans l'exemple (17).

A priori le verbe *reboiser* dans cet exemple signifie bien 'faire en sorte que X soit à nouveau boisé' (X correspondant au complément du verbe, en l'occurrence le *vaste espace noirci*) ; ici aussi l'interprétation correspond à la paraphrase du *TLF* « retour à un état antérieur ». Le problème vient du fait que l'état /être boisé/ peut, ou non, être naturel.

Lorsque le boisement n'est pas naturel, le verbe *reboiser* fonctionne comme les verbes *remmancher* ou *reboutonner* dont on vient de parler ; *i.e.* *re-* présuppose une première occurrence de boisement : /boiser X (résultat : /X être boisé/)/ → /X ne plus être boisé/ → /boiser à nouveau X (résultat : /X être à nouveau boisé/.

Mais lorsque le boisement est naturel, *reboiser* ne présuppose pas de première opération de boisement ; *re-* opère directement à partir de l'état /être boisé/, qui n'est donc pas un état résultatif ; *reboiser*, qui signifie bien 'rendre à nouveau boisé', n'implique pas dans ce cas deux occurrences du procès mais une seule. S'il y a ici aussi itération, l'itération ne concerne pas le procès lui-même mais un état présupposé, non résultant, entre le nom qui apparaît dans le verbe de base et son argument interne [20].

Avant d'envisager les cas plus problématiques, je voudrais résumer rapidement les résultats auxquels je pense être parvenue jusqu'à présent. Dans tous les cas envisagés jusqu'ici, le préfixe *re-* construit des sens d'itération, et cette itération porte (au minimum) sur le procès désigné par le verbe de base. Nous avons simplement noté une légère nuance d'interprétation selon le caractère perfectif ('V à nouveau') ou non perfectif ('V à nouveau avec retour à la situation précédente') du verbe de base.

Alors que les verbes d'échange et les verbes transitifs ayant un nom dans leur structure paraissaient constituer des cas non réguliers, on a pu montrer que ceux-ci ne représentaient en fait que des variantes par rapport au cas général :

– En ce qui concerne les verbes d'échange, il y a bien itération du procès lui-même mais « la scène actantielle » n'est pas réitérée à l'identique, l'agent et le bénéficiaire échangeant leurs rôles entre les deux occurrences du procès ;

– Les verbes transitifs ayant un nom dans leur structure constituent un cas de figure encore différent dans la mesure où l'itération porte non seule-

---

[20]   J'avais pensé un moment considérer que le verbe *déboiser* dans cette acception était dérivé de l'adjectif *boisé*, (sur le suffixe *-é(e)* construisant des adjectifs dénominaux, voir Aliquot-Suengas 1996), mais une telle dérivation n'est pas envisageable (cf. les arguments donnés sous 2.1.). Je considérerai donc que le verbe *déboiser*, quelle que soit son interprétation, est construit sur le verbe *boiser*.

Le fonctionnement du préfixe *re-* n'est pas sans rappeler celui du préfixe *dé-*, qui, de façon générale, construit des verbes dont le sens peut se paraphraser par 'Faire en sorte que X ne soit plus dans l'état décrit par le verbe de base' (où X représente un argument de celui-ci) ; par exemple *déboutonner (son manteau)* 'faire en sorte que X (= le manteau) ne soit plus boutonné'. *Dé-* opère aussi à partir d'un état initial, en général résultant, mais au lieu d'itérer cet état, il l'inverse, ou le nie. M.-N. Gary-Prieur (1976) avait évoqué le problème posé par un verbe comme *déboiser*, mais elle n'avait pas essayé de le résoudre sur le plan strictement morphologique.

On peut d'ailleurs signaler que dans le schéma à trois temps institué par *re-* pour construire le sens d'itération, le second temps présupposé, l'interruption qui est conçue comme la négation (*ne... plus*) de l'état initial, peut souvent être formulée au moyen d'un verbe préfixé par *dé-* : *boutonner / déboutonner / reboutonner ; boiser / déboiser / reboiser ; empaqueter / dé(sem)paqueter / réempaqueter ; sangler / désangler / resangler*, etc. Une étude comparative du fonctionnement, et de l'éventuelle complémentarité, de ces deux préfixes serait intéressante à mener.

ment sur le procès désigné par le verbe de base, mais aussi sur l'état résultant de ce procès, cet état résultant mettant en jeu le complément du verbe et le nom qui apparaît dans sa structure (avec un cas particulier, le cas du verbe *reboiser*, où seul l'état initial, non résultant, est itéré).

Ce qui constituait un cas particulier pour les verbes transitifs ayant un nom dans leur structure, ne va plus pouvoir être considéré comme tel dans les deux cas que nous allons étudier maintenant : les verbes qui ont un adjectif dans leur structure (§ 2.1.) et les verbes que j'appellerai « verbes de mouvement à visée localisatrice » (§ 2.2.), ceux-ci constituant les seuls vrais cas où la nature aspectuelle du préfixe *re*- peut être remise en cause.

2. L'itération du procès remise en cause
2.1. Verbes ayant un adjectif dans leur structure

Cette catégorie regroupe des verbes comme *rebrunir, redresser, resalir, reblanchir*, etc. dans lesquels on peut retrouver les adjectifs *brun, droit, sale, blanc* [21], qui peuvent être employés dans les exemples suivants :

(18)   Les eaux de cette fontaine peuvent (…) rebrunir, au feu des passions, la chevelure sur la tête blanchie des vieillards. (Chateaubriand, cité par le *TLF*, **s.v.** *re*-)

(19)   Il faudrait redresser cette plante avec un tuteur.

(20)   On nous a conseillé de reblanchir la pierre en utilisant un karcher.

(21)   Nous avons reblanchi le mur à la chaux.

(22)   Marc vient de prendre un bain et il s'est déjà resali.

Dans le *TLF*, ce type de verbes reçoit aussi la paraphrase « retour à un état initial », comme les verbes analysés sous 1.2. [22]. C'est bien sûr l'adjectif qui apparaît dans la structure du verbe de base qui exprime l'état dans lequel est l'argument interne si le verbe est transitif (*Nous avons reblanchi le mur* (= le mur est à nouveau blanc) ; *Je vais faire réchauffer ce plat* (= le plat va être à nouveau chaud)) et qui exprime l'état dans lequel est le sujet si le verbe est intransitif ou pronominal (*Les arbres reverdissent* (= les arbres deviennent

---

[21]   Je ne chercherai pas ici à rendre compte des problèmes formels qui peuvent apparaître entre la forme adjectivale, *droit* ou *blanc* par exemple, et la forme verbale dérivée, *(re)dresser, (re)blanchir*.

[22]   Ces verbes sont un peu moins nombreux que les précédents mais ils constituent tout de même une assez forte proportion des verbes qui apparaissent sous la paraphrase du *TLF*. Et comme pour ces derniers, le verbe de base peut lui-même avoir été préfixé par en- : *r(é)enivrer*, mais aussi par a- : *réadapter, r(é)assainir*, etc., ou par é- : *rétrécir*.

verts à nouveau ; l'état ici n'est pas stabilisé) ; *Marc s'est resali* (= Marc est à nouveau sale).

Cette interprétation en termes de retour à un état initial ne peut toutefois être construite que si l'adjectif renvoie à une qualité réversible ; dans *Je trouve que Pierre regrandit ces temps-ci,* le verbe *regrandir* ne peut s'interpréter que comme 'Pierre grandit à nouveau', et non 'Pierre devient à nouveau grand' où 'grand' serait conçu comme un état antérieur, perdu puis retrouvé par Pierre. De fait, l'adjectif *grand* ne renvoie pas à une qualité réversible.

Ces verbes cependant soulèvent une difficulté supplémentaire dans la mesure où la qualité désignée par l'adjectif qui figure dans le verbe dérivé peut, ou non, être acquise [23].

Ainsi, dans les exemples (18) à (20), les adjectifs *brun, droit* et *blanc*, des verbes *rebrunir, redresser* et *reblanchir* renvoient à des qualités naturelles : on peut considérer que la chevelure des vieillards était naturellement brune, que la plante poussait naturellement droit et que la pierre était naturellement blanche (ou tout au moins de couleur claire) ; l'état initial /être brun/, comme /être droit/ ou /être blanc/, peut être un donné, un état considéré comme normal, ou naturel [24]. En (21) et (22), par contre, les adjectifs *blanc* et *sale* des verbes *reblanchir* et *resalir* renvoient certainement à des qualités acquises : de façon générale, un mur n'est pas naturellement blanc (sauf s'il est construit en pierres blanches, auquel cas on est renvoyé au cas précédent) et Marc ne peut être considéré comme naturellement sale.

Lorsque la qualité est acquise, il est possible de reprendre l'analyse formulée pour rendre compte du sens des verbes transitifs ayant un nom dans leur structure : en (22) par exemple on retrouve le schéma à trois temps instanciant deux occurrences de procès, la première présupposée et la seconde posée : /1° occurrence de procès : Marc s'est sali, résultat : Marc est sale/ → / Marc n'est plus sale/ → /2° occurrence de procès : Marc se salit à nouveau, résultat : Marc est à nouveau sale/. *Re-* paraît porter ici aussi sur le procès et sur l'état résultant de l'effectuation de celui-ci.

Lorsque la qualité n'est pas acquise mais naturelle, il est plus difficile de rendre compte des faits. Dans ce cas, identique à celui du verbe *reboiser* (dans sa seconde interprétation) rencontré au § 1.2., il n'y a qu'une seule occurrence de procès : lorsque les cheveux des vieillards rebrunissent grâce à l'action bénéfique des eaux de la fontaine (et des passions), les cheveux, qui étaient initialement bruns, brunissent à nouveau ; ce n'est donc pas le procès

---

[23]   En ce qui concerne les adjectifs de base des verbes préfixés, je ne distinguerai pas entre ceux qui réfèrent à des états et ceux qui réfèrent à des qualités ; pour une telle distinction, cf. Van de Velde (1999).

[24]   J.-J. Franckel (1997) parle de cette norme sous-jacente dans son article, mais il en fait un principe explicatif trop large, me semble-t-il.

qui est réitéré mais uniquement l'état initial : /être brun/ → /ne plus être brun/
→ /devenir à nouveau brun/.

Pour rendre compte de cette différence sémantique, une solution aurait
été de considérer que ces verbes sont construits sur base adjectivale (soit par
exemple : $brun_A$ → $rebrunir_V$ 'devenir à nouveau brun') mais une telle solution est difficilement envisageable dans la mesure où certains des verbes qui
peuvent recevoir cette interprétation sont formés sur des bases complexes ;
c'est le cas par exemple du verbe *réhumidifier* [25] dans lequel on peut identifier non seulement le préfixe *re-* mais aussi le suffixe *–ifier*. Or, il est difficile
de considérer que les deux affixes ont été joints lors d'une même opération
morphologique [26].

D'autre part, les verbes qui vont être analysés sous 2.2. présentent le
même type de particularité interprétative et il n'est pas possible d'envisager
pour eux une autre dérivation que déverbale (*i.e.* V → V).

Je considérerai donc que les verbes comme *rebrunir* ou *reblanchir* (en
(20)) sont construits sur une base verbale, même s'ils n'expriment pas
l'itération du procès lui-même ; *re-* n'opérant alors que sur la relation stative
présupposée par le verbe de base, relation qui met en jeu le verbe lui-même et
l'un de ses arguments.

Il est difficile de clore cette partie sur les verbes en *re-* qui possèdent un
adjectif dans leur structure sans évoquer, très rapidement, le cas des adjectifs
comme *raccourcir, rabaisser, radoucir, raffermir, rallonger, raplatir, ren-
chérir* ou *rétrécir* dont on dit souvent qu'ils possèdent plus ou moins un sens
intensif : *raccourcir* par exemple signifie 'rendre / devenir plus court' ou
radoucir 'rendre / devenir plus doux'. De tels verbes pourraient sembler
constituer des contre-exemples au fait que le préfixe *re-* construise toujours
des sens d'itération.

On peut cependant noter quelques éléments intéressants :

(i) Tout d'abord, ces verbes, au moins certains d'entre eux, peuvent aussi
servir à exprimer un retour vers un état antérieur :

(23)   Après s'être énervé, Jean s'est brusquement radouci.

(24)   L'homme bredouilla quelques mots, hésita quelques instants puis dit d'une
          voix raffermie …

(25)   C'est bizarre, il y a d'abord eu une bosse sur le pneu, et puis ça s'est raplati
          tout seul.

---

[25]   Voici l'exemple que donne le *TLF* : *Le tranchage s'opère suivant les cas sur
       des bois verts ou passés à l'étuve et réhumidifiés.* (Campredon, cité par le *TLF*,
       s.v. re-)

[26]   Sur le problème théorique soulevé par cette question, cf. Corbin (1987 : 220-
       255).

En (23), (24) et (25) les verbes *radoucir, raffermir* et *raplatir* s'interprètent tout à fait comme les adjectifs évoqués précédemment ; en (23) Jean est devenu doux à nouveau, en (24) la voix de l'homme est redevenue ferme, et en (25), le pneu est redevenu plat. Il n'en reste pas moins que, dans d'autres contextes, l'autre interprétation, *i.e.* l'interprétation considérée comme intensive, est possible, et que certains verbes, comme *rallonger* ou *raccourcir*, ne peuvent recevoir que cette interprétation ; dans (26) :

(26)   Je dois rallonger / raccourcir ce pantalon

les verbes *rallonger* ou *raccourcir* ne peuvent pas s'interpréter comme exprimant un retour à un état antérieur.

(ii) Cependant, on constate que la plupart de ces verbes sont construits sur des verbes déjà préfixés ; dans la très grande majorité des cas par *a-* (issu du *ad* latin) : *abaisser, accourcir, adoucir, affermir, allonger, aplatir*, parfois aussi par *en* : *enchérir* ou par *é-* : *étrécir* [27].

Or, ces verbes de base ont déjà un sens plus ou moins intensif : *abaisser* c'est 'rendre bas' et donc 'rendre plus bas qu'auparavant', *adoucir* c'est 'rendre / devenir doux' et donc : 'rendre / devenir plus doux qu'auparavant' ; *affermir* c'est 'rendre ferme', ce qui a été rendu ferme est alors plus ferme qu'auparavant ; etc. Il n'est donc pas étonnant que ces verbes, lorsqu'ils sont préfixés par *re-* puissent prendre une valeur intensive : entre 'rendre à nouveau plus adj.' et 'rendre encore plus adj.', la frontière est mince et le glissement peut s'effectuer très facilement.

(iii) Il est d'ailleurs remarquable que cette valeur apparaisse essentiellement lorsque le préfixe *re-* est assimilé au préfixe du verbe de base (*re-* + *a-* = *ra-* ; *re-* + *en-* = *ren-* ; etc.) [28]. Lorsque l'on « casse » cette assimilation, la valeur intensive disparaît : *réabaisser* (ou d'ailleurs *rebaisser*) = 'abaisser / baisser à nouveau' ; *réaffermir* : 'affermir de nouveau / rendre à nouveau ferme' ; *réadoucir* 'adoucir de nouveau / rendre à nouveau doux' ; *réaplatir* 'aplatir à nouveau / rendre à nouveau plat' ; etc. Ainsi, aussitôt qu'on retrouve pleinement le préfixe *re-*, on retrouve aussi pleinement l'interprétation itérative.

Il semble donc que ce sens intensif qui apparaît dans certains verbes ne soit pas réellement caractéristique des sens construits pas *re-*, mais qu'il soit dû à la conjonction de plusieurs facteurs, notamment au fait que ces choses possèdent un adjectif dans leur structure, l'adjectif supportant très bien la marque du degré ; qu'ils soient construits sur des verbes préfixés

---

[27]   *Accourcir* et *étrécir* ne sont plus employés en français moderne, mais ils sont encore attestés dans certains dictionnaires.

[28]   L'élision du *e* de *re-* devant voyelle s'est produite jusqu'au XVIe siècle ; les mots dans lesquels on trouve cette assimilation sont donc entrés relativement tôt dans la langue. Cf. à ce propos le *Robert historique*, **s.v.** *re-, ré- r-*.

antérieurement qui s'interprètent déjà avec un sens plus ou moins intensif ; et enfin au fait qu'il y ait assimilation du préfixe *re-* au préfixe du verbe de base, le préfixe étant alors en quelque sorte affaibli par l'assimilation et ne fonctionnant pas de façon pleine et entière. Ces verbes ne paraissent donc pas constituer des contre-exemples aux analyses proposées précédemment.

Il me reste maintenant à étudier le problème posé par ce que j'ai appelé les « verbes de mouvement à visée locative », problème qui est assez proche de celui que posent les verbes qui ont un adjectif dans leur structure.

2.2. Verbes de mouvement à visée locative

Les verbes qui reçoivent cette dénomination sont aussi considérés par le *TLF* comme exprimant le mouvement d'inversion au plan spatial, le préfixe exprimant plus précisément le « retour vers le point de départ » [29].
Examinons tout d'abord l'exemple suivant :

(27) a.   Paul reconduit Marie à l'école.

Cette phrase a deux interprétations possibles :

(i) 'Paul a déjà conduit Marie à l'école (ce matin, la veille, etc.) et il la conduit à nouveau'. Dans ce cas, *reconduire* présuppose tout à fait régulièrement qu'une première occurrence du procès a déjà eu lieu (verbe d'accomplissement), qu'il y a eu interruption, et que le verbe préfixé par *re-* désigne une nouvelle occurrence du même procès. Une telle interprétation apparaît peut-être encore plus nettement dans (27b), même si la tournure paraît moins naturelle :

(27) b.   Je t'ai déjà conduit hier mais je veux bien te reconduire aujourd'hui si tu le veux.

Cette interprétation est favorisée par le contexte, tout à fait explicite, qui mentionne la première occurrence du procès et par le fait que le lieu n'est pas précisé, l'accent est donc porté sur le procès en tant que tel. Mais cette interprétation n'est peut-être pas celle qui vient le plus spontanément à l'esprit.

(ii) Une seconde interprétation est en effet possible et certainement même plus aisée. Dans cette seconde interprétation, Paul n'a pas conduit Marie une première fois ; *re-* ne présuppose donc pas deux occurrences du même procès, par contre, il semble présupposer ceci : /Marie était à l'école/ → /Marie a

---

[29]   Nous avons déjà trouvé cette périphrase à propos de verbes comme *réexpédier* analysé précédemment au § 1.1. comme verbe d'échange. Il m'a semblé important de les dégrouper car sous cette paraphrase paraissent figurer deux types de verbes dont le fonctionnement est bien distinct.

quitté l'école/ → /Marie va être à nouveau à l'école/ et pour cela Paul va la conduire ; le fait que *Paul conduise Marie* n'intervient alors qu'une seule fois, pour faire en sorte que Marie soit à nouveau à l'école. Le « à nouveau » ne concerne donc pas le procès lui-même mais la relation de localisation entre le second argument, *Marie*, et le troisième argument, *l'école*, cette relation étant une relation de localisation stative, *i.e.* une position ; elle correspond à /Marie être à l'école/. *Re-* ne porte donc pas sur le procès lui-même mais sur cette relation de localisation stative.

Il en est de même dans les exemples qui suivent :

(28)   Ils ont ramené / remmené / raccompagné leurs parents à la gare.

(29)   Paul repart dans le Sud.

(30)   Les Martin ont réemménagé dans le centre de Valenciennes.

(31)   On le réintroduisit dans le bureau du commissaire.

Les verbes qui figurent dans ces exemples peuvent être de valence 2 (*repartir, réemménager*) ou de valence 3 (*ramener, remmener, raccompagner, réintroduire*) mais tous possèdent un argument qui réfère à un lieu, le second lorsque le verbe est de valence 2 ou le troisième lorsque le verbe est de valence 3. Dans chaque cas une relation de localisation stative doit pouvoir être établie entre le premier argument et le second pour les verbes de valence 2, ou entre le second argument et le troisième pour les verbes de valence 3.

Avec ce type de verbes, *re-* peut donc porter uniquement sur la relation de localisation (comme dans la seconde interprétation de *reconduire*) ou sur le verbe et la relation de localisation, celle-ci se présentant alors comme le résultat du procès désigné par le verbe. L'exemple (29) illustre aussi très bien cette double possibilité interprétative ; *Paul repart dans le Sud* signifie en effet :

(i) que Paul est parti une première fois dans le Sud (résultat : Paul était dans le Sud), que (pour une raison ou pour une autre) il n'y a plus été et qu'il va y partir à nouveau (résultat : Paul sera à nouveau dans le Sud). Dans ce cas, *re-* porte à la fois sur le procès 'partir' et sur le résultat du procès.

(ii) Mais *Paul repart dans le Sud* ne présuppose pas nécessairement que Paul soit déjà parti, il peut y avoir toujours vécu. Dans ce cas, *re-* ne porte que sur la localisation elle-même : /Paul être dans le Sud/ → /Paul ne plus être dans le Sud/ → /Paul être à nouveau dans le Sud/, et le verbe préfixé par *re-*, ici *partir*, n'indique que le moyen, la manière, etc. grâce auxquels la relation de localisation va pouvoir être rétablie.

3. Conclusion

Bien qu'il reste encore des zones d'ombre, notamment en ce qui concerne les aspects strictement dérivationnels des verbes étudiés, les analyses qui viennent d'être proposées semblent aboutir à quelques résultats intéressants :

- Quelle que soit l'interprétation des verbes préfixés, *re-* paraît toujours construire des sens d'itération ; et cette notion d'itération peut à chaque fois être construite grâce au schéma interprétatif à trois temps lié au préfixe, dans lequel les deux premiers temps sont présupposés et le troisième posé ;

- Les paraphrases qui, dans le *TLF* paraissaient remettre en cause la capacité de *re-* à construire des sens d'itération parce qu'elles évoquaient un « mouvement de retour » sont en fait dues au même type de phénomène, l'imperfectivité : soit parce que *re-* s'applique effectivement à des verbes imperfectifs, soit parce qu'il opère sur des états, résultants ou non ; or, les états, de quelque nature qu'ils soient, ne peuvent qu'être considérés comme imperfectifs : *être boutonné* (*reboutonner*), *avoir un manche* (*remmancher*), *être brun* (*rebrunir*) ou *être à tel endroit* (*reconduire à*) constituent des phénomènes sans limite initiale ni finale ; ce sont des « processus » uniquement statiques. Nous avons vu cependant que dans certains cas, c'étaient justement ces états qui étaient réitérés, *re-* introduisant de façon externe, par le jeu des présuppositions, une interruption, et donc ensuite une reprise ou un retour à l'état initial.

Il n'en reste pas moins que l'itération, bien qu'elle soit partout présente dans l'interprétation des verbes préfixés par *re-*, ne concerne pas toujours le procès lui-même (cf. le cas des verbes qui ont été analysés sous 2.1. et 2.2. où *re-* porte uniquement sur un état initial donné). Or, au début de l'article, en m'appuyant sur les dires de Guillaume, j'avais posé deux conditions pour que *re-* soit considéré comme un préfixe aspectuel : qu'il construise toujours des sens d'itération et que cette itération concerne toujours le procès ; si l'on accepte ces deux conditions, il n'est pas possible de considérer que *re-* est réellement un préfixe aspectuel.

Références

Aliquot-Suengas, S. (1996). *Référence collective / sens collectif. La notion de collectif à travers les noms suffixés du lexique français*, Thèse de Doctorat, Université de Lille III.
Amiot D. (1995). « Pré- » : préverbe ou préfixe ?, in : A. Rousseau, (éd.), *Actes du colloque Les préverbes et la préverbation*, Villeneuve d'Ascq : Presses Universitaires du Septentrion, 325-344.

Amiot, D. (1997). *L'antériorité temporelle dans la préfixation en français*, Villeneuve d'Ascq : Presses du Septentrion.

Arrivé, M. ; *alii* (1986). *La grammaire d'aujourd'hui*, Paris : Flammarion.

Camus, R. (1992). De nouveau / à nouveau : du nouveau, *L'information grammaticale* 55 : 17-22.

Corbin, D. (1987). *Morphologie dérivationnelle et structuration du lexique*, 2 vol., Tübingen : Max Niemeyer Verlag, 2° éd. 1991, Villeneuve d'Ascq : Presses du Septentrion.

Denis, D. ; Sancier-Château, A. (1994). *La grammaire du français*, Paris : Le livre de Poche.

Flaux, N. (1999). La fonction « complément de nom » dans les groupes binominaux en de et les rôles sémantiques, in : D. Amiot ; W. De Mulder ; N. Flaux ; M. Tenchea, (éds), *Fonctions sémantiques et rôles syntaxiques*, Arras : Artois Presses Université, 137-150.

Franckel, J.-J. (1997). Approche de l'identité d'un préverbe à travers l'analyse des variations sémantiques des unités préverbées, *French Language Studies* 7 : 47-68.

Fuchs, C. (1992). Modulations qualitatives sur l'itération. Les emplois concurrentiels de « encore » et « re- », in : J. Fontanille, (éd.), *La quantité et ses modulations quantitatives*, Limoges ; Amsterdam ; Philadelphia : PULIM ; Benjamins, 129-142.

Gary-Prieur, M.-N. (1976). « Déboiser » et « déboutonner : Remarques sur la construction des verbes dérivés par « dé- », in : J.-C. Chevalier, (éd.), *Grammaire transformationnelle : syntaxe et lexique*, Villeneuve d'Ascq : P. U. de Lille, 93-138.

Guillaume, G. (1929). *Temps et verbe. Théorie des aspects, des modes et des temps*, Paris : Champion, rééd. 1969, Paris ; Québec : Nizet ; Presses de l'Université de Laval.

Léger, J. (1956). A propos du préfixe « re- », *Le français moderne* 24.4 : 285-290.

Martin, R. (1971). *Temps et aspect*, Paris : Klincksieck.

Mok, Q. I. M. (1964). Le préfixe « re- » en français moderne ; essai d'une description synchronique », *Neophilologus* 48 : 96-114.

Mok, Q. I. M. (1980). Le préfixe « re- » re-regardé ; productivité et potentialité, in : D.-J. Van Alkemade ; *alii*, (éds), *Linguistic Studies offered to Berthe Siertsema*, Amsterdam : Rodopi, 205-216.

Rey, A., (dir.), (1998). *Dictionnaire historique de la langue française*, 3 vol., Paris : Dictionnaires LE ROBERT.

Riegel, M. ; *alii* (1994). *Grammaire méthodique du français*, Paris : Presses Universitaires de France.

TLF =*Trésor de la langue française, Dictionnaire de la langue du XIXe et du XXe siècle (1789-1960)*, Paris : Ed. du CNRS (jusqu'au tome 10) / Gallimard (ensuite).

Van de Velde, D. (1999). Adjectifs d'états, adjectifs de qualité, in : *Actes du Colloque de Timisoara, Fonctions syntaxiques, rôles sémantiques, 15–17 avril 1997*, Arras : Artois Presses Université, 151-160.

Vendler, Z. (1967). *Linguistics in Philosophy*, Ithaca : Cornell University Press.

Wilmet, M. (1997). *Grammaire critique du français*, Paris ; Louvain-la-Neuve : Hachette ; Duculot.

Modalités d'action et inférences

Delphine BATTISTELLI
LaLIC – FRE 2520 CNRS – EHESS – Université Paris-Sorbonne

Jean-Pierre DESCLÉS
LaLIC – FRE 2520 CNRS – EHESS – Université Paris-Sorbonne

1. Introduction

On distingue communément la catégorie des modalités d'action de celle des aspects, même si cette opposition ne renvoie pas toujours aux mêmes caractérisations [1]. En français, les modalités d'action sont exprimées par des préverbes (comme dans *survoler, enfermer, ...*) ou par des semi-auxiliaires (comme *se_mettre_à, commencer_à, ...*). Leur analyse sémantique et formelle a déjà été abordée dans Desclés & Guentchéva (1997). En choisissant de poursuivre l'analyse des semi-auxiliaires *se_mettre_à, commencer_à, cesser_de, finir_de, être_en_train_de* et *continuer_à,* nous voulons montrer comment à partir d'un modèle référentiel qui organise les intervalles d'instants, nous définissons dans un métalangage formel des opérateurs abstraits tels que : (i) ils soient interprétés dans ce modèle ; (ii) les semi-auxiliaires de modalités d'action en soient les traces linguistiques. Nous rappellerons ici notre cadre d'analyse qui permet d'exprimer les significations des modalités d'action et nous présenterons des hypothèses sur l'agencement des opérateurs de modalités d'action avec les opérateurs aspectuels. Les analyses sémantiques sont coulées dans le formalisme applicatif de la logique combinatoire et du λ-calcul de façon à *capturer* les raisonnements impliquant des modalités d'action et des opérateurs aspectuels [2]. Le dispositif méthodologique et formel s'intègre dans un modèle linguistique plus général, le modèle de la Grammaire Applicative et Cognitive (cf. Desclés 1990), dans lequel il existe trois niveaux de représentations : le niveau des configurations

---

[1] Nous renvoyons à Desclés & Guentchéva (1997) pour une discussion concernant ces dernières, ainsi que pour une bibliographie détaillée. Notons simplement que ces caractérisations consistent le plus souvent à attribuer un caractère plus ou moins universel à l'une ou l'autre de ces catégories et à distinguer ce qui relève du lexique verbal de ce qui relève du grammatical exclusivement. Pour notre part, nous considérons la catégorie aspectuelle comme étant plus universelle que la catégorie des modalités d'action car elle est plus fortement grammaticalisée.

[2] Les principes méthodologiques sous-jacents à la mise en place de tels raisonnements ont été présentés dans Desclés (1994).

morpho-syntaxiques, le niveau des représentations logico-linguistiques, et le niveau des représentations sémantico-cognitives [3]. Certains calculs sont effectués intégralement au niveau logico-linguistique, d'autres nécessitent de faire appel aux représentations du niveau cognitif (où sont exprimées les significations des prédicats verbaux).

2. Démarche méthodologique

Nous n'insisterons pas ici sur les calculs formels mais plutôt sur les contenus intuitifs et conceptuels de la démarche. L'ensemble relève d'une méthodologie d'analyse et d'interprétation des configurations linguistiques dans un modèle plus ou moins mathématisé (cf. fig. 1) : cherchant à rendre compte du fonctionnement de la langue, nous « construisons » d'abord un problème linguistique relatif à un fragment empirique de la langue [1], par exemple, l'ensemble des énoncés avec des modalités d'action. L'analyse des données empiriques et du problème qu'elles font apparaître nous amènent à développer un cadre conceptuel et finalement un modèle descriptif [2] ; dans l'analyse des modalités d'action et des aspects, le modèle descriptif fait appel à des référentiels d'instants et à des intervalles topologiques avec des bornes ouvertes ou fermées. L'étape suivante vise à abstraire du modèle descriptif un langage formel [3] considéré comme un métalangage par rapport à la langue naturelle ; dans ce langage s'effectuent les calculs inférentiels et paraphrastiques. Ce métalangage doit d'une part représenter les configurations morpho-syntaxiques et d'autre part, trouver une interprétation dans le modèle interprétatif [4] qui, dans le meilleur des cas, doit être dans un rapport d'adéquation avec le modèle descriptif. Notre démarche se situe à l'inverse de la démarche dite « à la Montague », entre autres dans l'analyse « logique » de la temporalité et de l'aspectualité (cf. Gardies 1975). En effet, cette dernière prend en général pour point de départ un langage formel avec des opérateurs spécifiques (par exemple les opérateurs temporels de A. N. Prior [4]) pour ensuite l'interpréter dans un modèle dit « à la Tarski » de façon à projeter cette analyse sémantique sur un fragment de la langue (cf. fig. 2).

---

[3]   Ou encore niveaux *phénotype*, *génotype* et *cognitif*.
[4]   Cf. Prior (1957).

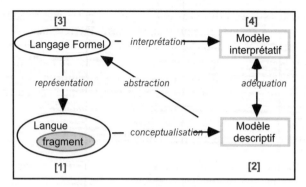

Fig. 1 : approche « linguistique »

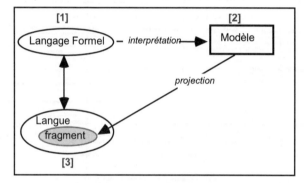

Fig. 2 : approche « logique »

Le problème linguistique que nous étudions ici illustrera notre démarche. Il sera étudié à travers un exemple de raisonnement inférentiel mettant en oeuvre des opérateurs aspectuels et des modalités d'action.

3. Aspects, modalités d'action et raisonnement aspecto-temporel

Prenons l'exemple de raisonnement suivant :

(1) a. (En ce moment) Pierre travaille à sa thèse.

b. donc Pierre est en train de travailler à sa thèse.

c. donc il y a eu un moment pendant lequel Pierre commençait à travailler à sa thèse.

d. donc il y a eu un moment où il s'est mis à travailler à sa thèse.

Les énoncés (1a), (1b), (1c) et (1d) font appel à une relation prédicative [5] commune, à savoir <travailler_à, sa_thèse, Pierre>, mais diffèrent à la fois sur les modalités d'action et sur les caractéristiques aspecto-temporelles qui y apparaissent. Comment analyser et représenter formellement les inférences qui relient entre eux ces énoncés ? Quel cadre opératoire proposer pour rendre compte de ces inférences ? Plus généralement, comment éclaircir les rapports conceptuels entre modalités d'action et aspects ?

3.1. Visualiser les zones temporelles de validation

Par « visualisation », nous entendons désigner une (ou plusieurs) zone(s) d'instants – en fait des intervalles – où une relation prédicative sous-jacente à un énoncé est vraie. Les visualisations des zones temporelles de validation sont représentées dans un modèle topologique d'intervalles (ouverts, fermés, semi-ouverts, ...). Ainsi, nous obtenons les diagrammes (2a), (2b), (2c) et (2d) – cf. fig. 3 – associés respectivement aux énoncés (1a), (1b), (1c) et (1d).

(2) a.

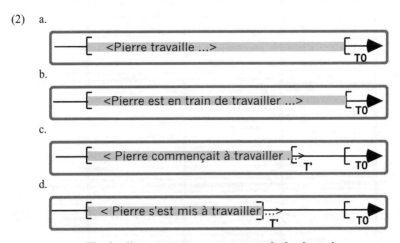

Fig. 3 : diagrammes aspecto-temporels des énoncés

T_0 désigne la borne droite du processus d'énonciation noté J_0. Les représentations (2a) et (2b) sont des intervalles ouverts à droite. En effet, la relation prédicative est aspectualisée comme un « processus inaccompli au présent de l'énonciateur » dans les deux cas ; les bornes droites du « processus prédicatif » et du « processus énonciatif » coïncident. Dans (2c), la représentation exprime la translation dans le passé d'un processus inaccompli « au présent », d'où le processus inaccompli dans le passé (de l'énonciateur) qui

---

[5]   Une « lexis » dans la terminologie des stoïciens, reprise par A. Culioli.

est validé sur un intervalle fermé à gauche (début du processus) et ouvert à droite (car inaccompli à cette borne) ; la borne droite coïncide avec un nouveau repère, ou nouvel instant de référence, noté T'. La représentation (2d) exprime que l'intervalle de validation de l'événement transitionnel séparant l'état de non travail à l'état d'activité de travail est un intervalle fermé, décalé dans le passé par rapport à la borne T^0 du processus énonciatif [6].

Les relations d'inférence qui lient ces divers énoncés sont aspecto-temporelles, c'est-à-dire qu'elles reposent sur des informations aspectuelles et temporelles encodées tant au niveau grammatical (ainsi, dans l'exemple (1a), les informations aspecto-temporelles sont données par le temps grammatical du présent et par la locution adverbiale « en ce moment ») qu'au niveau lexical (d'une part, /travailler/ est une notion dynamique ; d'autre part, /commencer_à/ désigne plutôt la partie inchoative de l'activité /travailler/, tandis que /être_en_train_de/ désigne plutôt un processus en progression, ...). Nous représentons dans la figure 4 l'interprétation que nous faisons dans notre modèle des liens temporels entre ces représentations.

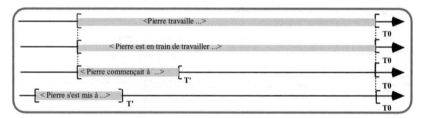

Fig. 4 : diagramme aspecto-temporel des liens temporels entre les énoncés

Le diagramme montre qu'il y a isochronie des débuts des processus (1a), (1b) et (1c), tandis que le début de l'événement (1d) se situe avant le début des autres procès. Nous reviendrons plus loin sur la justification du positionnement des bornes droites des différents procès ; elle procède d'une certaine conceptualisation des propriétés aspectuelles des modalités d'action (voir partie 6.). La concomitance établie entre les bornes droites T_0 de chaque processus d'énonciation (relatif à l'énonciation de chaque énoncé) exprime le fait que les zones de validation des énoncés sont calculées par rapport à un même repère T_0. Pour pouvoir rendre compte formellement des inférences, nous avons besoin d'un langage formel, c'est-à-dire de représentations méta-linguistiques associées aux énoncés. Il s'agit donc de construire des formules sous-jacentes aux énoncés à partir desquelles nous serons capables d'effectuer les calculs inférentiels.

[6]   Pour une définition complète de l'ensemble de ces concepts, nous renvoyons à Desclés (1980), Desclés (1989) et Desclés & Guentchéva (1995).

3.2. Choix d'un formalisme pour exprimer le langage formel

Le choix du formalisme pour exprimer le langage formel est celui de la logique combinatoire avec types de Curry [7], utilisée par ailleurs pour la résolution de nombreux problèmes linguistiques – cf. Shaumyan (1987), Desclés (1990). Rappelons que la logique combinatoire est un formalisme applicatif dans lequel l'opération de base est l'application d'un opérateur (représentable par une λ-expression) à un opérande. La logique combinatoire comporte des opérateurs spécifiques et abstraits, appelés combinateurs, qui permettent d'intégrer entre eux des opérateurs plus élémentaires pour construire des opérateurs complexes.

Rappelons auparavant quelques concepts fondamentaux de la théorie aspecto-temporelle, introduits dans d'autres publications (cf. note 6), et à laquelle nous contribuons par une prise en compte des modalités d'action que nous décrivons avec les mêmes ingrédients conceptuels.

4. Valeurs aspectuelles : conceptualisation et interprétation dans le modèle des intervalles topologiques

La relation prédicative (ou encore *dictum*) est en soi atemporelle et non aspectualisée. Les énoncés qui expriment cette relation prédicative encodent plusieurs opérations et relations, les unes étant de nature nettement aspectuelle, les autres étant de nature plutôt temporelle. Une première opération consiste à aspectualiser la relation prédicative sous la forme d'un état, d'un processus ou d'un événement. Cette aspectualisation correspond à une conceptualisation de l'énonciation d'une perception visuelle de la situation référentielle. Une même relation prédicative peut être présentée aussi bien comme un état que comme un processus ou encore comme un événement, avec des marqueurs linguistiques, souvent grammaticalisés, qui sont des indicateurs de telle ou telle conceptualisation. Par exemple, en français, la relation prédicative <être_intelligent, Henri> peut être exprimée comme un état dans (3a), comme un processus dans (3b) ou comme un événement dans (3c) :

(3) a. Henri est intelligent.
     b. Henri devient intelligent.
     c. (Dans ces circonstances exceptionnelles) Henri fut intelligent.

---

[7]   Cf. Desclés (1990), pour une présentation de ce formalisme.

4.1. La valeur aspectuelle d'état

L'état est une valeur aspectuelle qui exprime une absence de changement : toutes les phases de la situation sont équivalentes entre elles. Un état peut être non borné (on parlera alors d'état permanent ; ex. : *la terre est ronde*) ou borné et, dans ce cas, l'état est compatible avec une durée finie (ex. : *Pierre était à son bureau de trois heures à quatre heures de l'après-midi, Henri est gros*). A condition de considérer l'ensemble des instants comme étant de nature continue (au sens mathématique du terme) il n'y a donc, dans un état, aucune discontinuité initiale ou finale puisque toute discontinuité exprime un nécessaire changement. Par conséquent, même si un état est borné, les bornes elles-mêmes sont exclues de l'état lui-même (elles lui sont extérieures). En effet, un événement permet d'entrer dans un état ou d'en sortir : l'événement initial et l'événement final constituent les bornes de l'état. Le déploiement de l'état sur un axe temporel continu, composé d'instants contigus, est représenté par un intervalle topologique ouvert d'instants. L'intervalle étant ouvert, les bornes de l'intervalle n'appartiennent pas à cet intervalle (cf. fig. 5).

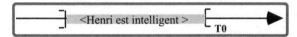

Fig. 5 : représentation topologique de la valeur d'état

4.2. La valeur aspectuelle d'événement

L'événement est une valeur aspectuelle qui exprime une transition entre deux états, l'état d'avant et l'état d'après. La visée aspectuelle d'événement est globale et est conçue comme un tout. L'événement peut être ponctuel. Cependant, il ne l'est pas nécessairement puisque chaque événement transitionnel consomme en général du temps. Un événement est une occurrence qui apparaît sur un arrière fond statique. En tant que transition, un événement permet d'entrer dans un état ou d'en sortir. Par exemple, considérons les trois états suivants :

(i)   La voiture est à l'arrêt.

(ii)   La voiture est en marche.

(iii)   La voiture est à l'arrêt.

Entre les états (i) et (iii), il y a deux événements transitionnels qui bornent l'état (ii) : l'événement (I) qui fait passer de l'état (i) à l'état (ii) et l'événement (II) qui fait passer de l'état (ii) à l'état (iii) – cf. fig. 6.

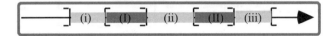

Fig. 6 : événements transitionnels entre des états

L'événement se déploie temporellement sur un intervalle topologique fermé et borné : les bornes initiale et finale de l'événement appartiennent toujours à l'intervalle. En effet, en tant que transition, l'événement exprime nécessairement d'une part, une discontinuité initiale qui rompt avec une stabilité précédente et d'autre part, une discontinuité finale qui précède une autre stabilité. Lorsque les discontinuités initiale et finale coïncident, nous avons un événement ponctuel. Mais la plupart des événements sont non ponctuels donc compatibles avec une durée. Par exemple, l'énoncé *Le roi régna pendant trente ans* exprime une valeur aspectuelle d'événement dont la durée est précisée (cf. fig. 7).

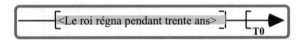

Fig. 7 : représentation topologique de la valeur d'événement

4.3. La valeur aspectuelle de processus

Beaucoup d'aspectologues – cf. H. Kamp (1981), H. Reichenbach (1947), C. Vet (1980), F. Vlach (1981), ... – considèrent uniquement les valeurs aspectuelles d'état et d'événement comme valeurs aspectuelles de base. D'autres aspectologues – cf. P.-M. Bertinetto (1994), J. Lyons (1977), A. Mourelatos (1981), ... – introduisent également la valeur aspectuelle de processus, la considérant comme essentielle pour rendre compte de nombreuses oppositions exprimées explicitement par des marqueurs grammaticaux ; par exemple, pour différencier les énoncés suivants :

(4)   a.   L'avion est en train de voler.

      a'. L'avion est en train de voler de plus en plus vite.

      b.   L'avion est en vol.

      b'. * L'avion est en vol de plus en plus vite.

Nous analysons (4a) et (4a') comme ayant la valeur aspectuelle de processus et (4b) comme ayant la valeur d'état (d'activité). L'inacceptabilité de (4b') s'en déduit immédiatement puisqu'un état n'est pas compatible avec un changement (ici un changement d'intensité) [8].

---

[8]   Pour une discussion détaillée, voir Desclés & Guentchéva (1997).

Le processus inaccompli est une valeur aspectuelle qui exprime un dé-veloppement orienté depuis une discontinuité initiale (le début du processus) vers un terme. Un processus exprime donc une évolution, un changement. Dans un processus inaccompli, on ne peut pas considérer une borne finale puisque le processus est perçu – par l'énonciateur ou du moins à travers sa présentation verbalisée – comme se déployant dans une temporalité en pro-gression (ou en cours). S'il existe une borne d'accomplissement d'un pro-cessus alors ce dernier ne peut pas être inaccompli ; il devient accompli. Etant accompli, ce processus devient un événement transitionnel entre l'état d'avant le processus et l'état qui suit immédiatement le processus accompli. Le processus se distingue de l'état puisque, contrairement à l'état, toutes les phases du processus inaccompli ne sont pas équivalentes. Le processus inac-compli implique donc une discontinuité initiale et, étant inaccompli, il exclut tout terme d'accomplissement. Le processus constitue donc un regard interne sur l'événement en train de se dérouler. Si tous les événements étaient ponctuels alors la notion même de processus serait superflue. La représen-tation topologique du processus inaccompli est rendue par un intervalle fermé à gauche (cette borne fermée marquant le début du processus et donc de l'événement en train de se constituer) et ouvert à droite puisque, comme nous venons de le dire, tout terme est exclu par l'inaccomplissement. La borne droite, externe au processus inaccompli, constitue donc le premier instant d'inaccomplissement du processus ; nous l'appelons « borne d'inaccomplissement ». Prenons l'exemple suivant :

(5)   Pierre est en train d'écrire sa thèse.

Il est clair que cet énoncé a une valeur aspectuelle de processus inaccompli puisqu'aucune borne n'est atteinte alors qu'elle est simplement visée (on dira que le syntagme verbal « écrire sa thèse » a une valeur télique). Cependant, l'évolution exprimée par cet énoncé implique un début (le début de l'écriture de la thèse) qui, bien entendu, n'est pas spécifié dans le temps mais qui, néanmoins, doit logiquement exister. La représentation diagrammatique est donnée dans la figure 8.

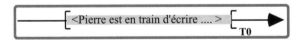

Fig. 8 : représentation topologique de la valeur
de processus inaccompli dans le présent

Remarquons bien que l'inaccomplissement d'un processus n'est pas toujours concomitant à son énonciation. L'inaccomplissement peut être saisi dans le passé comme dans l'exemple (6) – cf. fig. 9.

(6)   Pierre écrivait sa thèse (lorsque Marie l'a quitté).

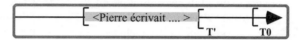

**Fig. 9 : représentation topologique de la valeur
de processus inaccompli dans le passé**

La relation prédicative qui est aspectualisée sous forme d'un état ou d'un processus inaccompli voit sa borne de droite caractérisée comme étant une borne d'inaccomplissement, grammaticalisée souvent par l'aspect « inaccompli ». En revanche, l'événement passé renvoie à une valeur aspectuelle « d'accompli » (ou « d'événement accompli ») ; dans certains contextes, cet événement engendre un « état résultant » (inaccompli par rapport à un certain repère ultérieur). Le passé composé français exprime cette distinction :

(7)   a.   Ce matin, j'ai pris un cachet d'aspirine après mon petit déjeuner, puis je suis allé me promener dans la forêt pendant le reste de la matinée.
            (valeur d'événement accompli passé)

       b.   Ouf, ça y est, j'ai enfin pris mon cachet d'aspirine.
            (valeur d'état résultant concomitant à l'énonciation)

(8)   a.   Il a écrit sa thèse en six mois.
            (valeur d'événement accompli passé)

       b.   Il a écrit sa thèse : il est content.
            (valeur d'état résultant concomitant à l'énonciation)

(9)   a.   L'année dernière, il a passé son bac en juin et s'est inscrit à l'université au mois de septembre.
            (valeur d'événement accompli passé)

       b.   L'année dernière, il a passé son bac : il pouvait enfin s'inscrire à l'université.
            (valeur d'état résultant non concomitant à l'énonciation)

Dans d'autres langues, ces valeurs événementielles – ex. (7-8-9a) – et résultatives – ex. (7-8-9b) – sont grammaticalisées par des procédés différents. En bulgare, par exemple, les valeurs événementielles sont rendues par des aoristes tandis que les valeurs résultatives le sont par des parfaits. En français, des règles d'exploration du contexte linguistique permettent d'identifier les deux valeurs ou, dans certains cas, de laisser l'indétermination aspectuelle que le traducteur devra lever [9].

La valeur aspectuelle d'un énoncé est définie comme un opérateur dont la portée est la relation prédicative (l'opérateur générique relevant de la caté-

---

[9]   Cf. Maire-Reppert (1990), Oh (1991), Vazov (1998).

gorie grammaticale aspecto-temporelle sera noté ASP-TPS par la suite). Nous adjoignons donc au formalisme applicatif des opérateurs de nature topologique qui sont spécifiques à l'analyse des phénomènes aspecto-temporels. Ce type d'opérateurs permet aussi de prendre en compte les propriétés aspectuelles du lexique verbal.

5. Décomposition aspecto-temporelle de l'événement prédicatif

Les lexèmes verbaux sont eux-mêmes classés en fonction de leur dimension aspecto-temporelle intrinsèque en deux catégories : les lexèmes relevant de la catégorie des schèmes statiques et les lexèmes relevant de la catégorie des schèmes évolutifs (cinématiques ou dynamiques) [10]. Cette information aspectuelle ne doit pas être confondue avec celle provenant de sources grammaticales (comme les temps verbaux). En effet, la valeur aspectuelle d'événement peut être associée aussi bien à un schème verbal statique (ex. : *il posséda une maison* a une valeur aspectuelle d'événement alors que /posséder/ est une notion statique) qu'à un schème verbal évolutif (ex. : *il construisit une maison* a une valeur aspectuelle d'événement mais /construire/ est une notion dynamique) [11]. Nous désignons par « événement prédicatif évolutif » l'événement associé intrinsèquement à la signification d'un prédicat verbal de type cinématique ou dynamique [12]. Cet événement (que l'on pourrait qualifier de « lexical ») est donc défini *hors énonciation* et permet de rendre compte des propriétés aspectuelles des lexèmes verbaux en utilisant les mêmes notions que dans le modèle grammatical. Un événement prédicatif va en fait désigner un ensemble de zones temporelles ; c'est pourquoi nous parlons de « décomposition aspecto-temporelle de l'événement prédicatif ».

5.1. La notion d'état d'activité

Selon nous, le *statif d'activité* (ex. : *l'avion est en vol*) est étroitement associé à un processus sous-jacent en train de se déployer et doit être explicitement distingué du *statif d'état* (ex. : *cet avion est confortable*) [13]. Ainsi, même si

---

[10] Cf. Desclés (1991), Abraham (1995).
[11] Nous remarquons cependant que les modalités d'action se comportent différemment en fonction de cette distinction (ex : ? *Il commença à posséder une maison / Il commença à construire une maison*).
[12] Nous distinguons donc explicitement l'*événement prédicatif* de l'*événement aspectuel* même s'ils sont de même nature topologique. Nous n'aborderons pas ici la décomposition de « l'événement prédicatif statique » associé à un schème statique. Notons simplement que la notion d'état d'activité n'a plus de sens dans ce cas.
[13] Cf. Desclés & Guentchéva (1997 : 154).

ces deux notions sont éminemment statiques, il reste que le statif d'activité est associé, intrinsèquement, à un processus qui, lui, est dynamique (ex : *l'avion vole*). Cette relation conceptuelle est représentée dans la figure 10.

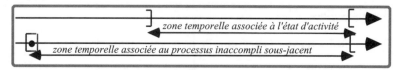

Fig. 10 : Relation conceptuelle entre état d'activité et processus inaccompli sous-jacent

5.2. Zones temporelles associées à un événement prédicatif

Sept zones temporelles qualitatives peuvent être associées à tout événement prédicatif non ponctuel, lui-même engendré par (et donc associé à) un processus ayant atteint un terme (cf. fig. 11) : deux intervalles fermés F_1 et F_2, quatre intervalles ouverts O_1, O_{12}, O_{A12}, O_2 et un intervalle semi-ouvert à droite J_{12}. Nous introduisons les opérateurs *DBT*, *FIN* (associés respectivement aux intervalles F_1 et F_2 [14]), *PAS-ENCORE, INT, ET-AC, NE-PLUS* (associés respectivement aux intervalles O_1, O_{12}, O_{A12}, et O_2) et *PROC-INAC* (associé à l'intervalle J_{12}). Nous notons *EVEN* l'événement prédicatif global ; il se réalise sur un intervalle fermé F.

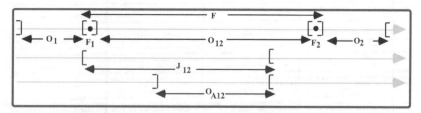

Fig. 11 : Décomposition aspecto-temporelle de l'événement prédicatif

L'interprétation des zones temporelles visualisées dans la figure 11 est la suivante :

- O_1 désigne la zone correspondant à avant le début du processus (et donc à avant le début de l'événement) ; elle réalise un état représenté par un in-

---

[14]   Remarque : les deux événements désignés par DBT et FIN font partie de l'événement global EVEN ; ils contiennent donc respectivement l'événement ponctuel initial et l'événement ponctuel final. Ces deux événements ponctuels sont des *discontinuités singulières* qui séparent respectivement une stabilité d'une évolution et une évolution d'une stabilité.

tervalle ouvert. L'opérateur PAS-ENCORE$_{O1}$ caractérise la zone antérieure à l'événement se réalisant sur un intervalle ouvert O_1.

- F_1 correspond à la zone temporelle du premier événement transitionnel
qui fait passer de l'extérieur antérieur à l'événement dans l'intérieur de
l'événement. La zone temporelle désignée est donc un intervalle fermé.
L'opérateur DBT$_{F1}$ caractérise la zone de début de l'événement se réalisant sur un intervalle fermé F_1.

- O_{12} correspond à la zone de validation de l'intérieur topologique de
l'événement. L'opérateur INT$_{O12}$ caractérise la zone intérieure de
l'événement se réalisant sur un intervalle ouvert O_{12}.

- O_{A12} désigne la zone correspondant à l'état d'activité associé au processus
inaccompli sous-jacent. L'opérateur ET-AC$_{OA12}$ caractérise la zone d'état
d'activité associé à l'événement se réalisant sur un intervalle ouvert O_{A12}.

- J_{12} désigne la zone temporelle associée au processus inaccompli qui
engendre l'événement. L'opérateur PROC-INAC$_{J112}$ caractérise la zone
de processus inaccompli associé à l'événement se réalisant sur un intervalle semi-ouvert J_{112}.

- F_2 correspond à la zone temporelle du deuxième événement transitionnel
qui fait passer de l'intérieur de l'événement dans l'extérieur postérieur à
l'événement. La zone temporelle désignée est donc aussi un intervalle
fermé. L'opérateur FIN$_{F2}$ caractérise la zone de fin de l'événement se
réalisant sur un intervalle fermé F_2.

- O_2 désigne la zone correspondant à après l'événement ; elle réalise un état
représenté par un intervalle ouvert. L'opérateur NE-PLUS$_{O2}$ caractérise la
zone postérieure à l'événement se réalisant sur un intervalle ouvert O_2.

Chacune de ces zones temporelles réalise donc soit un événement, soit
un état, soit encore un processus ; l'ensemble est dit *intrinsèquement associé*
à l'événement prédicatif principal EVEN. Ces zones, liées entre elles par des
contraintes temporelles, permettent à leur tour de définir les zones de validation associées aux processus inaccomplis qui correspondent aux principales
modalités d'action.

6. Les modalités d'action : des processus inaccomplis associés à l'événement prédicatif

Nous poursuivons notre démarche en posant que les principales modalités,
réalisées en français par des semi-auxiliaires comme *se_mettre_à*, *com-
mencer_à*, *finir_de*, etc... correspondent à différents processus inaccomplis
associés intrinsèquement à tout événement prédicatif. Les zones temporelles

sur lesquelles ils se réalisent sont positionnées par rapport aux zones précédemment définies. Nous définissons alors le diagramme général des modalités d'action, déjà présenté dans Desclés & Guentchéva (1997), et rappelé dans la figure 12. Les intervalles sont synchronisés entre eux.

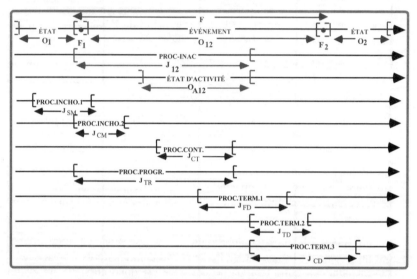

Fig.12 : modalités d'action associées intrinsèquement à un événement prédicatif

Nous associons aux significations des modalités d'action les opérateurs *SE-M-À* (ou processus inchoatif 1), *COM-À* (ou processus inchoatif 2), *CONT-À* (ou processus continuatif), *EN-TR-DE* (ou processus progressif), *FIN-DE* (ou processus terminatif 1), *TER-DE* (ou processus terminatif 2) et *CES-DE* (ou processus terminatif 3). Nous noterons MOD-ACT l'opérateur générique désignant l'ensemble de ces opérateurs. Nous déduisons sept zones temporelles supplémentaires, J_{SM}, J_{CM}, J_{CT}, J_{TR}, J_{FD}, J_{TD} et J_{CD}, qui *découpent* temporellement l'événement prédicatif. Nous résumons dans le tableau qui suit (fig. 13) les contraintes aspectuelles et temporelles qui lient les différents procès (au nombre de quatorze désormais) associés intrinsèquement à tout événement prédicatif. Ce tableau fournit des expressions symboliques équivalentes à ce que l'on visualise dans le modèle descriptif.

	contraintes aspectuelles	*contraintes temporelles*
1	$ETAT_{O1}$ (*PAS-ENCORE* ($EVEN_F$ (d)))	$O_1 < F$
2	$ETAT_{O2}$ (*NE-PLUS* ($EVEN_F$ (d)))	$O_2 > F$
3	$ETAT_{O12}$ (*INT* ($EVEN_F$ (d)))	$O_{12} \perp F$

4	EVT$_{F1}$ (*DBT* (EVEN$_F$ (d)))	$F_1 < O_{12}$
5	EVT$_{F2}$ (*FIN* (EVEN$_F$ (d)))	$F_2 > O_{12}$
6	ETAT$_{OA12}$ (*ET-AC* (EVEN$_F$ (d)))	$O_{A12} \perp O_{12}$
7	INAC $_{J12}$ (*PROC* (EVEN$_F$ (d)))	$\gamma(J_{12}) = \gamma(F)$ $\delta(J_{12}) = \delta(O_{A12})$
8	PROC-INAC$_{SM}$ (*SE-M-À* (EVEN$_F$ (d)))	$\gamma(O_1) < \gamma(J_{SM}) < \gamma(F)$ $\gamma(O_{A12}) > \delta(J_{SM}) > \gamma(F)$
9	PROC-INAC$_{CM}$ (*COM-À* (EVEN$_F$ (d)))	$\gamma(J_{CM}) = \gamma(F)$ $\gamma(O_{A12}) > \delta(J_{CM}) > \gamma(F)$
10	PROC-INAC$_{CT}$ (*CONT-À* (EVEN$_F$ (d)))	$J_{CT} \perp O_{A12}$
11	PROC-INAC$_{TR}$ (*EN-TR-DE* (EVEN$_F$ (d)))	$\gamma(J_{TR}) = \gamma(F)$ $\delta(O_{A12}) > \delta(J_{TR}) > \gamma(O_{A12})$ $\delta(J_{TR}) = \delta(J_{CM})$
12	PROC-INAC$_{FD}$ (*FIN-DE* (EVEN$_F$ (d)))	$\delta(O_{A12}) > \gamma(J_{FD}) > \gamma(O_{A12})$ $\gamma(J_{FD}) < \delta(J_{TR})$ $\delta(F) > \delta(J_{FD}) > \delta(O_{A12})$
13	PROC-INAC$_{TD}$ (*TER-DE* (EVEN$_F$ (d)))	$\gamma(J_{TD}) = \delta(O_{A12})$ $\delta(F) > \delta(J_{TD}) > \delta(O_{A12})$
14	PROC-INAC$_{CD}$ (*CES-DE* (EVEN$_F$ (d)))	$\gamma(J_{CD}) = \delta(O_{A12})$ $\delta(O_2) > \delta(J_{CD}) > \delta(F)$

**Fig. 13 : contraintes liant les différents procès associés
à un événement prédicatif quelconque**

Commentons quelques lignes de ce tableau (les autres se liraient de la même manière) :

- la ligne 1 signifie que l'état PAS-ENCORE déterminé par l'événement EVEN est validé sur la zone temporelle O_1 qui se situe avant la zone temporelle F ;

- la ligne 8 signifie que le processus inaccompli SE-M-À déterminé par l'événement EVEN est validé sur l'intervalle SM dont la borne gauche, notée $\gamma(J_{SM})$, se situe avant la borne gauche de F, notée $\gamma(F)$, et après la borne gauche de O_1, notée $\gamma(O_1)$; et dont la borne droite, notée $\delta(J_{SM})$, se situe avant la borne gauche de O_{A12}, notée $\gamma(O_{A12})$, et après la borne gauche de F, notée $\gamma(F)$.

7. Hiérarchie entre opérateur de modalité d'action et opérateur aspecto-temporel

Nous posons l'hypothèse suivante : l'opérateur ASP-TPS opère sur l'opérateur MOD-ACT, qui lui-même opère sur l'événement prédicatif EVEN. Aussi, du schéma énonciatif général (cf. formule 1, fig. 14) proposé dans Desclés & Guentchéva (1997), nous passons à un schéma énonciatif plus général, qui intègre l'opérateur de modalité d'action (cf. formule 2, fig. 14).

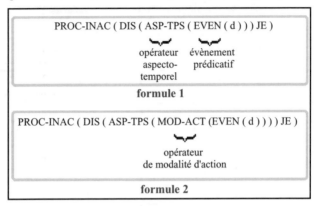

PROC-INAC (DIS (ASP-TPS (EVEN (d))) JE)

opérateur   évènement
aspecto-   prédicatif
temporel

formule 1

PROC-INAC (DIS (ASP-TPS (MOD-ACT (EVEN (d)))) JE)

opérateur
de modalité d'action

formule 2

Fig. 14 : schémas énonciatifs

Dans la formule 1, nous avons ASP-TPS, opérateur aspectuel, qui s'applique à l'événement prédicatif associé à d. Le procès prédicatif, ainsi formé, est lui-même argument du prédicat métalinguistique binaire d'énonciation DIS, l'un de ses arguments étant désigné par JE, sujet énoncia-teur. Le processus énonciatif est réalisé sur un certain intervalle ; d'où l'opérateur PROC-INAC qui s'applique à l'énonciation de la relation prédica-tive. Dans la formule 2, nous avons établi une hiérarchie entre opérateur aspectuel et opérateur de modalité d'action : nous avons MOD-ACT, opérateur de modalité d'action, qui s'insère dans le schéma énonciatif de façon à s'appliquer à l'événement prédicatif.

Nous avons vu que les représentations proposées en 4. et 5. sont asso-ciées intrinsèquement à l'événement prédicatif et qu'elles sont donc définies hors énonciation. Il est maintenant nécessaire de représenter les relations temporelles entre ces représentations et le processus énonciatif, à la fois dans le modèle descriptif, puis par des représentations logiques, afin de montrer comment nous pouvons effectuer les inférences auxquelles nous procédons dans le raisonnement que nous étudions à titre d'exemple illustratif.

8. Insertion des représentations dans le référentiel énonciatif

Nous reprenons dans la figure 15 les représentations dont nous avons besoin pour l'analyse de notre raisonnement.

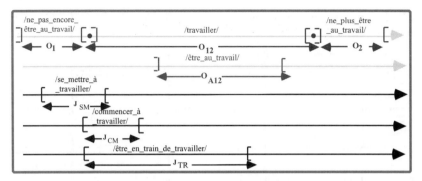

Fig. 15 : représentation des modalités d'action et de l'événement prédicatif hors référentiel énonciatif

L'insertion de ces représentations dans le référentiel énonciatif conduit au diagramme de la figure 16.

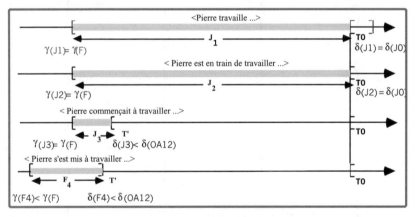

Fig. 16 : représentation des modalités d'action et de l'événement prédicatif dans le référentiel énonciatif

Dans la figure 15, les zones temporelles représentées sont interdépendantes et sont toutes relatives à l'événement prédicatif sous-jacent « travailler ». Elles ne sont pas positionnées par rapport au processus énonciatif et sont situées, en ce sens, hors du référentiel énonciatif. En revanche, dans la figure 16, les zones temporelles représentées sont repérées explicitement par rapport au processus énonciatif (d'où la présence dans le schéma de la borne finale de ce processus, T_0) ; elles se situent dans le référentiel de l'énonciateur. Les zones temporelles (que nous notons J_1, J_2, J_3 et J_4) résultent d'opérations d'intersection entre des intervalles topologiques de plusieurs niveaux :

– celui qui est associé à l'événement prédicatif : il fait appel à des intervalles qui font référence à des notions aspectuelles lexicalisées.

– celui qui est déterminé par des opérateurs grammaticalisés : il fait appel à des intervalles qui font référence à des notions aspectuelles grammaticalisées et fait intervenir le processus énonciatif.

Rappelons que la notion de processus énonciatif est fondamentale puisqu'une relation prédicative est repérée plus ou moins directement par rapport au processus énonciatif. Les marqueurs aspecto-temporels morphologiques présents dans l'énoncé encodent les « choix » de l'énonciateur. Les représentations formelles doivent donc être capables d'exprimer le processus énonciatif lui-même, ainsi que les relations temporelles entre la relation prédicative et lui [15]. Les expressions symboliques qui suivent encodent de manière formelle les choix de l'énonciateur exprimés par les énoncés (1a), (1b), (1c) et (1d) et dont nous avons donné les représentations intuitives associées en (2a), (2b), (2c) et (2d) :

(10) a. $\&$ PROC-INAC$_J{}^0$ (DIS (PROC-INAC$_{J_1}$ (EVEN$_F$ (d))) JE)

   ($[\gamma(J_1){=}\gamma(F)]$, $[\delta(J_1){=}\delta(J^0)]$)

b. $\&$ PROC-INAC$_J{}^0$ (DIS (PROC-INAC$_{J_2}$ (EN-TR-DE$_{J_{TR}}$ (EVEN$_F$ (d))) JE)

   ($[\gamma(J_2){=}\gamma(J_{TR}){=}\gamma(F)]$, $[\delta(O_{A12}){>}\delta(J_2){>}\gamma(O_{A12})]$, $[\delta(J_2){=}\delta(J^0)]$)

c. $\&$ PROC-INAC$_J{}^0$ (DIS (PROC-INAC$_{J_3}$ (COM-À $_{J_{CM}}$ (EVEN$_F$ (d))) JE)

   ($[\gamma(J_3){=}\gamma(J_{CM}){=}\gamma(F)]$, $[\gamma(O_{A12}){>}\delta(J_3){>}\gamma(F)]$, $[\delta(J_3){<}\gamma(J^0)]$)

d. $\&$ PROC-INAC$_J{}^0$ (DIS (EVEN$_{F_4}$ (SE-M-À $_{J_{SM}}$ (EVEN$_F$ (d))) JE)

   ($[\gamma(J_4){=}\gamma(J_{SM})]$, $[\gamma(F){>}\gamma(F_4){>}\gamma(O_1)]$, $[\gamma(F){<}\delta(F_4){<}\gamma(O_{A12})]$, $[\delta(F_4){<}\gamma(J^0)]$)

Les formules (10a), (10b), (10c) et (10d) représentent l'emboîtement de chaque procès prédicatif à l'intérieur du processus énonciatif (contraintes aspectuelles) et les contraintes temporelles liant les intervalles de validation des procès prédicatif et énonciatif (contraintes temporelles) ; le procès prédicatif inclut (10b, 10c, 10d) ou non (10a) un opérateur de modalité d'action [16]. Nous voyons immédiatement comment une propagation des contraintes temporelles permet d'exprimer les inférences entre énoncés. Un processus opératoire d'intégration, que nous exprimons à l'aide de combinateurs de la logique combinatoire, permet alors de dériver des opérateurs abstraits

---

[15] Cf. Desclés & Guentchéva (1997 : 47).

[16] Le contenu de chacune de ces formules est rendu explicite en se reportant aux figures 14 et 16.

(aspectuels et de modalités d'action) à partir des opérateurs élémentaires de façon à progressivement se rapprocher des configurations de surface et exhiber des opérateurs morphologiques. Nous ne présenterons pas ici les calculs formels qui permettent d'exhiber de tels opérateurs [17].

9. Conclusion

L'analyse des modalités d'action que nous avons entreprise s'appuie sur les mêmes outils formels – figuratif d'une part (les intervalles topologiques), et calculatoire d'autre part (les langages applicatifs) – que ceux employés dans l'analyse de l'aspect et du temps. L'analyse sémantique des modalités d'action est exprimée par un diagramme (cf. fig. 12) qui situe les différentes modalités d'action les unes par rapport aux autres et par rapport à l'événement prédicatif. Le schéma énonciatif aspectualisé incluant l'opérateur de modalité d'action (cf. formule 2, fig. 14) indique bien une hiérarchie entre l'aspect et les modalités d'action qui sont souvent exprimées directement au niveau du lexique. Le raisonnement inférentiel déclenché par la présence des modalités d'action s'appuie sur plusieurs types de connais- sances : les contraintes aspectuelles exprimées à la fois à l'aide des notions élémentaires d'état, d'événement et de processus (représentées par des inter- valles topologiques de nature différente) et à l'aide d'emboîtements donnés par les expressions formelles (cf. fig. 13) ; et les contraintes temporelles qui expriment des relations temporelles du type précédence, succession ou concomitance.

Références

Abraham, M. (1995). *Analyse sémantico-cognitive des verbes de mouvement et d'activité. Contribution méthodologique à la constitution d'un dic- tionnaire informatique des verbes*, Thèse de Doctorat, EHESS.

Battistelli, D. ; Desclés, J.-P. (1999). Modalités d'action et raisonnements aspecto-temporels, *Actes VEXTAL'99* : 351-359, 22-24/11/1999, Ve- nise, Padoue : Unipress.

Bertinetto, P.-M. (1994). Against the received view that progressives are statives, *Etudes Cognitives 1*, Sémantique des Catégories de l'aspect et du temps, Warszawa : Académie des Sciences de Pologne, 43-56.

Desclés, J.-P. (1980). Construction formelle de la catégorie grammaticale du temps et de l'aspect, in : J. David ; R. Martin, (éds), *La notion d'aspect*, Paris : Klincksieck, 198-237.

Desclés, J.-P. (1989). State, Event, Process and Topology, *General Lin- guistics* 29.3 : 159-200.

---

[17]   Pour un exemple, se reporter à Battistelli & Desclés (1999).

Desclés, J.-P. (1990). *Langages applicatifs, langues naturelles et cognition*, Paris : Hermès.

Desclés, J.-P. (1991). Archétypes cognitifs et types de procès, *Travaux de Linguistique et de Philologie* 39 : 171-195.

Desclés, J.-P. (1994). Reasonning and aspectual-temporal calculus, Actes de la session de Cerisy, juin 1994, à paraître in : D. Vandervecken, (ed.), *Reasoning in Language*, University of California Press.

Desclés, J.-P. ; Guentchéva, Z. (1995). Is the notion of process necessary ?, in : P.-M. Bertinetto ; *al.*, (eds), *Temporal Reference : Aspect and Actionality, vol. 1, Semantic and Syntactic Perspectives*, Torino : Rosenberg and Sellier, 55-70.

Desclés, J.-P. ; Guentchéva, Z. (1997). Aspects et modalités d'action, *Etudes Cognitives 2*, Sémantique des Catégories de l'aspect et du Temps, Académie des Sciences de Pologne, Warszawa, 145-175.

Gardies, J.-L. (1975). *La logique du temps*, Paris : PUF.

Kamp, H. (1981). Evénements, représentations discursives et référence temporelle, *Langages* 64 : 39-64.

Lyons, J. (1977). *Semantics*, vol. 2, London ; New-York ; Melbourne : Cambridge University Press.

Maire-Reppert, D. (1990). *L'imparfait de l'indicatif en vue d'un traitement informatique du français*, Thèse de Doctorat, Université Paris-IV.

Mourelatos, A. (1981). Events, Processes and States, in : P. Tedeschi ; A. Zaenen, (eds), *Tense and Aspect,* Syntax and Semantics 14, New York : Academic Press, 192-212.

Oh, H.G. (1991). *Les temps de l'indicatif du français en vue d'un traitement informatique: passé composé*, Thèse de Doctorat, Université Paris-IV.

Prior, A. N. (1957). *Time and modality*, Oxford : Clarendon Press.

Reichenbach, H. (1947). *Elements of symbolic logic*, New York : McMillan.

Shaumyan, S. K. (1987). *A Semiotic Theory of Natural Languages*, Bloomington: Indiana University Press.

Vazov, N. (1998). *L'identification des valeurs aspecto-temporelles des situations en vue d'un traitement automatique*, Thèse de Doctorat, Université Paris-IV.

Vet, C. (1980). *Temps, aspects et adverbes de temps en français contemporain,* Genève : Droz.

Vlach, F. (1981). The semantics of the progressive, in : P. Tedeschi ; A. Zaenen, (eds), *Tense and Aspect,* Syntax and Semantics 14, New York : Academic Press, 271-292.

Les propriétés aspectuelles du passif[*]

Anne CARLIER

Université de Valenciennes

1. Le problème

Il est généralement admis, dans l'état actuel de la recherche, que le passif périphrastique, formé par « *être* + participe passé », ne peut pas être considéré comme étant en relation de paraphrase avec l'actif. Dans la présente étude, nous soumettrons à l'analyse un des arguments invoqués à l'appui de cette hypothèse : le passage de l'actif au passif peut aller de pair avec l'un des deux changements interprétatifs suivants.

    1. Dans la mesure où la phrase active évoque un procès comme étant en cours, la phrase passive correspondante tend à marquer l'état résultant de ce procès et ressortit ainsi à la valeur aspectuelle d'accompli. Cette valeur aspectuelle liée au passif, déjà relevée par L. Meigret (1550 : chap. XXV)[1], est illustrée par l'exemple (1b) :

(1)   a.   On *sert* le vin.
         b.   Le vin *est servi*.

la lecture accomplie s'y présente comme la plus saillante, sans que la lecture non accomplie ne soit toutefois exclue.

    2. Si la phrase active présente une double lecture, itérative et non itérative, la phrase passive correspondante tend à privilégier la lecture itérative (Blanche-Benveniste & Van den Eynde 1978 ; Blanche-Benveniste 1984).

(2)   a.   Le sommelier *sert* le vin.
         b.   Le vin *est servi* par le sommelier.

    Ces deux phénomènes interprétatifs déclenchés par le passage de l'actif au passif se présentent exclusivement avec des verbes qui marquent, du point

---

[*]   Je remercie chaleureusement Laurent Gosselin et Karel Van den Eynde, qui m'ont fait bénéficier de leurs remarques judicieuses. Merci aussi à Anne Buchard dont les suggestions m'ont amenée à nuancer certaines de mes hypothèses. Au moment de mettre la dernière main à la rédaction de cet article, j'ai pris connaissance d'un recueil récemment publié sur le passif, édité par L. Schøsler. Il ne m'a plus été possible de le prendre en considération dans la présente étude.

[1]   Parmi les études plus récentes, voir e.a. Blanche-Benveniste (1984), Vikner (1985), Skårup (1998) et Creissels (2000).

de vue de l' « Aktionsart » ou de l'aspect lexical, un procès télique [2]. Les passifs formés à partir de verbes marquant un état ne diffèrent pas sur le plan aspectuel de leur contrepartie active, ainsi que l'illustre l'exemple (3).

(3)   a.   Tout le monde *apprécie* Pierre.
       b.   Pierre *est apprécié* de tout le monde.

De même pour les verbes processifs non téliques, on admet généralement, sur la base d'exemples comme (4)

(4)   a.   Marie *aide* Pierre.
       b.   Pierre *est aidé* par Marie.

qu'aucune différence aspectuelle ne sépare la phrase passive par rapport à sa contrepartie active. Notons toutefois un changement interprétatif mineur : l'insertion de la locution *être en train de*, toujours compatible avec les verbes processifs non téliques à l'actif, est parfois exclue avec ces mêmes verbes au passif [3].

(5)   a.   La police est en train de *rechercher* le meurtrier.
       b.   ?? Le meurtrier est en train d'*être recherché*.

(6)   a.   Marie est en train de *surveiller* les enfants.
       b.   ?? Les enfants sont en train d'*être surveillés* par Marie.

---

[2]   Les termes « verbes d'états » et « verbes processifs téliques » ou « non téliques » sont utilisés dans cette étude afin de simplifier la formulation. Ne perdons pourtant pas de vue qu'il est souvent impossible d'associer un verbe hors emploi à une valeur aspectuelle lexicale précise, car l'environnement actanciel peut jouer un rôle décisif. Certains verbes peuvent, en fonction de la nature syntaxique ou sémantique de leurs actants, marquer soit un état soit un procès (*Marie pèse* 50 kilos / *Marie pèse* la farine ; Une haie d'aubépines *entoure la maison* / Les soldats *entourent la ville*). Pour l'opposition entre procès téliques et non téliques, la détermination quantitative du SN objet du verbe transitif ou celle du SN en position de sujet du verbe inaccusatif constitue un des facteurs importants pouvant jouer un rôle (*Marie boit* un café / du café ; Le vase *tombe* / Des feuilles *tombent*). Voir, sur la question, Verkuyl (1972, 1989), Declerck (1979), Blanche-Benveniste *et al.* (1987) et Tenny (1994).
       Il existe un certain nombre de verbes processifs téliques dont la forme passive ne se prête pas à une lecture d'état résultant. Vikner (1985 : n. 7) relève ainsi le verbe *tuer* et ses parasynonymes. Buchard (2001) fournit une liste plus complète de verbes ayant cette propriété.

[3]   Il s'agit plutôt d'une tendance que d'une exclusion à caractère absolu. Les phrases suivantes sont en effet acceptables.
       *La question est en train d'*être étudiée.
       *La ville est en train d'*être bombardée.

L'insertion de la locution *être en train de* pouvant être utilisée comme test révélant le caractère dynamique ou processif de la situation évoquée, son caractère peu acceptable dans les phrases passives ci-dessus fait apparaître que le passif périphrastique « *être* + participe passé » formé à partir d'un verbe processif tend, tout comme le passif faisant intervenir un verbe processif télique, à évacuer la valeur processive en faveur d'une valeur stative, sans que l'on puisse toutefois parler d'état résultant. Ainsi *être surveillé* dans l'exemple (6) pourrait être glosé comme « être sous surveillance ». Comme l'a observé Buchard (2001) à partir d'exemples comme (7),

(7) a. On est en train de *frapper* cet enfant.
  b. Cet enfant est en train ?? d'*être frappé* / de *se faire frapper*.

la locution *être en train de* s'insère par contre naturellement si on remplace le passif périphrastique « *être* + participe passé » par la tournure passive « *se faire* + infinitif », qui maintient le caractère dynamique qu'apporte le verbe processif non télique.

Outre l'aspect lexical, le temps utilisé joue également un rôle. Les tendances sont les plus nettes dans le domaine du passé [4]. Au passé simple, le passage de l'actif au passif ne s'accompagne pas des changements interprétatifs susmentionnés, mais le passif respecte invariablement la valeur processive que présente la phrase active correspondante, du moins en principale [5].

(8) a. On *servit* le vin.
  b. Le vin *fut servi*.
(9) a. Le sommelier *servit* le vin.
  b. Le vin *fut servi* par le sommelier.

De même, au passé composé, le passage de l'actif au passif n'engendre pas de changements interprétatifs (Blanche-Benveniste & Van den Eynde 1978 ; Blanche-Benveniste 1984), du moins si le passé composé a sa valeur d'antériorité par rapport au moment de la parole.

(10) a. On *a servi* le vin.
  b. Le vin *a été servi*.

---

[4]   Une description globale de l'impact des temps verbaux sur l'interprétation du passif est offerte par Jensen (1963).

[5]   Ainsi que le montre l'exemple suivant, emprunté à Jensen (1963 : 76), la phrase passive au passé simple peut toutefois présenter la nuance d'état résultant dans les subordonnées de temps :

Pourtant, quand les écuelles furent vidées, *on alluma les pipes et on se mit à causer un peu.* (Daudet)

(11) a. Le sommelier *a servi* le vin.
      b. Le vin *a été servi* par le sommelier.

A l'imparfait, par contre, la phrase passive tend à privilégier une valeur d'état résultant

(12) a. On *commettait* le crime.
      b. Non ! Le crime *était commis*, l'état-major ne pouvait plus avouer son crime. (Zola, *J'accuse*)

ou, si elle est disponible, une lecture itérative [6].

(13) a. Les esclaves *construisaient* les pyramides.
      b. Les pyramides *étaient construites* par les esclaves.

Le présent article se propose d'élucider ces phénomènes interprétatifs déclenchés par le passage de l'actif au passif en abordant successivement les deux questions suivantes.

• Quelles sont les propriétés aspectuelles du passif périphrastique qui déclenchent ces changements et pourquoi donnent-elles lieu à des changements interprétatifs en combinaison avec des verbes processifs téliques et, dans une moindre mesure, avec les verbes processifs non téliques, sans affecter aucunement les verbes d'état (§ 2) ?

• Comment peut-on rendre compte de l'impact des temps verbaux sur l'interprétation du passif périphrastique (§ 3) ?

---

[6] Certains emplois dérivés de l'imparfait (sur le statut des emplois dérivés, voir Gosselin 1996) caractérisés non pas par une vision sécante mais par une vision globale du procès, préservent pourtant la valeur processive de la phrase active correspondante. Il en va ainsi de l'imparfait utilisé pour les reportages relatés au passé et de l'imparfait de rupture, comme l'illustre l'exemple (i) cité par Vikner (1985 : 102).

(i) Quelques heures plus tard, le gouvernement répressif capitulait et les embastillés *étaient relâchés*. (Merle)

L'imparfait se rapproche ainsi du présent, qui fait aussi apparaître la valeur processive dans les emplois caractérisés par une vision globale du procès, tels que le présent historique (ii) ainsi que le présent de reportage, servant à raconter des événements sur le vif (iii).

(ii) Au printemps de l'année 1920, le nouveau pont *est construit*.
(iii) La porte *est ouverte* par l'huissier, le président entre … (Desclés & Guentchéva 1993 : 91)

2. Les propriétés aspectuelles du passif : hypothèses explicatives

Afin de rendre compte des propriétés aspectuelles du passif périphrastique, nous examinerons successivement trois hypothèses : la première consiste à analyser le participe passé du passif périphrastique comme un marqueur de l'accompli (§2.1), la deuxième associe à la séquence « *être* + participe passé » deux structures syntaxiques différentes dont l'une consiste en une structure attributive, ce qui suppose une recatégorisation du participe passé en tant qu'adjectif (§2.2), la troisième souligne le rôle du verbe *être*, qui confère à la périphrase passive une dimension stative (§2.3).

2.1. Le participe passé en tant que marqueur de l'accompli

On a souvent proposé de rendre compte du changement interprétatif que déclenche le passage de l'actif au passif dans une phrase comme (1)

(1) a. On *sert* le vin.
     b. Le vin *est servi*.

en avançant l'hypothèse que le participe passé intervenant dans la formation du passif périphrastique y fonctionne comme marqueur de l'accompli [7]. Dans son ouvrage monumental sur la voix pronominale, Stéfanini la formule comme suit :

---

[7] Dans les études typologiques, la valeur aspectuelle d'accompli pouvant être associée à la construction passive est parfois imputée au fait que le procès est envisagé non pas à partir de l'agent, qui constitue la source du procès, mais à partir du patient, qui définit le terme du procès (voir e.a. Delancey 1982). On notera, à l'encontre de cette hypothèse, que le français connaît un passif impersonnel pouvant également présenter une valeur aspectuelle d'accompli tout en maintenant le patient dans la position canonique de l'objet, après le verbe (*cf. infra*, exemples (24) à (26)). Par ailleurs, le français dispose d'une deuxième construction pouvant avoir pour effet de mettre en tête le patient, à savoir la construction pronominale à sens passif. Se pose dès lors la question de savoir si passif périphrastique et passif pronominal possèdent les mêmes caractéristiques aspectuelles ou si au contraire, ainsi que le suggèrent notamment Stéfanini (1962 : 642-644) et Lamiroy (1993), la raison d'être du passif pronominal est de suppléer aux restrictions aspectuelles du passif périphrastique. L'existence d'une telle complémentarité aspectuelle constituerait un deuxième argument contre l'hypothèse d'une corrélation entre la disposition des actants et la valeur d'accompli associée au passif périphrastique. L'hypothèse d'une complémentarité aspectuelle entre passif périphrastique et passif pronominal est examinée par Lagae (2002).

La morphologie, ici, est explicite : *être bâti* […], c'est une périphrase
construite avec le participe passé, c'est-à-dire avec un terme idéellement situé
après *bâtir*. (Stéfanini 1962 : 482)

Dans la mesure où au participe passé est attribuée la valeur d'envisager le
terme du procès, le présent passif est rapproché du passé composé, qui a pour
valeur de base de marquer l'accompli. Cette hypothèse est soutenue de
manière explicite par Authier (1972) : dans le cadre de la grammaire générative transformationnelle « première vague », où il était admis que le passif
était obtenu par transformation à partir de l'actif, elle propose de dériver le
passif à valeur processive (14b) à partir d'une phrase active au présent (14a)

(14) a. Une firme suédoise *construit* la maison.
     b. La maison *est construite* par une firme suédoise.

et le passif à valeur d'état résultant (15b) à partir d'une phrase active au passé
composé (15a).

(15) a. On *a construit* la maison en briques jaunes.
     b. La maison *est construite* en briques jaunes.

L'hypothèse imputant la valeur aspectuelle accomplie du passif périphrastique à la présence du participe passé semble de prime abord plausible.
Plusieurs questions restent pourtant sans réponse.

a) Comme nous l'avons fait remarquer précédemment, le changement interprétatif pouvant être engendré par le passage de l'actif au passif, quand le
verbe est processif télique, est double : le passif tend non seulement à focali-
ser, plutôt que le procès lui-même, l'état résultant du procès (1b), mais, par
ailleurs, en présence de deux lectures possibles de la phrase active, occurrence unique du procès ou série non limitée de procès (2a), le passif privilégie nettement la seconde lecture (2b).

(1) a. On *sert* le vin.
    b. Le vin *est servi*.
(2) a. Le sommelier *sert* le vin.
    b. Le vin *est servi* par le sommelier.

L'hypothèse qui analyse le participe passé comme un marqueur de l'accompli
trouve sa raison d'être dans le premier changement interprétatif associé au
passage de l'actif au passif, illustré par (1), mais n'est d'aucun recours pour
expliquer le second changement interprétatif, exemplifié par (2).

b) Un second problème réside dans le fait qu'une phrase passive formée à
partir d'un verbe processif télique comme (16)

(16)   La maison *est construite*.

présente non seulement une lecture avec valeur accomplie mais également une lecture sans cette valeur aspectuelle. Peut-on rapprocher cette ambivalence que présente la forme passive au présent de celle du passé composé, ayant également un emploi avec valeur accomplie et un emploi sans cette valeur ? Il nous semble y avoir une différence fondamentale, que nous préciserons en comparant la double lecture de (16) avec celle de (17).

(17)   Pierre *est sorti.*

– Doté de la valeur aspectuelle accomplie, le passé composé de (17) constitue un parfait du présent, ayant pour sens de marquer que le procès est arrivé à son terme et que l'état résultant « Pierre est absent » importe au moment présent ; en l'absence d'une telle valeur aspectuelle, le passé composé prend valeur d'antériorité et marque qu'il y a eu action de sortir avant le moment présent. Tout en étant linguistiquement distinctes [8], ces deux interprétations associées au passé composé sont compatibles du point de vue de leurs conditions de vérité. De plus, elles entretiennent un rapport étroit, de nature non symétrique : le passé composé, dans sa valeur accomplie, implique nécessairement une action ayant eu lieu antérieurement [9]. L'interprétation d'antériorité, même si elle peut aller de pair avec une mise en veilleuse de la valeur d'accompli du présent, n'est donc pas nécessairement incompatible avec cette valeur aspectuelle, mais peut être conçue comme dérivée par rapport à elle.

– Plus important est l'écart entre les deux lectures possibles du passif périphrastique d'un exemple comme (16), avec valeur accomplie (« la construction est achevée ») et sans cette valeur aspectuelle (« la maison est en chantier ») : ces deux lectures se présentent comme incompatibles du point de vue de leurs conditions de vérité. En admettant l'hypothèse

---

[8]   En effet, comme le fait remarquer Gosselin (1996 : 206), l'exemple (iii) montre qu'il est impossible de combiner, au sein d'une même phrase, un circonstant activant la valeur d'antériorité du passé composé comme *avant-hier* et un circonstant activant sa valeur d'accompli du présent tel *depuis deux jours.*

(i)   Pierre a terminé son travail *avant-hier.*
(ii)   Pierre a terminé son travail *depuis deux jours.*
(iii) *Pierre est sorti avant-hier *depuis deux jours.*

Il reste qu'en l'absence d'indices contribuant à activer l'une ou l'autre valeur, le passé composé se présente le plus souvent comme indifférencié par rapport à cette ambivalence.

[9]   L'inverse n'est pas vrai : le trait de l'antériorité n'implique pas une valeur aspectuelle accomplie. Sur le rapport de l'antériorité avec l'accompli, voir Cohen (1989 : 119-120).

que la présence du participe passé déclenche une valeur aspectuelle accomplie, il faudrait admettre que cette valeur aspectuelle liée au participe passé se trouve pour le passif annulée dans l'une de ses lectures, à savoir la lecture processive. Une telle solution nous semble toutefois *ad hoc*.

c) Un troisième problème concerne les passifs formés à partir d'un verbe d'état. Formé à partir d'un verbe d'état, le passé composé peut également marquer un accompli du présent : il marque alors que l'état est arrivé à son terme et que l'on considère au moment présent l'au-delà de l'état. Comme l'illustre l'exemple (18b),

(18) a. Pierre *aime* Marie.
      b. Pierre *a aimé* Marie.

le fait d'envisager un état comme étant arrivé à son terme déclenche un effet de sens de révocation (Blanche-Benveniste & Van den Eynde 1978 ; Blanche-Benveniste 1984). Dans la mesure où l'on admet que le passif périphrastique « *être* + participe passé » est, par la présence du participe passé, associé à une valeur accomplie, il est étonnant que l'utilisation d'un verbe d'état au passif n'aille jamais de pair avec cette valeur de révocation. En effet, à la différence de (18b), (18c) n'a jamais pour sens « Marie n'est plus aimée de Pierre ».

(18) c. Marie *est aimée* de Pierre.

Il apparaît ainsi que la première hypothèse examinée ici, qui associe le participe passé intervenant dans la forme passive à la valeur aspectuelle d'accompli, n'est pas à même de rendre compte des phrases passives qui ne présentent pas une telle valeur aspectuelle. Afin de résoudre cette difficulté, il a été proposé d'abandonner le traitement homogène de la structure « *être* + participe passé » formée à partir d'un verbe transitif et de reconnaître comme seules formes passives celles qui peuvent être mises en correspondance avec une forme active ayant la même valeur aspectuelle. Les formes en « *être* + participe passé » formées à partir d'un verbe processif télique qui focalisent, plutôt que le procès lui-même, l'état résultant du procès, sont ainsi évacuées du domaine de la flexion verbale. Cette deuxième hypothèse fera l'objet d'un examen détaillé sous 2.2.

Aux trois problèmes soulevés contre l'hypothèse associant le participe passé du passif à la valeur aspectuelle d'accompli se rajoute un quatrième si on veut appliquer cette hypothèse à des langues comme l'allemand ou le néerlandais, qui ont deux passifs périphrastiques, l'un faisant intervenir le verbe *devenir*, l'autre le verbe *être*. Dans ces langues, la forme passive « *devenir* + participe passé » n'exprime jamais l'accompli alors que la forme passive « *être* + participe passé » marque toujours l'accompli. Ces faits nous amèneront à chercher l'origine de la valeur aspectuelle accomplie pouvant surgir lors du passage de l'actif au passif non pas dans la présence du participe passé, mais plutôt du côté du verbe *être*. Aussi le rôle du verbe *être* sera-t-il au centre de la troisième hypothèse, qui sera présentée sous 2.3.

2.2. Le participe passé du passif : un adjectif attribut ?

Une hypothèse couramment invoquée pour rendre compte de la différence entre les phrases (14b) et (15b) (*cf.* e.a. Damourette et Pichon 1911-40 : §1609, von Wartburg & Zumthor 1958 : 195 et Vikner 1985 : 100)

(14) a. Une firme suédoise *construit* la maison.
b. La maison *est construite* par une firme suédoise.

(15) a. On *a construit* la maison en briques jaunes.
b. La maison *est construite* en briques jaunes.

consiste à leur associer deux analyses syntaxiques différentes[10].

– Dans la phrase (14b), interprétée comme évoquant un chantier, la forme verbale *est construite* est analysée comme le passif de la forme active *construit*. Le participe passé y est considéré comme composante d'une forme verbale complexe et au verbe *être* est attribué le rôle d'auxiliaire.

– Dans la phrase (15b), interprétée comme état résultant du procès, la forme *est construite* n'est plus considérée comme une forme fléchie du verbe. Le participe passé y est analysé comme ayant la fonction syntaxique d'attribut et est ainsi rangé dans la catégorie de l'adjectif. Au verbe *être* est donc assigné le rôle syntaxique de verbe copule.

Cette différence de structure invoquée pour rendre compte de l'écart sémantique entre (14b) et (15b) se heurte à une difficulté fondamentale : elle ne correspond pas à une réalité syntaxique. D'une part, le participe passé combiné au verbe *être* pour former un passif présente des propriétés typiquement adjectivales, même quand cette périphrase passive a une valeur proprement processive. D'autre part, la périphrase passive en « *être* + participe passé » se présente comme bien ancrée dans la flexion verbale, même quand elle a une valeur d'état résultant.

---

10 La même double analyse est proposée par Fellbaum *et al.* (1989). Dans le cadre de la grammaire générative transformationnelle, on distingue entre passif syntaxique ou transformationnel et passif lexical, en attribuant dans le dernier cas au participe passé le statut d'adjectif (Chomsky 1981 : 119). Fellbaum *et al.* (1989) avancent que le clivage entre passif à valeur processive et passif à valeur d'état résultant coïncide avec cette distinction.

Afin de montrer que le participe passé entrant dans la composition du passif présente des propriétés de l'adjectif, quelle que soit la valeur aspectuelle, et qu'il n'est donc pas possible d'isoler sur cette base le passif à valeur d'état résultant par rapport au passif à valeur processive, nous emprunterons deux arguments à Creissels (2000).

– Une première propriété spécifiquement adjectivale relevée par Creissels (2000) concerne le choix entre *très* et *beaucoup* en tant qu'adverbe intensifiant pour les concepts gradables. Etant donné que les adjectifs sélectionnent *très* (*il est très grand*) et que les verbes sélectionnent *beaucoup* (*il a beaucoup grandi* / **il a très grandi*), on pourrait s'attendre, dans la perspective d'une différence de structure entre les passifs à valeur processive et ceux à valeur d'état résultant, à ce que seuls les passifs à valeur d'état résultant permettent *très*. L'exemple (19), qui comporte un passif permettant une lecture processive, présente pourtant l'adverbe *très*.

(19) J'ai été *très* / **beaucoup* surpris de cette nouvelle.

Le participe passé entrant dans la formation du passif s'oppose sur ce point au participe passé du passé composé, qui ne permet jamais l'adverbe *très*.

(20) Cette nouvelle m'a *beaucoup* / **très* surpris.

– Une seconde propriété caractéristique de l'adjectif, quand celui-ci occupe la position d'attribut, est constituée par son aptitude à être mis en correspondance avec le pronom *le* invariable en genre et en nombre. Cette propriété s'observe également dans le cas du participe passé entrant dans la formation du passif. Elle n'est toutefois pas limitée aux passifs à valeur d'état résultant, comme pourrait le donner à penser l'hypothèse distinguant les passifs à valeur d'état résultant des passifs processifs en associant ceux-là à la structure syntaxique « *être* + attribut ». À preuve l'exemple (21),

(21) Passe encore si je n'étais que fessé, je *l*'ai été chez les Bulgares. (Voltaire, *Candide*, chap. sixième*)*

qui présente une reprise pronominale en *le*, quoique la lecture à valeur d'état résultant y soit fort improbable. Ici encore, le participe passé en tant qu'élément constitutif de la forme passive se distingue du participe passé du passé composé, qui ne permet pas une mise en correspondance avec le pronom *le* neutre en genre et en nombre.

(22) *Je suis allée au théâtre et Pierre *l*'est aussi.

Des observations qui précèdent, on ne saurait toutefois inférer que le passif périphrastique ne relève plus de la flexion verbale et que le participe passé en tant que composante de la forme passive a accédé par dérivation à la catégorie de l'adjectif. Le passif périphrastique présente la propriété proprement verbale de pouvoir donner lieu à une construction impersonnelle. Cette construction impersonnelle est possible non seulement quand la forme passive a une valeur aspectuelle processive comme dans (23),

(23)   (…) car il *est dansé* ici une autre danse (Saint-Exupéry, cité par Hériau
         1980 : 376)
         [une autre danse est ici dansée]

mais également quand la forme passive présente la valeur aspectuelle d'état résultant, ainsi que le montrent les exemples (24) à (26).

(24)   Sur chaque face, il *est enregistré* trois chansons. (Hériau 1980 : 394)
         [trois chansons sont enregistrées sur chaque face]

(25)   Il y *est accroché* un petit crucifix. (Hériau 1980 : 394)
         [un petit crucifix y est accroché]

(26)   Dans le hall de l'usine, il *est affiché* un placard annonçant la grève. (Hériau
         1980 : 394)
         [un placard annonçant la grève est affiché dans le hall de l'usine]

Comme il est impossible de faire entrer la séquence « sujet personnel de nature nominale + *être* + adjectif attribut » dans une structure impersonnelle, on ne saurait expliquer la valeur d'état résultant pouvant être associée au passif en admettant que le participe passé y soit recatégorisé en tant qu'adjectif et y tienne le rôle d'attribut.

Aux problèmes de syntaxe que rencontre l'hypothèse accordant un statut adjectival au participe passé du passif à valeur d'état résultant se rajoute un problème sémantique : comme l'a fait remarquer Authier (1972), cette hypothèse a pour effet de déconnecter l'état résultant par rapport au procès qui est à son origine et se prive ainsi de la possibilité de rendre compte de la différence de sens qui sépare (27a) de (27b).

(27) a   Le papier *est jauni.*
      b. Le papier *est jaune.*

Enfin, cette hypothèse ne permet pas d'expliquer pourquoi le participe passé du passif périphrastique, à la différence de l'adjectif et à l'instar du verbe, se combine non seulement avec des adverbes quantifiants (29a) ou pris dans un sens quantifiant (29c), mais aussi avec des adverbes qualifiants (29b) ou pris dans leur acception qualifiante (29d) [11]. Sur ce point également, le passif à valeur d'état résultant ne se distingue aucunement du passif de sens processif.

(28) a. Cette eau est *plus* pure.
      b. *Cette eau est *mieux* pure.
      c. Cette eau est *bien* / *peu* pure.
      d. *Cette eau est *bien* / *mal* pure.

(29) a. Cette eau est *plus* filtrée.
      b. Cette eau est *mieux* filtrée.
      c. Cette eau est *bien* / *peu* filtrée.
      d. Cette eau est *bien* / *mal* filtrée.

(30) a. On a *plus* filtrée cette eau.
      b. On a *mieux* filtrée cette eau.
      c. On a *bien* / *peu* filtré cette eau.
      d. On a *bien* / *mal* filtré cette eau.

De ce bref examen apparaît que le participe passé en tant qu'élément constitutif du passif périphrastique présente certaines propriétés de l'adjectif attribut (notamment les propriétés relevées par Creissels (2000), auxquelles on peut rajouter l'accord en genre et en nombre avec le sujet). Il s'est pourtant avéré impossible de faire coïncider la distinction entre passif à valeur processive et passif à valeur d'état résultant avec un clivage syntaxique, qui oppose un « véritable » passif, intégré dans la flexion verbale, et une structure attributive, dissociée par rapport à la flexion verbale, dans laquelle le participe passé aurait le statut catégoriel d'adjectif. Il n'en reste pas moins qu'une dissociation par rapport à la flexion verbale est justifiée lorsque l'affirmation de l'état n'implique pas de mise en rapport avec un procès antérieur. Avec des exemples comme (31), (32) et (33), on quitte effectivement le domaine de la flexion verbale pour entrer dans celui de la dérivation.

(31)   L'eau de mer est *salée*. (Gardes-Tamine 1988 : 85)

(32)   Je suis *débordée* (de travail). (Creissels 2000 : 140)

(33)   Cette jeune fille est *posée*. (Hériau 1980 : 394)

Par ailleurs, l'abandon de l'hypothèse proposant une analyse en termes de « *être* + adjectif attribut » ne nous dispense pas de rendre compte de l'intuition fondamentale qui l'a motivée, à savoir qu'en présence d'un verbe processif télique, le passage de l'actif au passif peut avoir pour effet d'évoquer, plutôt que le procès lui-même, l'état résultant du procès. Nous

---

[11]   Nous devons cette observation à Rivière (1990), qui consacre toutefois son étude non pas au passif périphrastique « *être* + participe passé », mais à la structure « N + participe passé », sans auxiliaire exprimé.

développerons dans le paragraphe suivant l'hypothèse que la dimension stative constitue le trait fondamental permettant de rendre compte non seulement de cet effet de sens d'état résultant, mais aussi d'autres particularités aspectuelles du passif périphrastique.

2.3. Le passif « *être* + participe passé » et la valeur aspectuelle d'état

Le verbe *être* étant sur le plan aspectuel en quelque sorte le prototype du verbe statif, il peut conduire à donner au passif périphrastique, dont il est un élément constitutif, une valeur aspectuelle stative [12].

On peut ainsi rendre compte d'une observation déjà faite par Blanche-Benveniste & Van den Eynde (1978) et Blanche-Benveniste (1984) : les verbes d'état entrent naturellement dans cette structure, sans modification aspectuelle aucune.

(34) a. Tout le monde *connaît* cette nouvelle.
      b. Cette nouvelle *est connue* de tout le monde.

On comprend aussi pourquoi il n'en va pas de même pour les verbes processifs téliques, qui se définissent comme la transition d'un état vers un autre état. Afin de résoudre le conflit qui surgit entre la valeur processive télique ressortissant à l'aspect lexical, d'une part, et la valeur aspectuelle stative induite par la structure grammaticale du passif périphrastique, d'autre part, deux voies interprétatives sont ouvertes (*cf.* §1). En premier lieu, la phrase passive formée à partir d'un verbe processif télique peut prendre une valeur aspectuelle globalement stative en envisageant, plutôt que le procès lui-même, l'état résultant du procès.

(35) Ce meuble *est vendu.*

En second lieu, la phrase passive peut évoquer, plutôt qu'une seule occurrence du procès, une récurrence régulière de procès.

(36) Ce médicament *est vendu* en pharmacie.

---

[12] Cette hypothèse est compatible avec le processus de la genèse du passif tel qu'il est tracé par Cohen (1989 : chap. IV). D'après Cohen (1989), la forme passive du français et d'autres langues trouve son origine dans une expression stative rattachée à un radical verbal et intégrée dans le système de la flexion verbale. Le rattachement à un radical verbal et l'intégration dans la flexion verbale a pour conséquence que, sur le plan sémantique, l'état ainsi exprimé est perçu comme aboutissement d'un procès. Voir également la discussion sur le caractère statif du passif périphrastique chez Desclés & Guentchéva (1993 : 89-92). On tentera de rendre compte de certains contre-exemples qu'ils proposent sous 3.

Les différentes occurrences du procès étant envisagées comme qualitativement identiques, il n'y a pas, d'une occurrence à l'autre, évolution. En cela, la valeur aspectuelle globale, obtenue au niveau de la série d'occurrences processives, se rapproche également de l'état. Par ailleurs, à partir de cette réitération régulière d'occurrences, il est possible d'inférer que « ce médicament a pour propriété d'être vendu en pharmacie », raisonnement qui va aussi dans le sens d'une valeur aspectuelle stative. Cette valeur itérative qui peut caractériser la phrase passive surgit en particulier en présence de circonstants qui ne peuvent caractériser l'état résultant du procès et obligent ainsi à envisager le procès dans son déroulement.

(1)   b.   Le vin est servi.
(2)   b.   Le vin est servi *par le sommelier*. [13]
(37) a.   La porte est ouverte.
      b.   La porte est ouverte *brutalement*. [14]

---

[13]   Contrairement à une idée reçue, le complément d'agent n'est en soi pas incompatible avec une valeur d'état résultant. Témoin les exemples suivants,

(i)   Méfiez-vous ! L'électricité est installée *par un bricoleur inexpérimenté*.
(ii)   Cette maison est construite *par un architecte réputé*.
(iii) L'autorisation était signée *par le général en chef*.

caractérisés par le fait que l'intervention de l'agent a donné lieu à des traces tangibles dans l'état résultant du procès, à savoir les dangers du circuit électrique (i), le fait qu'on peut identifier la main du maître dans l'architecture (ii) et la présence de la signature (iii). On observera par ailleurs que le complément d'agent introduit par *de*, se combinant avec certains verbes d'état au passif,

(iv)   Pierre est aimé *de* ses parents.

est également possible avec la forme passive de certains verbes processifs pourvu que ce passif présente soit une lecture d'état résultant (v b) soit une lecture itérative (vi b).

(v)   a.   Jean est pâli *par / *de* la peur qu'il ressent
       b.   Jean est pâli *par / de* la peur qu'il a ressenti. (Authier 1972 : 133)
(vi)   a.   Jean est surveillé *par / ? de* Marie.
       b.   Jean est surveillé *de* tous. (Authier 1972 : 131)

[14]   Tout comme les compléments d'agents, les compléments caractérisant le mode de déroulement du procès ne sont pas incompatibles avec une lecture d'état résultant si ce mode de déroulement du procès laisse des traces tangibles dans l'état résultant du procès,

(i)   Pierre est *mortellement* blessé.
(ii)   La table est mise *avec soin*.

à l'exception toutefois des compléments tels que *progressivement, petit à petit* qui ont pour sens de caractériser le déroulement du procès dans le temps.

(iii) Toute la région est inondée *petit à petit*.

Comme l'a noté Blanche-Benveniste (1984), la combinaison, au sein d'une même phrase passive, d'un facteur qui empêche la valeur d'état résultant et d'un facteur qui bloque la valeur itérative, peut donner lieu à une déviance.

(38)   ?? La porte est ouverte *par le concierge devant moi.* (Blanche-Benveniste 1984 :13)

Par sa valeur fondamentalement stative, la structure passive « *être* + participe passé » convient donc souvent difficilement à l'expression d'un procès unique, envisagé dans sa phase inaccomplie. L'insertion des verbes marquant un procès télique dans la structure passive tend au contraire à aller de pair avec un glissement de sens : le passif formé à partir d'un verbe processif télique tend à envisager l'état résultant du procès ou à produire un effet d'itération. Il reste pourtant que cette valeur aspectuelle stative associée à la structure passive est une tendance, plutôt qu'une règle absolue. En témoigne l'exemple (39),

(39)   La table *est dressée.*

qui, tout en présentant comme interprétation la plus saillante la lecture stative « La table est déjà dressée », permet aussi la lecture processive « La table est dressée en ce moment ». Le français s'oppose sur ce point à des langues comme le néerlandais et l'allemand, où il existe un contraste binaire entre les passifs « *devenir* + participe passé », processif, et « *être* + participe passé », statif.

Quant aux verbes processifs non téliques, enfin, l'hypothèse qui invoque le caractère fondamentalement statif du verbe *être* pour expliquer les propriétés aspectuelles du passif périphrastique permet de comprendre pourquoi ces verbes, tout en étant toujours compatibles avec la locution *être en train de* à l'actif, s'en accommodent parfois difficilement au passif.

(6)   a. Marie est en train de *surveiller* les enfants.
      b. ?? Les enfants sont en train d'*être surveillés* par Marie.

Ici également, il s'agit d'une tendance, plutôt que d'une règle absolue. A preuve l'exemple suivant.

(40) a. On est en train d'*étudier* la question.
      b. La question est en train d'*être étudiée.*

Par rapport à l'hypothèse analysant le participe passé intervenant dans la forme passive comme marqueur de l'accompli (§2.1), l'hypothèse proposée ici présente l'avantage de pouvoir rendre compte de la valeur d'accompli que peuvent présenter les phrases passives à verbe processif télique sans pour autant passer sous silence la valeur itérative. De plus, elle permet d'expliquer pourquoi, en présence d'un verbe d'état, cette valeur d'accompli ne se manifeste pas. Enfin, elle évite d'assimiler, du point de vue aspectuel, le présent de la forme passive « *être* + participe passé » au passé composé, également apte à marquer l'accompli.

Par ailleurs, l'hypothèse associant la forme passive « *être* + participe passé » à une valeur aspectuelle stative permet de comprendre sa proximité avec la structure « *être* + adjectif attribut », sans toutefois se heurter aux difficultés que rencontre l'hypothèse assimilant le participe passé de certaines instances de la forme passive à un adjectif à fonction d'attribut (§2.2). En particulier, elle n'est pas mise en cause par l'existence de la construction impersonnelle (*cf.* les exemples (24) à (26)). En effet, la structure impersonnelle n'est pas incompatible avec des verbes ou constructions verbales à valeur aspectuelle stative. Ainsi l'atteste l'exemple (41).

(41)   Il *est su* par tout le monde que Jean et Jacques ne s'entendent plus.

L'hypothèse défendue ici, qui accorde un rôle central au verbe *être* en tant qu'élément constitutif de la forme passive, n'est-elle pas réfutée par l'existence de passifs tronqués, qui peuvent également présenter la valeur d'état résultant (42) ou la valeur itérative (43) sans que le verbe *être* soit présent ?

(42)   *Emu* par les images des victimes, Pierre fit un don généreux.

(43)   Les ouvriers pensaient que, *dites* à temps, les choses porteraient. (*Le Figaro*, cité par Engwer 1939 : 34)

On notera que l'emploi du participe passé sans auxiliaire ne traduit pas systématiquement un passif. Ainsi, dans (44) et (45), le participe est à mettre en rapport respectivement avec un verbe intrinsèquement pronominal (« elle (s')est évanouie ») et avec une construction pronominale à sens réfléchi (« il (s')est habillé avec soin »), alors que dans (46), le participe est relié à une construction active (« elle est restée à la maison »).

(44)   *Evanouie*, elle ne se rendit pas compte qu'on la transporta.

(45)   *Habillé* avec soin, Monsieur Dubois quitta son domicile.

(46)   *Restée* à la maison, elle voulait se reposer.

Malgré cette diversité, il y a pourtant une constante : l'auxiliaire à restituer est le verbe *être* [15]. En effet, il n'est pas possible d'avoir, de façon régulière,

---

[15]   Que le verbe se conjugue au passé composé avec l'auxiliaire *être* est un des critères permettant de délimiter, au sein de la classe des verbes intransitifs, la sous-classe des verbes inaccusatifs (Perlmutter 1978, Burzio 1986 : 53 *ss* et 138 *ss*, Herslund 1990 : 36-37). Les verbes inaccusatifs se caractérisent, par rapport à la

cette même structure si le participe est issu d'un verbe ou emploi verbal se construisant avec l'auxiliaire *avoir*. La différence d'acceptabilité entre (47a) et (47b) est claire à cet égard.

(47) a. *Monté* tout seul jusqu'au sommet, il prit conscience des risques qu'il avait pris.
     b. **Monté* les valises, il décida de faire un tour en ville.

L'analyse proposée ici, qui consiste à mettre en rapport la présence du verbe *être* dans le passif périphrastique avec une valeur aspectuelle stative, n'est donc pas prise en défaut par l'existence de passifs tronqués : quand le participe passé est utilisé sans auxiliaire, cet auxiliaire peut être restitué et correspond invariablement au verbe *être*.

3.   Les différents niveaux aspectuels et leurs relations hiérarchiques

Il est fréquent que des traits sémantiques de même nature puissent être exprimés tant par la grammaire que par le lexique. Ainsi, comme l'illustre l'exemple (48), dans le domaine nominal, le caractère non nombrable du référent peut être exprimé tant par le substantif que par le déterminant.

(48)   Le chat boit *du lait*.

Normalement les traits marqués par la grammaire et par le lexique convergent. Il arrive toutefois qu'il y ait conflit entre grammaire et lexique. Un tel conflit conduit à construire un référent qui, tout en pouvant faire intervenir les traits exprimés par le lexique, réponde en dernière instance aux traits que véhicule la grammaire [16]. Dans les exemples (49) et (50),

(49)   Sous la grâce même de sa galanterie, Mouret laissait ainsi passer la brutalité d'un Juif vendant *de la femme*. (Zola, cité par la *Grammaire Larousse*, § 336)

---

sous-classe complémentaire des verbes intransitifs, appelés inergatifs, par le fait que leur sujet présente des propriétés de l'objet du verbe transitif. Sous cet angle, les verbes inaccusatifs se rapprochent non seulement des constructions passives, mais aussi des constructions pronominales, y compris des constructions pronominales à sens réfléchi ou réciproque, comme le montre Melis (1990 : 122-123).

Notons avec Feuillet (1989) et Rivière (1990) que toutes les séquences « *être* + participe passé » se rattachant à une construction pronominale ou active ne permettent pas la suppression du verbe *être*.

[16]   Blanche-Benveniste *et al.* (1987 : 48) posent la même relation hiérarchique entre grammaire et lexique à partir de leur étude des rapports entre pronoms et lexique nominal.

(50)   Dans cette rivière, il y a *de la truite* qui ne dépasse pas 20 centimètres ;
          celles qu'on a prises faisaient environ 15 centimètres. (Galmiche 1987 :
          195)

l'article de la série *du / de la*, en se combinant avec un nom comptable en un
SN massif, n'annule pas le trait comptable du nom et, corollairement, le
découpage en individus. Aussi une reprise pronominale au pluriel n'est-elle
pas exclue. Il n'en reste pas moins que l'alliance de *du / de la* et un nom
comptable conduit à construire un référent où le trait du comptable est mis en
veilleuse. Ainsi est suggéré que l'individualité des éléments constitutifs du
référent importe peu, ce qui permet dans l'exemple (41) à faire concevoir les
femmes comme une marchandise susceptible d'être vendue et dans l'exemple
(42) à évoquer une grande quantité ou une 'masse' de truites (Damourette et
Pichon 1911-1940 : § 350 ; Galmiche 1987 : 195).

Ce même rapport entre grammaire et lexique peut être invoqué, dans le
domaine verbal, pour rendre compte des interactions entre l'aspect grammatical lié aux temps verbaux et l'aspect lexical. D'habitude, grammaire et
lexique s'appuient mutuellement. Ainsi, le passé simple, qui offre une vision
globale [17] de la situation évoquée par le lexème verbal et la cerne donc
comme une entité comprise entre deux limites, présente une prédilection pour
les verbes processifs téliques [18]. Pourtant, grammaire et lexique peuvent aussi
entrer en conflit et donner lieu, de ce fait, à des effets de sens [19]. Ainsi
l'imparfait, qui présente une vision sécante de la situation évoquée par le
lexème verbal et fait ainsi abstraction des bornes de cette situation, n'est pas
prédisposé à entrer en combinaison avec un verbe processif télique. L'une
des manières de résoudre le conflit entre grammaire et lexique qui résulte de
l'alliance de l'imparfait et d'un verbe processif télique consiste à envisager
non pas une occurrence du procès, mais une série non limitée d'occurrences.
Témoin l'exemple (51).

(51)   La porte *claquait*.

L'aspect lexical s'exerce alors au niveau des occurrences situationnelles
individuelles, alors que l'aspect grammatical trouve son domaine d'application au niveau de la série d'occurrences. L'exemple (51) fait apparaître que

---

[17]   L'opposition entre aspect global et aspect sécant est empruntée à Guillaume
       (1965 : 61-62). Pour une application systématique de cette opposition aux temps
       verbaux de l'indicatif, voir Wilmet (1970).
[18]   Voir les statistiques que présente Martin (1971 : 164 *ss*) pour le moyen français.
       La corrélation qu'il relève entre passé simple et verbe processif télique est de
       72,25 %.
[19]   La fécondité de la notion de conflit pour rendre compte des différentes signifi-
       cations contextuelles des temps verbaux est amplement illustrée par Gosselin
       (1996).

la valeur aspectuelle sécante, liée au temps grammatical, s'exerce à un niveau hiérarchique supérieur par rapport à la valeur aspectuelle de procès télique, provenant du lexique, car la situation globale décrite par (51) est envisagée comme dépourvue de bornes.

Les deux changements sémantiques que déclenche le passage de l'actif au passif en présence d'un verbe processif télique, l'état résultant et l'itération, peuvent être analysés en ces termes : ils consistent en des ajustements afin de construire, à partir de la valeur processive télique du lexème verbal, une valeur aspectuelle conforme à celle liée à la structure grammaticale du passif périphrastique. Dans les deux cas, la valeur processive télique, liée au lexique, n'est pourtant pas effacée, mais intervient de manière indirecte ou à un niveau hiérarchique inférieur. Ici également se vérifie donc la même hypothèse théorique générale : dans le cas d'un conflit entre grammaire et lexique, la grammaire prédomine sur le lexique. Les traits véhiculés par le lexique n'en sont pour autant éliminés, mais peuvent être relégués à un niveau hiérarchique inférieur.

Il y a pourtant des cas où est attribuée au passif périphrastique systématiquement une valeur processive, à savoir quand le temps verbal y contribue. Ainsi, le passé simple, en tant que temps global, appréhende la situation comme une entité pourvue d'une borne initiale et d'une borne finale et ne déclenche ainsi pas les changements aspectuels liés au passif périphrastique, mais préserve la valeur processive. Ainsi le montre le contraste interprétatif qui sépare (53b) par rapport à (52b) et (55b) par rapport à (54b).

(52) a. On *ouvrait* la porte.
     b. La porte *était ouverte*.

(53) a. On *ouvrit* la porte.
     b. La porte *fut ouverte*.

(54) a. Le concierge *ouvrait* la porte.
     b. La porte *était ouverte* par le concierge.

(55) a. Le concierge *ouvrit* la porte.
     b. La porte *fut ouverte* par le concierge.

Ceci nous amène à poser qu'il n'y a pas deux niveaux aspectuels, l'un lié au lexique et l'autre à la grammaire, mais plutôt trois : l'aspect lexical, l'aspect lié à la construction verbale et l'aspect exprimé par la flexion temporelle. Afin de rendre compte des interprétations que présentent les exemples (52b) à (55b), il convient à présent de préciser la relation hiérarchique entre ces trois niveaux et en particulier celle entre l'aspect associé à la flexion temporelle et l'aspect lié à la construction verbale. Pour ce faire, nous ferons d'abord un détour par la morphologie.

Du point de vue de la morphologie, la relation hiérarchique entre les marques du temps et de la voix peut être établie à partir des formes où les deux oppositions grammaticales s'expriment par des marques de même nature, c'est-à-dire quand l'expression du temps fait intervenir, comme celle du passif, un auxiliaire. Ainsi nous avons été amenée à étudier la hiérarchie entre la marque morphologique du passé composé et celle du passif[20]. La formation de la forme verbale passive au passé composé *il a été frappé* fait intervenir deux étapes successives, qui ne sauraient être interverties : à partir de la forme active *il frappe* est formée la forme passive *il est frappé* ; on passe ensuite à *il a été frappé* en substituant à la forme du présent *il est* la forme correspondante du passé composé *il a été*. Le lexème verbal est donc d'abord soumis à la flexion de la voix, l'ensemble étant soumis ensuite à la flexion temporelle.

On peut rendre compte de la hiérarchie entre les différents niveaux aspectuels telle qu'elle a été esquissée ci-dessus en admettant que les relations morphologiques entre lexème verbal, flexion de voix et flexion temporelle sont corrélées, sur le plan sémantique, à des relations de portée[21], pouvant être représentées comme suit :

(56)   (((aspect lexical) aspect grammatical lié à la voix) aspect grammatical lié au temps)

–   L'aspect lexical, propre au lexème verbal, se trouve dans la portée de la valeur aspectuelle liée à la construction verbale, qui relève de la grammaire. Il en résulte qu'un passif formé à partir d'un verbe processif télique peut donner lieu à une valeur aspectuelle stative, soit en focalisant l'état résultant du procès (1b), soit par le biais d'une interprétation itérative (2b).

(1) b. Le vin *est servi*.

(2) b. Le vin *est servi* par le sommelier.

–   La valeur aspectuelle liée à la construction verbale se trouve dans la portée de la valeur aspectuelle associée au temps verbal, qui ressortit également à la grammaire. Aussi la valeur processive propre au lexème

---

[20]   Nous nous basons ici sur l'analyse éclairante des rapports entre l'auxiliation temporelle et l'auxiliation de la voix de Benveniste (1972). Il est vrai, comme le note aussi Benveniste (1972 : 180), que le passé composé n'est pas un temps verbal comme les autres, dans la mesure où sa valeur primitive est aspectuelle. Son emploi courant avec une valeur de prétérit permet pourtant de l'inclure aussi parmi les temps verbaux.

[21]   Que les relations de proximité des morphèmes grammaticaux par rapport au lexème verbal puissent être interprétées en termes de relations de portée est suggéré par Givón (1985 : 208).

verbal peut-elle être réactivée si le temps verbal utilisé se présente aspectuellement non pas comme sécant mais comme global et cerne de ce fait la situation évoquée comme une entité comprise entre deux limites. Cet impact de la valeur aspectuelle des temps verbaux est illustré par les exemples (5b-6b) et (7b-8b).

(5) b.Le vin *fut servi*.

(6) b.Le vin *fut servi* par le sommelier.

(7) b.Le vin *a été servi*.

(8) b.Le vin *a été servi* par le sommelier.

La corrélation ici observée entre la structure morphologique de la forme verbale et la hiérarchie aspectuelle constitue un argument en faveur de l'hypothèse postulant une relation iconique entre la forme des structures linguistiques et le contenu conceptuel véhiculé par ces structures (Givón 1985).

Références

Authier, J. (1972). Etude sur les formes passives du français, *DRLAV* 1.

Benveniste, É. (1974). Structures des relations d'auxiliarité, in : Id., *Problèmes de linguistique générale* 2, Paris : Gallimard.

Blanche-Benveniste, C. ; Van den Eynde, K. (1978). A quoi se réduit ce qu'on appelle 'passif' en français, *Leuvense Bijdragen* 67 : 147-161.

Blanche-Benveniste, C. (1984). Commentaires sur le passif en français, *Travaux du Cercle linguistique d'Aix-en-Provence* 2 : 1-23.

Blanche-Benveniste, C. ; Deulofeu, J. ; Stéfanini, J. ; Van den Eynde, K. (1987). *Pronom et syntaxe : l'approche pronominale et son application au français*, Paris : SELAF.

Buchard, A. (2001). *Le passif : interaction entre voix et aspect*, Mémoire de maîtrise soutenu à l'Université de Valenciennes.

Burzio, L. (1986). *Italian Syntax : A Government-Binding Approach*, Dordrecht : Reidel.

Chevalier, J.-C. ; Blanche-Benveniste, C. ; Arrivé, M. (1964). *Grammaire Larousse du français contemporain*, Paris : Larousse.

Chomsky, N. (1981). *Lectures on Government and Binding*, Dordrecht : Foris.

Cohen, D. (1989). *L'aspect verbal*, Paris : PUF.

Creissels, D. (2000). L'emploi résultatif de *être* + participe passé en français, *Cahiers Chronos* 6 : 133-142.

Damourette, J. ; Pichon, E. (1911-1940). *Des mots à la pensée: essai de la grammaire de la langue française*, tomes I & V, Paris : d'Artrey.

Declerck, R. (1979). Aspect and the bounded / unbounded (telic / atelic) distinction, *Linguistics* 17 : 761-794.

Delancey, S. (1982). Aspect, Transitivity and Viewpoint, in : P. J. Hopper, (ed.), *Tense and Aspect : Between Semantics and Pragmatics*, Amsterdam : Benjamins, 167-183.

Desclés, J.-P. ; Guentchéva, Z. (1993). Le passif dans le système des voix du français, *Langages* 109 : 73-103.

Engwer, Th. (1931). Vom Passiv une seinem Gebrauch im heutigen Französichen, *Berliner Beiträge zur Romanischen Philologie*, II, 1, Jena / Leipzig : W. Gronau.

Fellbaum, Ch. ; Zribi-Hertz, A. (1989). La construction moyenne en français et en anglais : étude de syntaxe et de sémantique comparées, *Recherches linguistiques de Vincennes* 18 : 19-57.

Feuillet, J. (1989). Le système participial français, *L'information grammaticale* 41: 6-9.

Gaatone, D. (1989). *Le passif en français*, Louvain-la-Neuve : Duculot.

Galmiche, M. (1987). A propos de la distinction massif / comptable, *Modèles linguistiques* 9, 2 : 179-203.

Gardes-Tamine, J. (1988). *La grammaire 2: syntaxe*, Paris : A. Colin.

Givón, T. (1985). Iconicity, Isomorphism and Non-arbitrary Coding in Syntax, in : J. Haiman, (ed.)., *Iconicity in Syntax*, Amsterdam : J. Benjamins.

Gosselin, L. (1996). *Sémantique de la temporalité en français : un modèle calculatoire et cognitif du temps et de l'aspect*, Louvain-la-Neuve : Duculot.

Guillaume, G. (1965). *Temps et verbe*, Paris : Champion.

Hériau, M. (1980). *Le verbe impersonnel en français moderne*, 2 tomes, Paris : Champion.

Herslund, M. (1990). Les verbes inaccusatifs comme problème lexicographique, *Cahiers de lexicologie* 56 : 35-49.

Jensen, J. S. (1963). 'Vorgang' et 'Zustand' des formes passives et leurs rapports avec l'aspect du verbe en français moderne, in : *Etudes romanes dédiées à A. Blinkenberg*, Copenhague : Munksgaard, 59-83.

Karash, A. (1982). *Passiv und passivische Diathese im Französischen und Deutschen*, Frankfurt : Lang.

Labelle, M. (1992). Change of State and Valency, *Journal of Linguistics* 28 : 375-414.

Lagae, V. (2002). Le passif pronominal : une forme complémentaire du passif périphrastique ?, dans ce volume.

Lamiroy, B. (1993). Pourquoi il y a deux passifs, *Langages* 109 : 53-72.

Martin, R. (1971). *Temps et aspect : essai sur l'emploi des temps narratifs en moyen français*, Paris : Klincksieck.

Meigret, L. (1550 [1980]). *Le traité de la grammaire française*, éd. par F. J. Hausmann, Tübingen : G. Narr.

Melis, L. (1990). *La voie pronominale : la systématique des tours pronominaux en français moderne*, Louvain-la-Neuve : Duculot.

Perlmutter, D. (1978). Impersonal Passives and the Unaccusative Hypothesis, *Proceedings of the Berkeley Linguistic Society* 4 : 157-189.

Rivière, N. (1990). Le participe passé est-il verbe ou adjectif ?, *Travaux de linguistique et philologie* 28 : 167-184.

Schøsler, L., (éd.), (2000). *Le passif. Actes du colloque international à l'Université de Copenhague, du 5 au 7 mars 1998,* Copenhague : Museum Tusculanum Press.

Skårup, P. (1998). Les emplois de *être* + participe passé en français contemporain, in : M. Bilger ; K. Van den Eynde ; G. Gadet, (éds), *Analyse linguistique et approches de l'oral*, Louvain : Peeters.

Stéfanini, J. (1962). *La voix pronominale en ancien et en moyen français*, Paris : Ophrys.

Tenny, C. (1994). *Aspectual Roles and the Syntax-Semantics Interface*, Dordrecht : Kluwer.

Verkuyl, H. J. (1972). *On the Compositional Nature of Aspects*, Dordrecht : D. Reidel.

Verkuyl, H. J. (1989). Aspectual Classes and Aspectual Composition, *Linguistics and Philosophy* 12 : 39-94.

Vikner, C. (1985). L'aspect comme modificateur du mode d'action : à propos de la construction '*être* + participe passé', *Langue française* 67 : 95-113.

von Wartburg, W. ; Zumthor, P. (1958²). *Précis de syntaxe du français contemporain*, Berne : Franck.

Wilmet, M. (1970). *Le système de l'indicatif en moyen français: étude des tiroirs de l'indicatif dans les farces, sotties et moralités françaises des XVe et XVIe siècles*, Genève : Droz.

Les noms d'idéalités concrètes et le temps [1]

Nelly FLAUX
Université d'Artois, GRAMMATICA

Introduction

Je me propose de montrer qu'il existe en français une classe de noms tels que *sonate, mot, phrase, phonème, discours, récit, roman* ... qui dénotent des entités à la fois concrètes et non sensibles *i.e.* pour reprendre les termes de Grevisse (1986) « non perceptibles par les sens » [2], que j'appellerai désormais « noms d'idéalités concrètes » ou pour faire bref « noms d'idéalités ». Cela m'amènera à argumenter de nouveau [3] en faveur de la thèse selon laquelle il ne faut pas, d'une manière générale, identifier « concret » et « sensible » ou « perceptible par les sens ». Pour cela, j'essaierai de préciser le rapport que ces noms entretiennent avec le temps car c'est ce rapport qui explique le statut très particulier qu'ils ont au sein de la classe de noms, et en conséquence les hésitations qu'ils suscitent de la part des grammairiens et des linguistes [4].

Je commencerai par situer la place des noms d'idéalités dans la caté-gorie des noms concrets en pointant les principales caractéristiques qui, de prime abord au moins, les distinguent des noms concrets sensibles. Puis je tenterai d'analyser le mécanisme sur la base duquel ils fonctionnent afin d'expliquer dans quelles conditions ils prennent une extension temporelle. Enfin, j'essaierai de préciser les propriétés proprement grammaticales qui justifient qu'on en fasse une catégorie à part au sein de la classe des noms concrets.

---

[1]   Je remercie D. Amiot, M. Glatigny, R. Huard, D. Van de Velde et C. Vet de leurs remarques, critiques et suggestions.
On trouvera présentés dans N. Flaux et D. Van de Velde (2000) l'objectif d'ensemble du classement des noms et le cadre théorique dans lequel il s'inscrit. J'ai commencé à étudier les noms d'idéalités à l'occasion d'un colloque organisé à Timisoara en avril 1997 (cf. N. Flaux, 1999).

[2]   Pour dissiper d'emblée tout malentendu, précisons qu'une sonate, tant qu'elle n'est pas « exécutée », n'est pas une réalité sensible : elle n' a aucun ancrage dans l'espace et, comme nous le verrons, n'a avec le temps qu'un rapport virtuel ; elle n'est donc pas accessible aux sens ; il en va de même pour un poème, une phrase etc.

[3]   Cf. N. Flaux, 1996.

[4]   Les noms comme *roman* et *livre* sont régulièrement présentés comme des « noms abstraits » lorsqu'ils ne désignent pas des objets matériels (*ce livre pèse lourd*) ; cf. par exemple G. Kleiber (1999 : 87-101).

© *Cahiers Chronos* 10 (2002) : 65-78.

66 Nelly Flaux

1. Première approche

Mon attention sur ces noms a été attirée par la lecture d'un passage de *Logique formelle et logique transcendantale*[5], dans lequel Husserl cite comme noms *discours, mots, phrase, traité, roman, livre* et, ce qui est plus troublant, *gravure* ; l'auteur commente tout particulièrement les conditions d'emploi de l'expression *la sonate à Kreutzer*, titre d'une sonate pour piano et violon bien connue de Beethoven, repris par Tolstoï comme titre d'un de ses romans, bien connu, lui aussi.

1.1. Trace prédicative

Dans cette démarche préliminaire qui consiste à situer les noms d'idéalités dans l'ensemble des noms concrets, un premier fait est à signaler : certains noms d'idéalités comme *sonate, symphonie* ou *poème* présentent– ou du moins semblent présenter – ce qu'on peut appeler « une trace prédicative », à l'instar des noms d'objets concrets fabriqués (non idéaux). Ce ne sont pas des noms prédicatifs en eux-mêmes, comme c'est le cas des noms abstraits, mais ils sont étroitement liés à un prédicat – ou donnent toute apparence de l'être. Ainsi *une sonate de Beethoven* s'interprète avec le sens de « une sonate composée par Beethoven», tout comme *une maison de Horta* s'interprète avec le sens « une maison conçue par Horta ». Du moins est-ce là une des interprétations possibles du deuxième syntagme, et la seule envisageable pour le premier.

Les noms d'idéalités de ce type sont donc à rapprocher des noms d'objets fabriqués, lesquels peuvent avoir pour complément un groupe nominal désignant un agent. Du coup, on peut employer la construction attributive (*cette sonate est de Beethoven* comme *cette maison est de Horta*) ainsi que le détachement du complément (*de Beethoven, Paul connaît toutes les sonates* comme *de Horta, Paul a visité plusieurs immeubles*), ainsi que les syntagmes en *de* suivis du pronom (*une sonate de lui / une maison de lui*), alors que de telles constructions sont impossibles avec un nom d'objet naturel : **ce pré est de Marie / *cette fleur est de Marie / *de Marie, j'ai admiré toutes les fleurs / *un pré de lui / *une fleur de lui* sont des énoncés ou des séquences inacceptables[6] ; sauf si le nom est à interpréter comme « image de », puisque tout objet naturel (et tout objet fabriqué) a une image, étant situé dans l'espace. D'où la possibilité de dire *dessine-moi (un pré + une fleur) / sur ce dessin il y a (un pré + une fleur)*. Les noms d'idéalités

---

5 Texte de 1929 dans la traduction française des P.U.F., 1957.
6 Ces caractéristiques ont été signalées par J.-C. Milner (1982) à propos de la relation de possession et d'agentivité. Naturellement, on peut accepter *une fleur de lui* si l'on envisage le cas où la fleur en question a fait l'objet d'une sélection ou d'une manipulation génétique (ou si elle a été donnée par « lui »).

dénotent, eux, des entités sans image, puisque ces entités sont dépourvues d'extension spatiale. D'où l'inacceptabilité de *dessine-moi (une sonate + un poème) / *sur ce dessin, il y a (un poème + une sonate), qui contrastent avec compose-moi une sonate / écris-moi un poème.

Il ne faudrait cependant pas croire que tous les noms d'idéalités portent – ou semblent porter – une trace prédicative (paraphrasable par « fait par »). En effet, l'opposition naturel / fabriqué traverse aussi la classe des noms d'idéalités, même si la ligne de démarcation est encore moins nette dans leur cas que dans celui des noms d'objets concrets sensibles (fleuve / maison / ?trou). Avec des noms comme phonème ou syllabe, il est difficile de construire des syntagmes binominaux dont le complément de nom corresponde à un agent. Le syntagme les syllabes de Marie signifie « les syllabes prononcées par Marie » mais pas « les syllabes faites – au sens de « créées » par Marie » –, à la différence de la maison de cet architecte qui peut signifier « la maison créée par cet architecte ». Et à coup sûr, on ne dirait pas *cette syllabe est de Marie ni *ce phonème est de Paul (ni *ces syllabes d'elle / *ce phonème de lui).

Autre caractéristique de ces noms : aucun d'entre eux ne peut être construit avec un complément correspondant à un possesseur, ce qui les distingue des noms concrets sensibles. Dans la maison de Marie, on peut comprendre – c'est une des possibilités d'interprétation [7] – que Marie est le possesseur de la maison, quel que soit le sens exact de « possesseur » (Marie peut, en effet, n'en avoir que la simple jouissance sans en être propriétaire). On peut donc trouver des choses comme cette maison (est + appartient) à Marie / Marie possède cette maison / Marie, sa maison est bien située / sa maison, à Marie, ne me plaît pas. On pourrait dire aussi, avec un nom d'objet naturel ce lac (est + appartient) à Marie / Marie possède ce lac / Marie, son lac est pollué / son lac, à Marie, est tout petit. Or il n'est pas possible de dire *cette sonate (est + appartient) à Beethoven / Beethoven possède cette sonate et personne ne comprendra que dans cette sonate de Beethoven, Beethoven puisse désigner le « possesseur » de la sonate.

1.2. Le même / un autre

Husserl avait remarqué que les noms d'idéalités présentent un comportement particulier quand ils sont combinés avec le même. Le syntagme la même sonate ne peut viser qu'une seule et même sonate, quel que soit le prédicat (nous avons joué la même sonate / nous avons écouté la même sonate). Alors que le syntagme le même vélo, avec certains prédicats au moins, peut viser soit un vélo unique, soit la même sorte de vélo (ma sœur et moi avons eu le

---

[7]   Sur la multiplicité des interprétations possibles des syntagmes binominaux en de, voir notamment I. Bartning (1997 et 1993).

même vélo peut signifier que nous avons eu un vélo pour deux ou chacune le
sien). Inversement si l'on peut dire, *un autre vélo* peut référer soit à un
deuxième vélo identique au premier, soit à un vélo d'une autre sorte (*après le
vol de mon vélo, j'en ai acheté un autre* = « d'une sorte différente » ou
« identique au premier »). Cette distinction entre « type » et « exemplaire »
ne fait pas sens avec les noms d'idéalités : *une autre sonate* n'a qu'une
interprétation, qui n'est ni « une sonate de la même sorte », ni « une
deuxième sonate identique à la précédente ».

Cependant, cette caractéristique très spectaculaire n'est pas une condition suffisante, car les noms d'idéalités ne sont pas les seuls à rejeter une
double lecture quand intervient *le même* ou *un autre*. Les raisons sont
évidemment différentes mais le résultat, si l'on peut dire, est identique. Ainsi
la même eau dans *j'ai bu la même eau que toi* ne peut que signifier « j'ai bu
la même sorte d'eau que toi » : les noms de matières ignorent la distinction
espèce/individu, comme l'avaient noté depuis longtemps les auteurs de la
Grammaire de Port-Royal. D'un autre côté, *la même tristesse* dans *je suis
plongée dans la même tristesse que toi* n'est pas non plus susceptible de deux
interprétations : avec les noms abstraits, la distinction espèce/individu
n'existe pas non plus [8].

Il n'empêche que le comportement des noms d'idéalités avec *le même* et
un autre est très révélateur : une idéalité est unique dans son essence, même
si ses manifestations sont multiples, voire en nombre infini, et le rapport entre
les manifestations (sensibles) et l'essence n'est pas de même nature que celui
qui relie un « modèle » à ses exemplaires. A ce propos, on peut revenir sur la
présence du nom *gravure* cité par Husserl parmi les noms d'idéalités. *Une
gravure* désigne bien un objet unique, en dépit de la multiplicité des
reproductions qui peuvent en être faites. Mais dans son essence même, une
gravure est un objet spatial. Il en résulte que *gravure* n'est pas un nom
d'idéalité. Du reste, contrairement à *sonate, gravure* peut être suivi d'un
complément exprimant la possession (*cette gravure de Marie* peut signifier
« cette gravure faite par Marie » mais aussi « cette gravure possédée par
Marie ») [9]. Or nous le verrons, les idéalités concrètes, parce qu'elles

---

[8] L'allemand dispose de deux mots différents : *Wir benutzen dasselbe Farrad*
(« un vélo pour deux ») / *Wir fühlen die gleiche Trauer* (« une peine de même
intensité » / « la même peine »). Merci à R. Huard de ce rappel.

[9] *Gravure* est-il un véritable nom « iconique » ? Selon certains locuteurs, cette
gravure de Marie peut signifier aussi « cette gravure représentant Marie » ;
selon d'autres ce n'est pas le cas, et ils trouvent inacceptables des expressions
telles que *une gravure d'Erasme par Dürer*. Le *Petit Robert* et le *Dictionnaire
historique de la langue française* donnent, quant à eux, cette indication curieuse
à propos de *gravure* : « par extension toute image reproduisant un tableau, une
photographie etc ». Quoi qu'il en soit, une différence est intéressante à noter

échappent à l'espace, sont inaliénables. Mais elles entrent en relation avec le temps, ce qui les distingue de tous les autres objets concrets sensibles.

2. Le rapport au temps

Une sonate est une entité qui existe en dehors de moi, qui subsiste de manière indépendante, que je puis envisager comme autonome, à l'instar d'une maison, d'un fleuve. En aucun cas ce n'est une abstraction, puisqu'une abstraction se définit au contraire comme une entité dépendante, impossible à concevoir sans la prise en considération d'un support : pas de course sans quelqu'un qui court, pas de courage sans quelqu'un de courageux, pas d'amour sans quelqu'un qui aime et sans quelqu'un qui inspire l'amour, etc.

2.1. Schéma / exécution

Mais une sonate est une entité qui, tant qu'elle n'est pas exécutée, n'a aucune extension, ni spatiale bien sûr, ni même temporelle. Toutefois, une sonate n'existe que pour être exécutée et donc pour prendre une extension temporelle, puisque l'exécution d'une sonate s'inscrit nécessairement dans le temps. Il peut arriver cependant que cette étendue se réduise à celle d'un point ; ainsi on ne dit guère *tout un phonème*, alors qu'il est très naturel de dire *toute une sonate, toute une phrase*. A propos du phonème, Saussure avait insisté fort justement sur le fait que le phonème (et de même, les autres unités du langage) sont de purs « schémas » quand on les considère en langue, et que c'est dans ce qu'il appelait « la parole » (= le discours) qu'ils acquièrent une étendue (la fameuse « linéarité » du signifiant) [10]. Comme les sonates, les phonèmes, les mots, etc. n'existent que pour être réalisés ou exécutés. Ils entretiennent avec le temps un rapport virtuel, qui les distingue à la fois de tous les autres objets concrets, dont aucun n'est lié au temps, et aussi de toutes les abstractions, dont certaines sont liées au temps mais pas de manière virtuelle : une activité, un événement, par exemple.

Qu'elles correspondent à des entités naturelles ou fabriquées, les idéalités concrètes consistent donc en des « schémas » qui trouvent leur finalité dans l'exécution [11], laquelle s'inscrit nécessairement dans le temps.

---

entre *gravure* et *sonate* : on peut parler de l'*original d'une gravure* mais pas de *l'original d'une sonate*. (Merci à D. Amiot de cette précision).

[10] Saussure a fait des remarques analogues à propos des signes de l'écriture, en prenant pour exemple la lettre « t » (p. 165).

[11] Cela ne veut pas dire que le mot *exécution* lui-même puisse se combiner indifféremment avec n'importe quel type de nom d'idéalité. On parle volontiers de *l'exécution d'une sonate*, plus difficilement de *??l'exécution d'une chanson* et pas du tout de *l'exécution d'un roman*. Le terme *exécution* employé

Cela les distingue radicalement de tous les autres types d'entités désignées par des noms.

Les idéalités ont un rapport seulement virtuel avec le temps, mais ce rapport est fondamental : il s'agit toujours d'entités qui relèvent de la musique ou du langage, du son donc, lequel ne se conçoit qu'inscrit dans le temps.

2.2. Les médiations

Du schéma à l'exécution / réalisation, il y a place pour de nombreuses médiations. Leur nature et leur nombre varient considérablement selon le type d'idéalité et rendent la description des noms qui les dénotent singulièrement difficile.

Les œuvres musicales convoquent, par exemple, un nombre particulièrement impressionnant de médiations, aux statuts les plus divers : la partition, l'instrument, l'exécutant (qui peut se confondre avec l'auteur lui-même) ou les exécutants (orchestre) ; sans parler des « outils » et des « supports » capables de reproduire un nombre indéfini de fois telle ou telle exécution (disque, cassette, etc.). Certaines entités musicales sont plus simples : une chanson (dont l'auteur peut être anonyme) peut ne se transmettre que par la mémoire. Parfois, il s'agit d'un simple air (« Il est un air pour qui je donnerais / Tout Rossini, tout Mozart et tout Weber»). Mais certaines chansons ont un auteur, un ou plusieurs interprètes « connus » et un nombre théoriquement infini d'interprètes inconnus.

Les unités du langage (par nature orales) peuvent être transcrites grâce à l'écriture. Intervient alors une substance sensible. Mais elles peuvent rester uniquement vocales. Et dans ce cas la plupart sont emportées par le temps, comme le rappelle le proverbe latin *verba volant, scripta manent*.

Quant aux « œuvres littéraires », elles font intervenir des médiations plus compliquées et plus nombreuses encore ; un poème, par exemple, peut être simplement récité : il advient à l'existence sensible par le simple fait d'être prononcé (éventuellement par l'auteur lui-même). Mémorisé, répété, il peut entrer dans la mémoire collective. Mais il peut être aussi transcrit, imprimé, publié, « saisi » sur ordinateur etc. Il en va de même des romans et des pièces de théâtre et, du reste, de toutes les productions de l'esprit, à valeur littéraire ou pas.

---

métalinguistiquement par opposition à *schéma* vise l'inscription du « denotatum » de ce dernier dans l'expérience sensible.

2.3. Paramètres pertinents

Toutes les idéalités ont un statut d'individu (entité indépendante) à part entière, ce qui les sépare irrémédiablement des abstractions [12]. Mais la classe est hétérogène. Ainsi, certains noms d'idéalités (noms d'idéalités fabriquées) peuvent être accompagnés de la mention de l'auteur responsable de l'existence de l'objet idéal dénoté (*les symphonies de Mahler / les poèmes de Baudelaire*), parfois aussi de celle de l'exécutant responsable de la réalisation, du « passage au sensible », ce qui donne à ces noms l'apparence d'une « double agentivité » (*on m'a offert les sonates de Schubert par Brendel*). D'autres idéalités (fabriquées et relevant du langage) impliquent l'existence d'un thème : ainsi celles qui sont dénotées par des noms comme *récit, histoire, roman, poème, livre* (*le récit du débarquement en Normandie / une histoire de sorcières / le roman des Templiers / le poème du retour d'Ulysse / un livre sur Ken Loach*). Parmi ces dernières, celles qui sont liées au théâtre mettent souvent en jeu un type spécial d'exécutant : le metteur en scène (*le Tartuffe de Molière par Planchon) / les Fausses confidences de Marivaux par J.-P. Vincent*). Avec les opéras, apparaît en outre le chef d'orchestre (*la Tétralogie de Wagner par Boulez / la Tétralogie de Wagner par Chéreau et par Boulez*) ; et avec les ballets, le chorégraphe : *le Sacre du printemps de Stravinsky par Diaghilev*. Peuvent également être mentionnés les acteurs, danseurs et chanteurs : *le Tartuffe de Molière par Planchon (avec X + avec Planchon lui-même) / Le Don Juan de Mozart par Karajan avec Elizabeth Schwarzkopf / le Sacre du printemps de Stravinsky par Diaghilev avec Nijinski*.

Tous les « actants » ne sont évidemment pas à mettre sur le même plan. Je ne tiendrai compte ici, pour simplifier, que des « agents » : l'auteur et l'exécutant, qui est soit l'interprète, soit le metteur en scène, soit le chorégraphe.

3. Propriétés grammaticales

3.1. Mesure et parties

Dénotant des entités discrètes, les noms d'idéalités reçoivent les déterminants des noms comptables (*une sonate* vs **de la sonate / un poème* vs **du poème / une phrase* vs **de la phrase*). Cela implique que lorsque s'actualise leur extension temporelle, ils s'accommodent mal de la présence d'un spécifieur nominal exprimant la mesure (*??j'ai écouté un quart d'heure de sonate /??ils ont dû entendre une demi-heure de discours*). En revanche ils acceptent d'être complétés par un complément de mesure (*une sonate d'un quart*

---

[12] Même s'il est vrai, par ailleurs, que les abstractions elles-mêmes ne présentent pas le même degré de dépendance, comme l'a montré D. Van de Velde (1995).

d'heure / un discours d'une demi-heure) [13]. Leur rapport à l'extension dans le
temps explique, de plus, qu'ils puissent être suivis d'un complément en *en*
exprimant leur structuration interne, à l'instar des noms d'événements (*une
sonate en trois mouvements* comme *une bagarre en deux épisodes*). Par
ailleurs, de nombreuses idéalités peuvent être considérées comme des tota-
lités constituées de parties homogènes organisées en plusieurs « strates » : les
noms qui les dénotent acceptent alors la complémentation en *de* (*un poème de
trente vers* comme *un appartement de cinq pièces* : les vers sont des parties
de même nature que le tout, des idéalités). A leur tour, les vers peuvent être
analysés en parties constitutives (*un vers de douze pieds*). On imagine encore
d'autres sous-parties (*un poème de dix strophes / une strophe de dix vers*
comme *un immeuble de dix appartements / un appartement de cinq pièces*).
Précisons que les noms de parties « intermédiaires » fonctionnent mieux,
dans ce cadre syntaxique, que ceux qui dénotent des parties « simples » ou de
niveau « basique » : le contraste entre **une sonate de deux mille notes / *une
maison de trente mille parpaings* et *une mesure de dix notes* ou *un mur de
trois cents parpaings* montre que la mention des « parties simples » varie en
pertinence selon le niveau de stratification [14].

Signifiant des entités munies virtuellement d'une étendue temporelle,
les noms d'idéalités acceptent les noms dits « localisateurs » [15] (dans le
temps) : on dit ainsi *la fin d'une sonate, le début d'un poème, le milieu d'un
roman* comme *la fin d'une guerre, le milieu d'un voyage, le début d'un
amour.*

3.2. Structure argumentale et grille thématique

A première vue, les noms d'idéalités fabriquées semblent contenir une « trace
prédicative » et donc comporter une structure argumentale et une grille
thématique. En fait, cette classe de noms se révèle, sous ce rapport, très
hétérogène. C'est ce que montre de manière convaincante la comparaison

---

[13]   Des restrictions interviennent dans l'emploi des compléments de mesure. On
imagine mal que Beethoven ait pu dire : « J'ai composé une sonate d'un quart
d'heure » mais fort bien que Fidel Castro déclare : « J'ai rédigé un discours de
deux heures ». Les sonates ont une forme fixe et des limites approximatives, pas
les discours, surtout ceux des « grands leaders ». De plus, réduire une sonate à
sa durée a quelque chose de dépréciatif. Cependant tout dépend du contexte (cf.
« Elle qui ne faisait que rabâcher *La lettre à Elise*, je l'ai entendue ce matin
jouer toute une sonate d'un bon quart d'heure »).
[14]   Merci à R. Huard et à D. Amiot pour leurs suggestions sur ce point.
[15]   Les noms localisateurs ont longuement été étudiés par A. Borillo (1998, 1999).
Voir aussi N. Flaux et D. Van de Velde (2000). A vrai dire, ces noms ne
« localisent » pas dans le temps, mais ils précisent de quelle « phase » il s'agit,
comme me l'a fait remarquer Co Vet.

entre deux noms tels que *sonate* et *récit*. *Récit* présente des propriétés très proches de celles d'un nom iconique comme *portrait* [16], ce qui n'est pas le cas de *sonate*.

Comme les noms iconiques, les noms d'idéalités de type *récit* acceptent deux compléments cooccurrents, l'un correspondant au thème et l'autre à l'agent (je laisse de côté pour le moment le complément correspondant au possesseur), l'un et l'autre pouvant permuter. On a ainsi *le portrait de la dame en bleu par Matisse / le portrait par Matisse de la dame en bleu / le récit du débarquement par ma mère / le récit par ma mère du débarquement*. Dans les deux cas, l'expression du thème sans celle de l'agent est possible, l'inverse non : *le portrait de la dame en bleu* vs **le portrait par Matisse / le récit du débarquement* vs **le récit par ma mère*. En revanche, l'extraction de l'agent par le clivage et par l'interrogation ne fonctionne pas tout à fait de la même manière : « à partir » de *j'ai admiré le portrait de la dame en bleu par Matisse,* on ne peut pas dire **par qui as-tu admiré le portrait de la dame en bleu ?* ni **c'est par Matisse que j'ai admiré le portrait de la dame en bleu* ; alors qu' « à partir » de *j'ai entendu le récit du débarquement par ma mère,* on peut dire *par qui as-tu entendu le récit du débarquement ?* et *c'est (par + de) ma mère que j'ai entendu le récit du débarquement.* Mais il est clair que le choix du verbe joue un rôle. Ainsi, certains locuteurs admettent sans aucune difficulté *je préfère le récit du débarquement par ma mère / par qui préfères-tu le récit du débarquement ?* et *c'est (de + par) ma mère que je préfère le récit du débarquement* ; alors que, à partir de *je préfère le portrait d'Aristote par Rembrandt,* ils refusent **par qui préfères-tu le portrait d'Aristote ? / *c'est par Rembrandt que je préfère le portrait d'Aristote.* Il semble donc bien qu'en dépit des variations introduites par le verbe et le complément thématique, le complément dénotant l'auteur fonctionne comme un véritable agent, argument externe des noms têtes *portrait* et *récit*.

Ces deux types de noms ont également en commun la pronominalisation de l'agent par le possessif : *son récit du débarquement* (= par ma mère) / *son portrait de la dame en bleu* (= par Matisse). S'il ne peut correspondre au thème qu'avec *portrait* (*son portrait par Matisse* (= de la dame en bleu) vs **son récit par ma mère* (= du débarquement), cela tient à la règle, ici appliquée strictement, en vertu de laquelle l'antécédent d'un possessif doit être « humain ». Du reste, la règle s'applique aussi avec les noms iconiques ; prenons le nom *photo* : *sa photo par Marie* est exclu s'il s'agit de la photo d'un paysage faite par Marie.

On peut donc conclure qu'avec les noms *portrait* et *récit,* les deux syntagmes correspondant respectivement au thème et à l'agent font bien

---

[16]   Au lieu du contesté *gravure* (cf. *supra*), c'est le nom *portrait* (cf. J.-C. Milner, 1982) que je retiendrai.

partie du groupe nominal complexe, car ils sont tous les deux arguments du nom tête, l'un interne, le thème, l'autre externe, l'agent.

Il n'en va pas de même pour un nom comme *sonate*. Ce type de nom d'idéalité a, lui aussi, deux compléments : l'un dénote l'auteur et l'autre l'exécutant. On observe que le premier complément est introduit par *de* et le second par *par* (*les sonates de Schubert par Brendel*), et que la permutation des deux compléments est impossible (**les sonates par Brendel de Schubert*) ; la mention de l'exécutant peut être omise mais pas celle de l'auteur (*les sonates de Schubert* / **les sonates par Brendel*). Quant au possessif, il ne peut correspondre qu'à l'auteur : *ses sonates* désigne les sonates inventées par Schubert et non les sonates jouées par Brendel (*Schubert, ses sonates sont toutes géniales* vs **Brendel ses sonates sont toutes géniales* [17]). Mais c'est sans doute l'extraction qui exhibe le mieux les différences profondes avec les noms de type *récit*. Elle ne porte que sur l'exécutant et non sur l'auteur. Ainsi, « à partir de » *j'aime écouter les sonates de Schubert par Brendel*, on peut dire *par qui aimes-tu écouter les sonates de Schubert ?* / *c'est par Brendel que j'aime écouter les sonates de Schubert* et non **de qui aimes-tu écouter les sonates par Brendel* ni **c'est de Schubert que j'aime écouter les sonates par Brendel*. Toutes ces caractéristiques donnent à penser que les noms « à double agentivité » comme *sonate* n'ont qu'un seul véritable complément à l'intérieur du groupe nominal dont ils sont tête : celui qui correspond à l'auteur, lequel n'est pas un argument ni ne joue le rôle d'un authentique agent. Quant au complément dénotant l'exécutant, il ne fait pas vraiment partie du groupe nominal, il lui est plus extérieur, un peu comme un terme en apposition. Ce n'est pas un véritable argument non plus et il n'assume pas de rôle thématique, au sens habituel du terme du moins. Du reste, la construction par détachement confirme bien le statut « excentré » du syntagme nominal correspondant à l'exécutant : *par Pollini, j'aime toutes les sonates de Beethoven* vs **de Beethoven j'aime toutes les sonates par Pollini*.

Dernier argument en faveur de cette analyse : la mention de l'exécutant ne suffit pas à identifier le référent. Dans *j'ai admiré le portrait d'Aristote par Rembrandt*, le syntagme *par Rembrandt* identifie le référent de *le portrait d'Aristote* ; mais à supposer que Glenn Gould n'ait interprété qu'une sonate de Beethoven, *par Glenn Gould* ne suffit pas à identifier le référent de *la sonate de Beethoven* dans *j'ai écouté la sonate de Beethoven par Glenn Gould*. Il faut pour cela ajouter *exécutée, interprétée, jouée par* et peut être *seule* : *j'ai écouté la (seule) sonate de Beethoven jouée par Glenn Gould* , ces séquences rattachant étroitement *par Glenn Gould* à *la sonate de Beethoven*, à la manière d'une détermination [18].

---

[17]   Merci à M. Glatigny de cette précision.
[18]   Merci à D. Van de Velde d'avoir attiré mon attention sur ce point.

Un nom comme *sonate* fonctionne donc de manière très différente d'un nom comme *récit*. Mais il est clair que tous les noms d'idéalités fabriquées en rapport avec l'expression langagière ne partagent pas l'ensemble des propriétés du nom *récit*. Ce dernier est un nom d'idéalité « limite », particulièrement proche des noms abstraits d'activités. Un nom comme *roman* par exemple, présente un fonctionnement sensiblement différent. C'est donc sans doute le long d'une échelle allant de la prédicativité – ou plutôt de la trace prédicative (*récit*) – à la non prédicativité – ou absence totale de trace prédicative (*sonate*) –, qu'il faudrait ordonner les différents types de noms d'idéalités fabriquées [19].

Mais ce qui reste la propriété formelle la plus intéressante de cette classe de noms, du point de vue de la « phénoménologie de la langue », c'est qu'ils ne peuvent jamais être suivis d'un complément dénotant un possesseur, on l'a dit. En d'autres termes, les idéalités sont inaliénables. Et cela, du fait qu'elles échappent à l'espace (personne ne peut « mettre la main dessus », pour employer une métaphore triviale mais ici opportune). On ne peut s'approprier (et donc dérober aux autres) une sonate, une chanson, un poème, une pièce de théâtre, un roman [20]. Le marché des œuvres d'art concerne les seuls objets situés dans l'espace, ceux qui relèvent des arts plastiques. Certes on peut vendre / acheter des manuscrits, des partitions mais ces pratiques marchandes ne peuvent pas atteindre les idéalités concrètes. Liées au temps, paradoxalement celles-ci échappent à la destruction, si du moins en est gardée la mémoire.

3.3. Sens concret sensible des noms d'idéalités

Les entités ou objets du langage et de la musique (naturels et fabriqués) en tant que schémas ou modèles, *relèvent* virtuellement du temps mais dès lors qu'ils sont exécutés, ils reçoivent, pour ainsi dire, une extension réelle dans le temps ; ils s'y inscrivent au même titre que certaines abstractions (*cette sonate a duré longtemps* comme *ton voyage a duré longtemps*). Cela n'exclut pas, on l'a vu, que certains de ces objets équivalent à des points (les sons ou les phonèmes par exemple). On rencontre un phénomène analogue avec les noms concrets dont l'étendue spatiale peut être réduite à un point (le nom

---

[19] Parmi les noms d'idéalités non fabriquées, de nombreuses distinctions s'imposent également, notamment entre les noms comme *phonème, syllabe* dénotant des entités « non porteuses de sens » en tant qu'unités linguistiques et les noms comme *phrase* ou *discours*, ainsi que me le suggère R. Huard.

[20] Cela n'exclut pas évidemment divers types de malversations : plagiat, etc.... Naturellement une œuvre musicale ou littéraire peut disparaître à tout jamais si le seul support matériel qui les « contient » est détruit, ou si tout souvenir a disparu.

point lui-même) ou vue comme telle (c'est le cas des être animés en tant qu'ils sont considérés comme purs sujets « intentionnels » (**tout l'enfant*)) [21].

Mais lorsqu'intervient le support de l'écriture ou de la notation musicale, l'extension spatiale apparaît : le nom perd son sens d'idéalité et ne se distingue plus d'un nom concret sensible. Il en va ainsi de nombreux noms d'objets langagiers « fabriqués » tels que *roman, récit, poème*. Rien d'étonnant alors, comme l'ont remarqué bien des linguistes [22], qu'on puisse leur appliquer des prédicats propres aux noms objets sensibles (*ce roman est épais / ces poèmes encombrent la table de nuit / ce récit occupe trop de place dans l'ensemble du livre*) et que l'adjonction d'un complément de mesure soit possible (*un récit de cent pages / un poème de trois lignes*).

Plusieurs types de noms posent des problèmes dont la solution n'a rien d'évident. Il en va ainsi de noms du type *grammaire* qui, dans une acception au moins, semble se comporter comme nom d'idéalité : *il a écrit une remarquable grammaire du serbo-croate*. Le problème, en l'occurrence, est de relier cette acception aux autres (*La grammaire de cette langue est difficile. Il fait de la grammaire avec application. J'ai acheté une nouvelle grammaire*) [23]. Une autre question à régler est celle de savoir comment « traiter » des noms comme *poésie* ou *littérature* qui, bien que précédés du partitif, semblent à plusieurs égards se comporter comme des noms d'idéalités : *écouter (de la musique + de la poésie)*. Bien entendu des liens existent entre ces noms ou ces acceptions et l'idée d'activité : *faire (de la musique + de la littérature)*.

Faut-il parler de « polysémie » à propos des noms d'idéalités selon qu'est visé le « schéma » ou « modèle », ou bien l' « exécution » (*Paul est en train de composer des sonates* vs *cette sonate m'a paru interminable*) ? Bien que les prédicats ne soient pas les mêmes, il me semble que la notion de polysémie – du moins au sens que la tradition donne à ce terme – ici n'est pas de mise, pour la raison que le schéma ou modèle et l'exécution sont indissociables l'un de l'autre. L'idée de modèle ou de schéma n'a de sens que par rapport à celle d'exécution et l'exécution n'est possible que s'il y a schéma ou modèle. Il y a, si l'on veut, une acception unique « à deux faces » [24] ou plutôt « à double détente ». Ce caractère est propre aux noms d'idéalités, en raison de la nature du lien (virtuel / actuel) qu'ils entretiennent avec le temps. Il n'est pas sans évoquer le lien systématique qui unit les noms abstraits (de qualités, d'états, de sentiments, d'activités, de processus, etc.) à

[21] N. Flaux (2001).
[22] Notamment par G. Kleiber (1999).
[23] Voir l'étude de J. Giry-Schneider (1991).
[24] J'exclus délibérément le terme de « facette » utilisé par A. Cruse (1996). Pour une discussion sur la notion de facette et sur celle de polysémie, voir G. Kleiber (1999).

l' « acception » factuelle (*la tristesse de Marie est sans bornes / la tristesse de Marie est un fait*) [25].

Quand un nom d'idéalité dénote un objet concret sensible matériel, occupant une place dans l'espace (*ce roman pèse trop lourd pour ma valise*), il y a peut-être lieu, en revanche, de parler de « polysémie ». Le rapport entre *poème* dans *Paul compose des poèmes magnifiques* ou dans *Paul récite des poèmes interminables*, à *poème* dans *j'ai mis ce poème même pas bien imprimé au feu*, peut faire penser à celui qui unit *beauté* dans *seule la beauté apaise la douleur* à *beauté* dans *que de beautés dans cette ville* ! – ou encore *verre* dans *j'ai cassé un verre en cristal* à *verre* dans *j'ai soif : donne-moi encore un plein verre* ! Il se peut que ces « extensions de sens » relèvent de règles générales, comme le suggèrent les tenants du « lexique génératif » à la Pustejovsky [26]. Si l'on s'en tient toutefois à la conception traditionnelle, laquelle invoque pour des cas de ce genre la figure de la métonymie, il s'agit de montrer ce qu'ont en commun le passage du concret idéal inscrit – virtuellement ou réellement – dans le temps au concret matériel ou sensible (*roman, sonate*), celui de l'abstrait au concret (*beauté*), et celui du contenant (concret) au contenu (concret) : *verre*. A coup sûr, on ne peut se contenter de faire appel de manière systématique au fameux lien de contiguïté, sauf à le prendre … de manière métaphorique.

Références

Bartning, I. (1987). L'interprétation des syntagmes binominaux en français contemporain, *Cahiers de grammaire* 12 : 1-64.

Bartning, I. (1993). La préposition *de* et les interprétations possibles des syntagmes nominaux complexes. Essai d'approche cognitive, *Lexique* 11 : 163-191.

Borillo, A. (1998). *L'espace et son expression en français*, Paris : Ophrys.

Borillo, A. (1999). Partition et localisation spatiale : les noms de localisation interne, *Langages* 136 : 53-75.

Cruse, D.A. (1996). La signification des noms propres de pays en anglais, in : S. Rémy-Giraud ; P. Rétat, (éds), *Les mots de la nation*, Lyon : P.U.L., 93-102.

Flaux, N. (1996). Question de terminologie, in : N. Flaux ; M. Glatigny ; D. Samain, (éds), *Les noms abstraits. Histoire et théories,* Villeneuve d'Ascq : Presses Universitaires du Septentrion, 76-90.

Flaux, N. (1999). La fonction « complément de nom » dans les groupes binominaux en *de* et les rôles sémantiques, in : D. Amiot ; W. de

---

[25] Cf. D. Van de Velde (1995).
[26] Cité par G. Kleiber, 1999.

Mulder ; N. Flaux ; M. Tenchea, (éds), *Fonctions syntaxiques et rôles sémantiques*, Arras : Artois Presses Université, 137-150.

Flaux, N. (2001). Les noms intentionnels : quelques caractéristiques, in : H. Kronning ; *alii*, (éds), *Mélangees offerts à Kerstin Jonasson à l'occasion de ses soixante ans*, Uppsala : Studia Romanica Upsaliensia 63 : 151-159.

Flaux, N. ; Van de Velde, D. (2000). *Les noms en français : esquisse de classement*, Paris : Ophrys.

Giry-Schneider, J. (1991). Relation entre le sens des noms et leur structure prédicative, *Revue québécoise de linguistique* 20, 1 : 99-125.

Grevisse, M. (1986). *Le bon usage*, Louvain-la-Neuve : Duculot.

Husserl, E. (1929). *Logique formelle et logique transcendantale*, trad. franç. Paris : P.U.F. (1957).

Kleiber, G. (1999). *Problèmes de sémantique. La polysémie en questions*, Villeneuve d'Ascq : Presses Universitaires du Septentrion.

Milner, J.-C. (1982). *Ordres et raisons de langue*, Paris : Le Seuil.

Saussure, F. (de) (1913). *Cours de linguistique générale*, édité par Tullio de Mauro, Paris : Payot (1972).

Van de Velde, D. (1995). *Le spectre nominal. Des noms de matières aux noms abstraits*, Louvain / Paris : Peeters.

Aspect, choix sémiques, valeur de vérité

Geneviève GIRARD
Université Paris III

0. Introduction

Le rôle que joue la forme « be+V-ing », en anglais, par rapport à la forme simple, a suscité de nombreuses recherches, qui ont proposé plusieurs types d'explication, en fonction de leur cadre théorique. L'explication la plus souvent retenue concerne la manière dont le procès, que traduit le sémantisme du verbe, est présenté, et oppose, avec certaines variantes[1] :

- les verbes d'accomplissement et d'achèvement (typologie de Vendler) qui prennent un sens imperfectif lorsqu'ils sont à la forme progressive : *he was writing a letter* se distingue de : *he wrote a letter*, et : *he was drowing* de : *he drowned*.

- les verbes d'activité, pour lesquels c'est le déroulement qui est focalisé : *he was singing when I arrived*.

- et les verbes d'état, pour lesquels "be+V-ing" signale la périodicité (Langacker) : *she's wearing contact lenses today*.

Les écoles énonciativistes françaises, quant à elles, (Adamczewski, Culioli, Joly, entre autres) considèrent, à un plus ou moins fort degré, que la forme progressive ne traduit pas uniquement une certaine particularité du procès, mais exprime l'interprétation subjective de l'énonciateur. Elle a un rôle anaphorique de commentaire (Adamczewski) : *when she said that she was tired, she was lying*, ou un rôle modal (Culioli, Delmas) : *you're not going out tonight*.

Nous souhaitons ici, autant que faire se peut, réconcilier certains aspects des deux problématiques, et dans ce but nous interroger sur la possibilité d'un

---

[1] B. Comrie (1976) considère que l'aspect concerne la manière de représenter la constitution temporelle interne d'une situation : « Aspects are different ways of viewing the internal temporal constituency of a situation ». R. Huddleston dit que la situation est présentée comme ayant des "potentialités" de continuation : « I speak of the situation as having the "potential" for continuation » (1993 : 153).

lien qui existerait entre la valeur d'imperfectivité et la valeur de commentaire [2].

Il est, en effet, intéressant de constater que c'est la forme aspectuelle dite à valeur d'imperfectivité, et non la forme à valeur de perfectivité (autrement dit la forme simple) qui prend, dans certains cas, la valeur de commentaire [3]. La question pourrait être formulée de manière plus générale : pourquoi la forme « be+V-ing » peut-elle être interprétée de manière métaphorique parfois ? S'il est possible de dire : *I'm starving* <je meurs de faim> pour indiquer simplement que l'on a besoin de manger, *she starved to death* signifie uniquement que le manque d'alimentation a entrainé la mort [4].

Il s'agit de comprendre quel lien logique ou sémantique peut exister entre le fait qu'un énonciateur dise qu'un procès n'a pas atteint le terme visé, et le fait qu'il fasse un commentaire à propos de ce qui a été décrit dans un énoncé antérieur.

Une telle question nous semble pertinente, car dans le domaine de la modalité, l'aspect « be+ V-ing » affecte à la fois le sémantisme du verbe sur lequel il porte, et le sens du modal : il le fait passer du sens radical (déontique) du modal au sens épistémique, qui est lié à l'appréciation (Culioli) dans les cas prototypiques suivants :

– John must work (sens radical) : il faut que John travaille.
– John must be working (sens épistémique) : John doit être en train de travailler.

1. Un même outil linguistique pour deux significations

Il convient maintenant de comparer les deux types d'emploi de "be+V-ing", tels qu'ils sont illustrés par (1) et (2) :

(1)   When Jane said that she was tired, she was knitting a jumper.
        'Quand elle a dit qu'elle était fatiguée, elle était en train de tricoter un pull.'

et dans :

---

[2]   Nous ne nous intéresserons ici ni à la valeur de déroulement, ni à la valeur d'itération, ni à la valeur de périodicité pour les verbes d'état.

[3]   Pour la relation entre la valeur aspectuelle et la valeur modale, voir Mélis (1999).

[4]   Il est intéressant de noter que pour les métaphores figées (idiom chunks) qui ne sont pas comprises de manière componentielle telles que : *he kicked the bucket*, c'est la forme simple qui est utilisée, alors que nous avons : *he is pushing up daisies,* proche de : *il mange les pissenlits par la racine.*

(2)   When Jane said that she was tired, she was lying. [5]
           'Quand elle a dit qu'elle était fatiguée, elle mentait.' [6]

Nous remarquons tout de suite que les situations décrites présentent des caractéristiques très différentes.

En (1) le référent de "Jane" est engagé dans deux activités à la fois : elle parle et elle tricote. Une activité est considérée comme achevée : le fait d'avoir dit qu'elle était fatiguée, et l'autre est considérée comme non-achevée : le fait de tricoter. La construction pose qu'il y a eu existence de deux événements dissociables l'un de l'autre. Le procès décrit par la forme "be+V-ing" sert de "toile de fond", de cadre, au procès décrit par la forme simple [7].

En revanche, en (2) il n'y a qu'une seule activité saillante : le référent de "Jane" a dit quelque chose. Et avec : *she was lying* l'énonciateur commente sa manière d'interpréter ses paroles : ses paroles étaient des mensonges. La construction pose qu'il n'y a eu qu'un seul événement, en dépit de deux traductions langagières.

Il est important de noter ici que la durée de : *she said* est strictement la même que la durée de *she was lying* [8] : l'émission des paroles et l'émission des mensonges commencent et finissent en même temps [9]. Il est difficile alors, dans ce cas, de dire que la borne de droite a été atteinte dans une proposition, mais qu'elle n'a pas été atteinte dans l'autre.

Ces interprétations ne peuvent découler de l'utilisation de "be+V-ing" seule. Elles découlent du sémantisme inhérent aux verbes *knit* et *lie*.

Pour le cas (2), il semble exister, pour le choix du verbe, une limitation sémique assez stricte : seuls construisent l'interprétation par commentaire les verbes qui expriment une forme du dire, un type de dire : *mentir* sous-entend *dire quelque chose ;* ce dire est ensuite confronté à l'extralinguistique, et la non-adéquation est repérée. Si la non-adéquation est volontaire de la part du référent du sujet, le verbe *mentir* est le verbe qui décrit correctement le procès [10].

Il en va de même pour des verbes tels que : *joke, kid* <plaisanter>, *pull so's leg* <faire marcher quelqu'un>, *insult* <insulter>, *hurt so's feelings*

---

[5]   C'est H. Adamczewski qui a analysé dans le détail cet énoncé dans sa thèse sur la forme "be+V-ing".

[6]   Il n'y a pas correspondance entre le passé en "be+V-ing" et l'imparfait français. Tous les passés en "be+V-ing" sont traduits par l'imparfait en français, mais la réciproque n'est pas vraie.

[7]   Tout ceci est depuis longtemps bien décrit.

[8]   Ce point va se révéler important dans la suite de notre analyse.

[9]   Nous opposerons plus loin cet énoncé à : *and yet I lied when I said* ...

[10]   S'il s'agit d'une erreur, on aura : *sorry, she was mistaken* (forme simple) et non : * *she was being mistaken*.

<vexer quelqu'un>, etc : pour plaisanter, pour accuser quelqu'un, pour in-
sulter, pour critiquer, il faut parler, prononcer des mots, construire des énoncés.
    On a ainsi :

(3)   – Don't use this word, you're insulting my mother.
(4)   – When you asked him what he had done with the money, you were accu-
           sing him of theft. (Adamczweski 1978)

On constate que cette classe de verbes s'élargit à certains "procès" [11] mentaux, psychologiques, affectifs, voire relationnels, qui ont besoin d'être re-
layés, "médiatisés" en quelque sorte par des procès "physiques" qui leur
permettent d'être perçus, repérés pour ce qu'ils sont par les autres, de
s'instancier dans le monde sensible. Un argument en faveur de cette manière
d'aborder la problématique est fourni par la stricte superposition temporelle
que l'on remarque entre le procès dénoté par la forme simple et le procès
dénoté par "be+V-ing".
    Ces procès semblent ne pas exister hors d'une formulation langagière, et
la formulation langagière a, en outre, la particularité de ne pas s'"auto-pro-
clamer". Pour insulter quelqu'un, l'énonciateur ne dit pas : *I insult you*, mais
il fait comprendre par l'utilisation de paroles désagréables qu'il profère des
insultes. Nous excluons de cette classe de verbes les verbes qui sont perfor-
matifs au présent simple, première personne du singulier : *I sentence you to
...*
    Voici quelques exemples supplémentaires, qui nous permettront de pré-
ciser notre pensée :

(5)   But the preacher had to caution John about that – careful-like, of course,
           without offending, because John Boscoe was a sensitive one and didn't take
           no foolishness. [...] So the preacher cautioned John kinda quiet-like ; he
           wasn't taking no chance on riling him up and running him out of the choir.
           (A. P. Davies, *How John Boscoe Outsung the Devil*) [12]

L'énonciateur ne peut comprendre que le prêtre n'a pas pris de risque qu'à
partir de la manière dont il a parlé à John. Il interprète ses paroles pour ce
qu'elles sont, mais aussi comme la marque de son désir de ne pas blesser le
jeune homme. Les paroles sont la marque visible du type de relation que le
prêtre souhaite entretenir avec John.

(6)   The bartender appeared again and set the beers before them, pretending to
           knock Ignatius' beer into his lap. The Reillys were getting the Night of

---

[11]   Nous utilisons le terme "procès" faute d'une désignation meilleure pour le
        moment, tout en reconnaissant son absence de précision.
[12]   Cet exemple est tiré de Garnier & Guimier (1997).

Joy's worst service, the treatment given unwanted customers." (J.K. Toole, *A Confederacy of Dunces*)

C'est en faisant semblant de renverser un verre sur son client que le barman fait comprendre qu'il ne veut pas bien le servir. Il ne peut pas dire : **I give you the worst service I can give you*, mais il agit de manière à ce que ses intentions soient interprétées comme il le souhaite. Et c'est l'interprétation qui en est effectivement donnée par le narrateur.

(7)   Her husband did the washing-up yesterday ; he was trying to be nice for once.

Pour faire comprendre que l'on veut être agréable à quelqu'un, il ne suffit pas de le dire, il faut l'exprimer indirectement par des actes qui vont être interprétés comme des signes de gentillesse. La forme "be+V-ing" permettrait ainsi d'exprimer l'interprétation à donner à tel ou tel procès, lorsqu'il semble valoir pour autre chose que ce qu'il est à première vue [13].

Puisque le seul procès visible, repérage, tangible, est l'activité décrite à la forme simple, l'interprétation que met en place l'énoncé avec "be+V-ing" est d'emblée sujette à caution : elle n'est que l'interprétation d'un énonciateur, parmi d'autres interprétations possibles.

Par rapport à tous ces énoncés, l'énoncé (1) ne construit pas une interprétation par commentaire, car *knit* <tricoter> n'est pas un type de dire, ni le signe d'un état psychologique à communiquer [14], et il n'y a pas stricte superposition temporelle entre : *she said*, et : *she was knitting*. C'est le sens d'imperfectivité qui est retenu.

Une telle analyse du contenu sémique des verbes semble assez bien rendre compte des différences de sens, dans un premier temps. Elle nécessite néanmoins un approfondissement car la forme "be+V-ing" n'apparaît pas systématiquement chaque fois qu'il y a reprise par l'énonciateur d'une activité déjà décrite à des fins d'interprétation de celle ci. C'est en fait le terme même d' "interprétation" qui a besoin d'être précisé [15].

---

[13]   Cela ne signifie pas que ces verbes de procès mentaux ou psychiques ne puissent pas être utilisés à la forme simple. Nous y reviendrons.

[14]   Une telle interprétation peut néanmoins exister dans certains contextes : *she was knitting very quickly to show him he was bothering her*. Dans ce cas, l'activité, le tricot, peut être le signe de son agacement, donné à voir pour que le personnage indésirable s'en aille.

[15]   Nous ne verrons ici qu'un aspect de la problématique, car l'exemple suivant en "be+V-ing", que je dois à N. Malan, est aussi interprétatif : *There was a series of explosions : the Germans were sending off bombs*.

2. La notion d'interprétation

Il existe plusieurs cas de figure pour lesquels toutes les conditions semblent être remplies pour que "be+V-ing" apparaisse, mais "be+V-ing" n'apparaît pas [16]. Il convient donc d'affiner le concept de "commentaire" interprétatif pour qu'il soit opératoire.

2.1. Les verbes du dire

Nous allons analyser ici des énoncés où le verbe *lie* – verbe prototypique des verbes du dire – est utilisé à la forme simple.

(8)   'There are only two women in the house, Sir Henry,' he answered. 'One is the scullery-maid, who sleeps in the wing. The other is my wife, and I can answer for it that the sound could not have come from her.'
       And yet he lied as he said it, for it chanced that after breakfast I met Mrs Barrymore in the long corridor with the sun full upon her face. (Sir Arthur Conan Doyle, *The Hound of the Baskerville*)

(9)   The claddagh, he wants to know all about that one cos it's Irish and I'm Irish [...] It's two hands holding a heart. If you wear it so the heart's pointing out, it means your heart's not given to anyone ... the other way round means it is. [...]
       Two lies, about the claddagh. I lied when I told him I'd bought it for myself – it was a present from Nick, for my eighteenth. And I lied when I told Red I'd never worn it pointing in. (M.Bedford, *The Houdini Girl*, p. 192)

La différence essentielle qui me semble exister entre ces énoncés et l'énoncé (2) réside dans le fait que, dans la proposition à la forme simple, l'énonciateur donne les preuves de ce qu'il avance dans la suite du texte, afin que son co-énonciateur comprenne que ce qui avait été dit n'était pas la vérité, mais bien des mensonges. Dans le texte de Conan Doyle, c'est le narrateur qui comprend *a posteriori* que M. Barrymore lui a menti, et dans le texte de Martin Bedford, c'est l'héroïne en personne qui nous revèle ses mensonges. Il ne s'agit donc pas d'une interprétation sujette à caution, comme peut l'être toute interprétation, mais d'une description aussi adéquate que possible des agissements des personnages.

Nous pouvons alors faire l'hypothèse suivante : l'anglais signalerait par la forme "be+V-ing" que l'énoncé entier n'a pas la pertinence référentielle que l'on pourrait en attendre, qu'il construit un certain écart référentiel, et lui

---

[16]   Les cas les plus intéressants sont bien sûr les cas où le verbe est un mode du dire. Mais il y a aussi des cas où le verbe exprime un type d'activité qui peut être interprétée comme exprimant une ré-interprétation, car l'activité dénotée est seule et unique.

opposerait la forme simple qui aurait la valeur de vérité que construisent les éléments sémiques en présence dans la relation prédicative[17].

Nous devons essayer maintenant d'étayer notre hypothèse concernant la possible "non-adéquation" référentielle stricte des éléments apparaissant dans un énoncé avec "be+V-ing", en analysant d'autres données.

2.2. Les définitions du dictionnaire

Dans les définitions du dictionnaire (*Collins Cobuild*, par ex), c'est la forme simple qui est employée :

(10)   swim : when you swim, you move through water by making movements with your arms and legs.

(11)   vote : when you vote, you indicate your choice officially at a meeting or in an election.

(12)   walk : when you walk, you move along fairly slowly by putting one foot in front of the other.

La définition du dictionnaire dit, en substance, que l'on ne peut pas nager, et ne pas se déplacer en même temps dans l'eau, de même que l'on ne peut pas marcher sans avancer : les deux processus sont indissociablement liés. En d'autres termes, il s'agit de deux désignations d'un seul et unique procès. Il n'y a pas d'interprétation.

Ces définitions évoquent un énoncé souvent discuté :

(13)   When you vote Thatcher, you vote for the Conservatives. (Adamczewski 1978)

L'énonciateur exprime, d'après nous, par cette formulation, que les deux processus sont indissociables : l'un implique nécessairement l'autre, puisque Thatcher appartient au parti conservateur. On ne peut pas voter Thatcher, sans voter conservateur.

Il en va différemment de l'énoncé suivant, qui comporte la forme "be+V-ing" :

(14)   When you vote Thatcher, you're voting against the NHS.

On peut, en effet, très bien voter Thatcher, sans voter contre le Service social de santé. L'un n'est pas équivalent à l'autre. La modification du service de santé peut n'être qu'une sous-partie du programme électoral, ou même ne pas faire du tout partie du programme. L'énoncé *you're voting against the NSH*

---

17   Nous proposons un système d'opposition binaire. Nous ne nous intéressons pas ici aux paramètres supplémentaires, temporels, modaux, entre autres, qui affectent eux aussi l'interprétation globale des contenus propositionnels.

peut alors être une mise en garde de la part de l'énonciateur, adressée à quelqu'un qui ne semble pas comprendre certains enjeux de son vote. Si une telle interprétation existe, c'est bien parce qu'il n'y a pas de similitude stricte entre les deux processus, ce qui n'est pas le cas en (12).

La forme "be+V-ing" signifie alors une "sous-partie" de ce que signifie "voter pour Thatcher". C'est le contenu sémique du complément *for the Conservatives*, dans un cas, *against the NHS* dans l'autre, qui détermine la signification de l'ensemble. Le même verbe : *vote*, est utilisé, mais l'adjonction de l'aspect module l'interprétation de l'énoncé.

La fréquence d'adverbes de modalité avec "be+V-ing", tels que *clear, obvious, certainly* :

(15)   It's clear that John was repeating what he had heard.

est une preuve de la nécessité dans laquelle se trouve l'énonciateur de forcer l'adhésion du co-énonciateur quant à la véracité de ce qu'il avance, en ayant recours à un pseudo-raisonnement qu'il aurait fait antérieurement à son énonciation. Rien ne permet, néanmoins, de comprendre, à partir de cet énoncé, que John a répété ce qu'il avait entendu. Pour asserter, seule la forme simple est possible : *John repeated what he had heard.*

2.3. Les verbes psychologiques

Certains enchaînements discursifs requièrent "be+V-ing", d'autres non, alors qu'il y a, dans les deux cas, interprétation des dires du premier énonciateur :

(16)   'He says he's coming to marry me.'
        'Marry you ? Gerald ?'
        'Well, there's been some sort of delay. But he did send me money.'
        'You surprise me,' said her mother. 'I can't say I took to him.'
        (B. Brainbridge, *Sweet William*, p. 67) [18]

On s'attendrait ici à avoir la même structuration qu'avec : *you're joking!* ou éventuellement *you must be kidding !* [19] qui serait possible dans le contexte.

Or avec des verbes tels que *amaze, surprise, astonish, disappoint*, on a toujours dans ce type d'enchaînement la forme simple :

        – you amaze me !
        – you disappoint me !

---

[18]   Nous devons cet exemple à N. Malan, que nous remercions.
[19]   La possibilité d'employer le modal épistémique *must*, sans une réelle modification de sens, indique bien que dans ce type d'emploi "be+V-ing" signale que la relation prédicative [you-kid] ne construit qu'une interprétation possible.

On a, de même :

– it staggers me !

La forme simple est ainsi la forme choisie dans l'énoncé suivant, où plusieurs personnages discutent violemment d'un certain Christoff Bronsky :

(17)   'Christoff at least had a sense of structure. Some system you could get hold of.'
         'Gentlemen,' I shouted at them, 'you disgust me!'
         They did not even turn to look at me and I moved away from them angrily.
         (K.Ishiguro, *The Unconsoled*, p. 502)

Nous expliquons la forme simple du verbe par la spécificité référentielle des verbes psychologiques : ils posent, en effet, qu'il y a validation de la relation [you-surprise me] du fait de l'existence du sentiment, de l'émotion suscitée chez le référent du complément d'objet direct. Dire : *you surprise me*, c'est dire : *I am surprised because of you* [20]. Dans un énoncé avec un verbe psychologique, l'analyse des rôles thématiques indique que le référent du Sujet n'est pas l'agent intentionnel du sentiment provoqué. Le référent du complément d'objet direct, en revanche, est le lieu où s'instancie ce sentiment. L'énonciateur qui prononce un tel énoncé parle alors en toute connaissance de cause : il dit que son co-énonciateur l'a surpris car il ressent de la surprise. Il n'y a pas alors interprétation sujette à caution comme avec l'emploi de *you're joking* où le co-énonciateur peut éventuellement nier l'interprétation, en disant : *I'm serious*. Dans le cas de : *you surprise me !* le co-énonciateur ne peut que nier son intentionnalité de surprendre, en disant : *I didn't mean to*. Il ne peut pas nier qu'il y a un sentiment de surprise chez celui qui vient de dire *you surprise me,* dans la mesure où la formulation même pose l'existence du sentiment suscité.

Le cas des verbes semelfactifs, et verbes assimilés, qui semblent résister à l'emploi de "be+V-ing" peut s'expliquer dans ce cadre. Quand l'énonciateur dit :

(18)   It smells nice.

c'est que son odorat perçoit le parfum agréable. Il n'y a pas de doute, pour lui, quant à la sensation qu'il ressent [21].
         Quand il dit :

(19)   It hurts.

---

[20]   Cf. A. Belletti et L. Rizzi (1988) qui montrent que *John's stories amuse the children* signifie *The children are amused at John's stories*.
[21]   Nous n'analyserons pas ici la différence avec : *he's smelling the roses*.

c'est qu'il ressent de la douleur, et *hurt* est, dans ce cas, le verbe adéquat.

(20)   She pushed him through the door of the Night of Joy bar. In the darkness
         that smelled of bourbon and cigarette butts they climbed on two stools.
         While Mrs Reilly arranged her cake boxes on the bar, Ignatius spread his
         expansive nostrils and said, 'My God, Mother, it smells awful. My stomach
         is beginning to churn.' (J.K. Toole, *A Confederacy of Dunces*, p. 8)

3. la problématique des choix sémiques au sein de l'énoncé
3.1. L'assignation du marqueur passé (-ED)

Il est difficile de dissocier la problématique temporelle de la problématique
aspectuelle. Il est donc important, avant d'approfondir notre réflexion sur
l'utilisation de "be+V-ing", de tenir compte de ce qu'exprime l'assignation
du temps passé.

Il n'est pas suffisant de dire que le temps passé (marqueur -ED, en anglais) [22] permet d'exprimer une activité appartenant au passé, activité qui n'a
plus cours au moment de parole, car l'énoncé suivant a quatre interprétations :

(21)   her husband was a postman = son mari était facteur.

(21A) – SON MARI EST MORT. Ceci signifie qu'il ne pratique plus l'activité en
question, mais cela implique également que le choix sémique : *her husband*
fait par l'énonciateur pour désigner le référent du syntagme nominal Sujet
n'est pas un choix pertinent pour désigner l'individu en question au moment
de l'énonciation, et que le choix : *a postman* pour l'attribut du Sujet n'est pas
pertinent non plus. Au moment d'énonciation, il n'y a pas d'item du monde
qui a droit au nom : *son mari*.

         her husband was *a postman* [23]

(21B) – SON MARI VIT TOUJOURS, MAIS IL N'EST PLUS FACTEUR. Son mari était
facteur l'année dernière, par exemple. Le syntagme nominal : *her husband*
est un choix pertinent, mais le syntagme nominal : *a postman* n'est pas pertinent pour désigner l'homme en question au moment de parole.

         her husband was *a postman*

(21C) – ELLE N'EST PLUS MARIEE (ELLE EST DIVORCEE), MAIS L'HOMME DONT
ELLE PARLE EST TOUJOURS FACTEUR. Nous remarquons, en effet, que si son

---

[22]   Nous ne tenons pas compte ici de la différence time/tense, et du fait que le
         marqueur -ED n'exprime pas que le passé : *I wish they were here.*
[23]   Nous symbolisons par des italiques les syntagmes nominaux non pertinents au
         moment de l'énonciation.

nom est Peter, la relation prédicative [Peter - be a postman] est vraie (valide) au moment de parole, bien que la relation [her husband - be a postman] ne soit pas vraie. La différence entre les deux interprétations tient au fait que le choix du syntagme nominal : *her husband* n'est pas adéquat.

> *her husband* was a postman

(21D) – dans un contexte de narration au passé, l'énoncé signifie la focalisation sur le moment passé, et la problématique du choix des désignations ne joue plus le même rôle alors [24].

Cette analyse [25] indique que, bien que la marque temporelle soit portée par le verbe, c'est l'ensemble des données du contenu propositionnel qui participe à l'attribution de cette marque, et en particulier les syntagmes nominaux[26]. On peut alors supposer que la marque aspectuelle ne concerne pas uniquement le verbe non plus, mais tient compte des données de l'ensemble de l'énoncé.

3.2 Aspect, inférence, choix sémiques

Il est temps de revenir sur notre énoncé (1) repris ici en (22) :

(22)   When Jane said that she was tired, she was knitting a jumper.

La langue étant un système de représentation, l'énonciateur doit faire à chaque lieu de la chaîne linéaire des choix de lexèmes aussi adéquats que possibles en fonction de son intention de signifier.

Dans l'énoncé (22), au moment évoqué par l'énonciateur, il n'existe pas encore de pull-over. Jane est engagée dans une certaine activité : elle manie des aiguilles, mais rien ne permet de dire avec certitude que l'activité va amener l'existence du pull-over. C'est par inférence à partir de ce qu'il perçoit que l'énonciateur fait les choix lexicaux pour le verbe et son complément – il lui faut nécessairement trouver des mots pour communiquer ce qu'il a remarqué – mais il n'a aucune assurance quant à leur pertinence référentielle dans la situation considérée. C'est peut être ici le choix du verbe qui pose le moins de problème – même si : *manier des aiguilles* n'implique pas *de facto* l'activité *tricoter*, mais le syntagme nominal : *a jumper* ne correspond pas nécessairement à la désignation précise de l'objet tel qu'il se présente au

---

[24]   Cf. Declerck (1991).
[25]   Nous rejoignons Nef (1986).
[26]   Ce rôle joué par les syntagmes nominaux n'est pas sans rappeler la proposition de B. Bolzano (1978), qui suggérait de rapporter au groupe nominal l'indication temporelle de l'énoncé. Cf. Rousseau (1993).

moment décrit. Jane peut n'en être qu'aux côtes, ou au milieu du devant, bien que le terme : *a jumper* soit choisi.

Il est intéressant de rappeler, au passage, que c'est souvent le complément qui détermine à quelle catégorie vendlérienne appartient le verbe. On peut dire que : *knit* traduit une activité, mais : *knit a jumper* traduit un accomplissement. Le contenu sémique du complément est particulièrement important, et peut rendre grammatical ou non un énoncé. Il est impossible de dire : **he is finding a flat*, car *a flat* est un référent stabilisé (Culioli), mais il est tout à fait possible de dire : *he is finding the solution*, car *a solution* désigne un référent qui se constitue au fur et à mesure que la recherche progresse.

La recherche de la précision lexicale est une des tâches constantes de l'énonciateur. Dans le passage suivant, où les circonstances de la mort d'une jeune fille sur une voie de chemin de fer sont examinées, le conducteur de train essaie de préciser ce qu'il a vu, et emploie plusieurs fois "be+V-ing", avant de revenir à *jump* à la forme simple, qui semble caractériser au mieux ce qu'a fait la victime :

(23)   Train driver : The other train was alongside me, more or less stationary ; up ahead, I saw a door open and this woman jumped down.
Coroner : When you say 'jumped', what do you mean by that exactly ?
T d : She didn't look like she was falling or she'd been pushed or anything.
C : How could you tell ?
T D : She was sort of holding the door and stepping down like you would if you were getting on to the platform. Only there was quite a drop, so it was more like she jumped down. Like she was letting her drop. (M. Bedford, *The Houdini Girl*, p. 39)

Le conducteur de train revit *a posteriori* l'accident, et ce qu'il dit est motivé à la fois par ce qu'il a vu au moment même : *she jumped*, et ce qu'il sait maintenant, ce qui explique les hésitations, les expressions *sort of* – marque que le lexème n'est pas vraiment adéquat – ou : *look like* qui lui permet de procéder par comparaison et donc par approximation [27].

Pour affiner notre analyse, il nous semble utile ici de proposer un test : le test de la seconde vision. Nous pensons que deux visionnements de la même séquence d'un film, par exemple, ne suscitent pas les mêmes productions langagières s'il y a relecture, au deuxième visionnement, du fait de la connaissance de la fin du film. Si, au premier visionnement, nous assistons

---

[27]   Nous ne développerons pas ce point, assez bien connu d'ailleurs. Voici deux exemples : *She said that when she lay on her back it felt like I was crushing her, when she lay on her side, it felt like I was climbing up her backbone.* (D. Allison, *Bastard out of Carolina*)

à une scène où un personnage se débat dans l'eau et n'arrive pas à regagner la berge, nous pourrons nous exclamer, comme les jeunes enfants :

(24)   Help! he's drowning !

Mais s'il est finalement sauvé par un pêcheur, nous pouvons plus difficilement dire au deuxième visionnement : *He's drowning*, car la connaissance de la fin heureuse ne suscite plus les craintes qu'exprimait le premier : *he's drowning*, et le verbe : *drown* n'a plus la pertinence référentielle [28] qu'il semblait avoir alors. Nous pouvons éventuellement dire à un nouveau spectateur :

(25)   You think he's drowning, but he's not.

ou :

(26)   He nearly drowned.

ou encore :

(27)   Don't worry, he won't drown.

Ceci signifie qu'il y a bien une inférence à partir de données incomplètes, et possibilité donc d'erreur d'appréciation, et en conséquence risque d'imprécision quant aux choix sémiques.

4. Vision rétrospective, et les deux types d'interprétation
4.1. Restructuration narrative

La vision rétrospective est ce qui caractérise toute narration, dans le fictif comme dans le non fictif. Dire :

(28)   Peter was crossing the street when a bus hit him and he died.

c'est se placer après l'événement. On peut se demander alors pourquoi l'énonciateur emploie le verbe : *cross* si son sens, qui implique que l'autre côté de la rue a été atteint, n'est pas le sens construit. Cette utilisation de : "be+V-ing" connu sous le terme de "paradoxe du progressif" [29] est expliquée en termes de "sous-événements" : il suffit qu'une portion du procès *cross* ait

---

[28]   Nous ne pouvons développer ici la notion de "pertinence référentielle". Nous renvoyons les lecteurs aux travaux d'A. Culioli, sur le domaine notionnel. Nous ne rejoignons néanmoins pas les conclusions de J.-C. Souesme (1992) sur le rôle de "be+V-ing", qui signalerait l'entrée dans le domaine notionnel.

[29]   Cf., entre autres, Guéron (à paraître).

eu lieu pour que *cross* puisse être employé. Cette explication n'est pas entièrement satisfaisante, car elle ne dit pas pourquoi l'énoncé suivant ne lui est
pas préféré :

(29)   Peter took a few steps in the street, then a bus hit him and he died.

Dans cette formulation, chaque proposition dénote un procès, et chaque
procès est fini quand le suivant s'instancie. Il y a, dans chaque cas, adéquation entre le sémantisme du verbe et le sens visé par l'énonciateur. Mais il
y a également présentation chronologique des événements, et c'est ce type de
présentation qui amène peut-être le rejet d'une telle description des faits, car
elle nuit à la mise en scène dramatique de la mort de Peter.

    Tout ceci semble indiquer que c'est la stratégie narrative de
l'énonciateur qui détermine à la fois le verbe à choisir et la forme à employer
plus que la réalité extralinguistique, même si la temporalité interne d'un
procès ne peut être évacuée [30]. Si l'énonciateur opte pour une reconstruction
des événements, il devra avoir recours à des lexèmes verbaux qui marqueront
nécessairement un écart par rapport au sens visé, du fait même qu'ils doivent
fournir un cadre à l'événement exprimé à la forme simple : *cross*, à la place
de *take a few steps*, *knit a jumper*, à la place de *make loops of wool*, et même
pour notre exemple avec *drown* : *he was drowning when a sailor rescued
him*, à la place de : *he moved his arms and legs about*.

    Si l'énonciateur opte pour une présentation "prospective", l'adéquation
descriptive sera plus facile à atteindre.

4.2. Deux types d'interprétation

Nous avons essayé de montrer qu'il y a choix sémique problématique avec :
she was lying, tout comme avec : *she was knitting a jumper*, ou : *he was
drowning*.

    Les différences notées au début de cet article doivent être réévaluées à
la lumière de ce que nous avons vu. Il est nécessaire, en effet, de revenir sur
une distinction concernant la temporalité respective des procès. Avec *lie* il y
a strict recouvrement de *she said* et de *she was lying*, mais avec *she was
knitting a jumper*, ou *he was drowning when a sailor rescued him*, il n'y a
pas recouvrement puisqu'un procès sert de cadre à un autre.

    Il est utile de se demander ici ce que cela implique, en ce qui concerne
le statut de la proposition en "when" [31]. Dans le cas avec *lie*, la proposition en
"when" peut difficilement être considérée comme une circonstancielle de
temps : elle ne localise pas *she said that she was tired*, sur l'axe chronolo-

---

[30]   Cf. Vetters (1996).
[31]   Cf. Declerck (1997).

gique, et l'enchaînement suivant est pour le moins bizarre, même s'il n'est pas entièrement exclu :

(30)   When was she lying ?
         When she said that she was tired.

Ceci signifie que la proposition en "when" introduit des données qui sont déjà connues du co-énonciateur, afin que ces données puissent être réévaluées. La connaissance préalable du fait qu'elle ait dit qu'elle était fatiguée peut être mise en évidence par la manipulation suivante, qui serait possible, en réelle situation de discours :

(31)   She was lying then.

Il semble tout aussi difficile d'avoir :

(32)   When was she knitting ?
         When she said that she was tired.

ou :

(33)   When was he drowning ?
         When a sailor rescued him.

Mais il est assez naturel d'enchaîner, en inversant les propositions :

(34)   When did she say that she was tired ?
         When she was knitting. [32]

alors que (35) n'a aucun sens :

(35)   * When did she say that she was tired ?
         * When she was lying [33].

L'exemple (34) semble indiquer qu'il est pragmatiquement plus opératoire d'interroger le co-énonciateur sur des faits que la formulation linguistique présente avec la plus grande précision possible, et donc à la forme simple, si cette forme garantit une plus grande adéquation. Cette hypothèse demande un travail statistique que nous n'avons pas encore pu entreprendre.

Le rapport entre le contenu de la proposition principale et de la proposition en "when" confirme le double rôle que joue "be+V-ing". Avec les

---

[32]   L'enchaînement : *When did the sailor rescue him ? When he was drowning*, paraît beaucoup plus délicat, pour des raisons que nous n'avons pas le temps de développer ici, mais qui tiennent justement à l'antinomie : drown/ rescue, c'est-à-dire : drown → die (sous-entendu)/ rescue → not die.

[33]   L'astérisque note que c'est l'enchaînement qui est impossible.

verbes qui fournissent un cadre à un procès, il note l'écart sémique qui existe entre les données notionnelles en puissance du verbe, et le sens construit. Cet écart est inhérent à la fonction même de "verbe cadreur". Avec les autres verbes, il note l'écart qui peut exister du fait des difficultés qu'a l'énonciateur à faire le choix pertinent pour décrire les données de l'extralinguistique.

5. Conclusion

L'interprétation que nous proposons ici de "be+V-ing" envisage uniquement certains aspects d'une forme qui se laisse mal cerner, dans la mesure où peu de verbes semblent maintenant l'exclure : *he was meaning to help you, she told us she was having to leave early, he's always knowing what he isn't supposed to know*[34].

Nous avons essayé de montrer que, pour le sens dit d'imperfectivité, et le sens de commentaire, la présence de "be+V-ing" indique un écart référentiel entre la notion que code le verbe dans le lexique et le sens mis en place. Dans les deux cas, l'énonciateur réélabore des données préexistantes, soit pour les placer dans un cadre qui en fera ressortir la saillance, soit pour les interpréter subjectivement. Certains verbes construisent de manière inhérente une interprétation : ils apparaîtront donc plutôt avec "be+V-ing". D'autres, en fonction de la complémentation qu'ils sélectionnent, prendront la forme aspectuelle ou non. Ceci n'exclut donc pas que l'interprétation puisse refléter fidèlement le réel, dans certains cas, tout comme elle peut le déformer entièrement. Il semble alors que "be+V-ing" couvre un domaine interprétatif qui va du [+pertinent] au [-pertinent]. Le calcul de la plus ou moins grande pertinence se fait par rapport au matériel lexical présent. Si l'énonciateur s'intéresse à l'activité, la pertinence sera grande ; s'il s'intéresse au résultat éventuel, et donc sélectionne un syntagme nominal complément, la pertinence sera moins grande. Ceci explique pourquoi : *John's been writing letters*, est grammatical, alors que : **John's been writing three letters*, ne l'est pas, du fait de la plus grande précision apportée par le numéral.

Cette étude se veut également une réflexion sur le concept d'"interprétation", et nécessite un travail plus approfondi, qui est actuellement en cours.

Références

Adamczewski, H. (1978). *« Be+ing »* dans la grammaire de l'anglais contemporain, Paris : Champion.
Belletti, A. ; Rizzi, L. (1988). *Psych-verbs and Theta-Theory*, Natural language and Linguistic Theory 6 : 291-352.

---

34   Ce dernier exemple est tiré d'Adamczewski (1978).

Benveniste, E. (1950). La phrase nominale, in : E. Benveniste, *Problèmes de linguistique générale*, vol. 1, Paris : Gallimard, 151-167.

Bolzano, B. (1978). *Grundlegung der Logik*, Hamburg : Meiner, [¹1837].

Comrie, B. (1976). *Aspect. An Introduction to the Study of Verbal Aspects and Related Problems*, Cambridge University Press.

Cotte, P. (1988). *Le système des auxiliaires modaux dans le système verbal de l'anglais contemporain*, Thèse d'état, Grenoble.

Culioli, A. (1978). Valeurs modales et opérations énonciatives, *Modèles linguistiques* I.2 : 39-59.

Culioli, A. (1990). *Pour une linguistique de l'énonciation*, tome 1, Paris ; Gap : Ophrys.

Declerck, R. (1991). *Tense in English : Its structure and Use in Discourse*, London : Routledge.

Declerck, R. (1997). *When-Clauses and Temporal Structure*, London : Routledge.

Delmas, C. (1993). Réinvestissement modal de certaines formes verbales, in : L. Danon-Boileau ; J.-L. Duchet, (éds), *Opérations énonciatives et interprétation de l'énoncé, Mélanges offerts à Janine Bouscaren*, Paris ; Gap : Ophrys, 115-133.

Delmas, C. (1998). Futurité, temps et strates, en anglais., *Cahiers Chronos* 3 : 163-175.

Freed, A. (1979). *The Semantics of English Aspectual Complementation*, Dordrecht : Reidel.

Frege, G. (1971). *Ecrits logiques et philosophiques*. Traduction et introduction de C.Imbert, Paris : Seuil.

Garnier, G. ; Guimier, C. (1997). *L'épreuve de linguistique au Capes et à l'Agrégation d'anglais*, Paris : Nathan Université.

Girard, G. (à paraître). L'interprétation temporelle dans les infinitives, *Cahiers du Cierec*, St Etienne.

Guéron, J. (1996). Anaphores temporelles et (in-)cohérences, *Cahiers Chronos* 1 : 59-77.

Guéron, J. (à paraître). On the Syntactic Domains of Temporal Interpretation, Publications de l'Université d'Anvers.

Hirtle, W. (1967). *The Simple and Progressive Forms, an Analytical Approach*, Les Presses de l'Université Laval, Québec.

Huddleston, R. (1993). *Introduction to the Grammar of English*, Cambridge University Press.

Jacob, P. (1988). *Pourquoi les choses ont-elles un sens ?*, Paris : O. Jacob.

Joly, A. ; O'Kelly, D. (1990).*Grammaire systématique de l'anglais*, Paris : Nathan.

Langacker, R. (1987). *Foundations of Cognitive Grammar*, vol. 1, Stanford University Press.

Mélis, G. (1999). (BE+) ING : glissements interprétatifs et contraintes, *Cahiers Chronos* 4 : 135-148.

Nef, F. (1986). *Sémantique de la référence temporelle en français moderne,* Bern : Peter Lang.

Recanati, C. ; Recanati F. (1999). La classification de Vendler revue et corrigée, *Cahiers Chronos* 4 : 167-184.

Rousseau, A. (1993). Espace, référence, représentation, *Faits de Langues* 1 : 151-162.

Souesme, J.-C. (1992). *Grammaire anglaise en contexte,* Paris ; Gap : Ophrys.

Sperber, D. ; Wilson, D. (1986). *Relevance. Communication and Cognition,* Cambridge, Mass. : MIT Press.

Vetters, C. (1996). *Temps, aspect et narration,* Amsterdam : Rodopi.

Russian verbs of motion : focus, deixis and viewpoint

Alina ISRAELI
American University – Washington D.C.

0. Introduction

The subject of this article is certain basic prefixed verbs of motion (henceforth VOM) based on the the stems *idti/xodit'* 'go on foot' and *exat'/ezdit'* 'go by vehicle', with the quasi-synonymous prefixes *u-*, *vy-*, and *po-* and their antonym *pri-*. These base verbs with the prefixes *po-* and *pri-* form traditionally viewed Russian counterparts of *come* and *go*. In addition, I will examine the use of the prefix *ot-* for intransitive and transitive VOM *nesti/nosit'* 'carry', *vezti/vozit'* 'take by vehicle' and *vesti/vodit'* 'take on foot'.

As G. Radden (1988 : 380) pointed out following Lakoff (1987) and Johnson (1987), « the bodily experience of motion is based on an image schema including the structural elements 'source', 'path', 'goal', and 'direction' ». A similar notation was used by L. Ferm (1990 : 33) following Apresjan (1974) : Ab+Ad+Itin, where Ab = the starting point, Ad = the final point, and Itin = the itinerary. L. Grenoble (1991) following Talmy (1975) used the terms Figure for the object or being that performed the action of motion, Source and Goal.

Source, Path, and Goal are elements of any motion from point A to point B, although it is rare that more than two elements would be expressed in Russian ; in most cases only one element is expressed :

(1) a. On *edet* iz Peterburga v Moskvu i po doroge znakomitsja so svoej buduščej ženoj.
'He is going [traveling] from St.Petersburg to Moscow, and on the way meets his future wife.'

 b. On *edet* v Moskvu.
'He is going to Moscow.'

 c. On *edet* iz Peterburga.
'He is coming [going] from St. Petersburg.'

 d. On *edet* po Sadovomu kol'cu i ni o čem ne dumaet.
'He is riding/driving along the Sadovoe ring and is not thinking about anything [at all]'.

G. Radden (1988 : 381-382) also noted that, apart from the « SOURCE-PATH-GOAL image schema », there are some specific properties of motion. His concern was with metaphoric use of English VOM ; however, these properties apply generally : focus, deixis and viewpoint represent the main parameters of VOM.

L. Ferm's (1990) study identified many semantic properties of Russian VOM prefixes, although her primary concern lay in the area of syntactic properties of motion on the sentence level. The organization of the material is based on verbal government and the element that follows the VOM, thus fragmenting the discussion of each prefix. L. Ferm's analysis did not include the deictic properties of VOM nor the communicative intentions, and consequently her examples often lack larger context.

L. Grenoble (1991) provided an analysis of Russian VOM with the prefixes *po-* and *pri-*, using deixis and point of view as primary parameters of analysis. Some of Grenoble's data and interpretation warrant reexamination, which will follow. This article will also extend the parameters to include focus.

1. Parameters of VOM : focus, deixis, and viewpoint
1.1. Focus

Discussing three types of focus, J. Gundel (1999 : 293-296) suggested that there is *psychological focus,* which underscores one of the participants of the narrated event, *semantic focus,* which would « refer to that part of the sentence that is prosodically (and sometimes also syntactically) prominent », and contrastive focus, when the « [c]onstituent ... [is] made prominent because the speaker/writer doesn't think the addressee's attention is focused on a particular entity and for one reason or another would like it to be ».

The VOM exhibit yet another kind of focus. VOM may *highlight* the Source, the Goal, the Figure or the Figure's absence. Examining C. Fillmore's example (1975 : 52), G. Radden (1988 : 382-383) remarked that *to go* has an inherent focus on the Source of a movement (Fillmore did not use the term *focus*), while *to come* has a focus on the Goal of the movement. He illustrated this with the following examples, where (2a) indicates departure time toward home and (2b) indicates arrival time at one's home :

(2)   a.   He *went* home around midnight.

        b.   He *came* home around midnight. (Fillmore 1975 : 52 ; Radden 1988 : 383)

We may add (2c) to indicate the Figure's absence from the Source as opposed to (2a), which has a focus on the Figure :

(2)   c.   He *left* the office around midnight.

1.2. Deixis

C. Fillmore (1975 : 16) defined « place deixis [as] having to do with linguistic expression of the speaker's perception of his position in three-dimensional space ». Thus « "come" and "bring" indicate motion toward the location of either the speaker or the addressee at either coding time or reference time, or toward the location of the home base of either the speaker or the hearer at reference time » (Fillmore 1975 : 61).

G. Radden (1988 : 384) following Fillmore (1975) analyzed examples (3a-f) :

(3)   a.   Speaker's location at coding time : *Please come in.*

      b.   Speaker's location at reference time : *Please come here at dawn.*

      c.   Hearer's location at coding time : *I'll come there right away.*

      d.   Hearer's location at reference time : *I'll come there at dawn.*

      e.   Speaker's home base at reference time : *He came over to my place last night, but I wasn't home.*

      f.   Hearer's home base at reference time : *I came over to your place last night, but you weren't home.*

K. Taylor (1988 : 500-501) mentioned an interesting problem concerning the English verb *come* and its deictic properties. He proposed a scenario according to which an aunt calls from Istanbul and informs the addressee of the impending death of her husband, the addressee's uncle :

(4)   You must *come at once*, for your uncle will not last much longer !

The great distance does not make it impossible to obey her request as long as the addressee *departs at once* and makes sure that at every moment between his departure and his arrival he is « making [his] way with appropriate dispatch toward Istanbul ».

Additional analysis of examples (3a-d) and of similar examples would indicate that insofar as future is concerned, *come* can be used only in cases where there will be a meeting of the speaker and the hearer at the Goal, with (3c) being similar to K. Taylor's (4).

Let us imagine a situation where the speaker's destination is indeed the hearer's location at coding time, but without the urgency of (4) or (3c), and the hearer will no longer be present at the site. In this case *come* could not be used (provided the location is not a place of work or does not constitute a place of similar obligations) :

(3)   c'.   I'll be there at dawn.

      c''.   I'll get there at dawn.

c'''.   * I'll come there at dawn.

Or imagine a telephone conversation between two Northerners, one of whom is on vacation in Florida. The one in Florida can say (5) only if he or she knows that the hearer's trip will coincide with the speaker's stay in Florida, and the speaker can say (5') only if he or she knows that the hearer's visit will not coincide with the speaker's stay :

(5)   When are you coming to Florida ?
(5')   When are you going to Florida ?

The home base feature and personal obligation can be seen in (6) where the speaker promises to water the plants while the hearer is gone :

(6)   Don't worry, I will come and water the plants.

1.3. Viewpoint

S. DeLancey (1982 : 168) remarked that

> « In English and many other languages, the fixed viewpoint referred to by *come* often has nothing to do with the actual location of the speech act ; the speaker is relatively free to choose a viewpoint. [...] The degree of freedom and the conditions under which it can be exercised vary considerably from one language (and even one speaker) to another. »

Indeed, if the speaker is neither at the Source or at the Goal, he or she may choose between (7) and (8) from the moment the speaker is informed about John's arrival at the Goal [1], thus discribing an event from two different vantage points :

(7)   John went to Los Angeles.
(8)   John came to Los Angeles. (both DeLancey 1982 : 168)

---

[1]   This, I believe, is a crucial point omitted by K. Taylor (1988 : 493), who discussed a similar pair of sentences, although using deixis, not point of view :

(i)   Joe went home.
(ii)   Joe came home.

According to K. Taylor, assuming that (i) is uttered by Joe's boss to Joe's co-worker, and (ii) is uttered by Joe's wife, (i) and (ii), «as taken in their respective contexts, are such that if the one is true, so is the other.» In fact, (i) is true from the moment Joe left the office, and (ii) is true only from the moment Joe arrives home.

G. Radden (1988) also included viewpoint as one of the main parameters, although all of his discussion was based on the metaphoric use of *come* and *go*.

L. Grenoble (1991 : 258) cited Fillmore (1970 : 269) who stated that in third person narratives, the speaker 'identifies' with one or another character in the narrative. A similar point was made by G. Genette (1972 : 203). As he put it, it is the question of :

« *mode* et *voix,* c'est-à-dire entre la question *quel est le personage dont le point de vue oriente la perspective narrative ?* et cette question tout autre : *qui est le narrateur ?* – ou, pour parler plus vite, entre la question *qui voit ?* et la question *qui parle ?* »

In other words, particularly in the case of third person narrative, whose point of view does the narrator present, with whom does he identify in any given utterance ? According to S. Kuno et E. Kaburaki (1977 : 628), « Empathy is the speaker's identification with varying degrees... with a person who participates in the event that he describes in a sentence. »

S. Schlyter (1979 : 119) suggested that in (9) :

« *Come* represents a movement towards the place where the speaker, or the adressee, is situated ; or, in fiction and reported speech, towards a place from where the movement is observed, e.g. :

[9]   The bandits came into her bedroom.

Here, the movement is observed from the woman's point of view, i.e. from inside the bedroom. [In] Kuno's terminology..., the speaker "empathizes" with the woman. Compare with :

[10]   The bandits went into her bedroom.

where the movement is observed from the outside, or from the bandit's point of view. »

The feature of viewpoint is not limited to third person narrative. Even in dialogues, that is in second person statements, the speaker may under certain circumstances choose a viewpoint. The choice between (11) and (12) is a choice between the addressee's viewpoint and the viewpoint of those at the Goal ; although (12) is possible only if the speaker plans to be at the Goal.

(11)   Are you going to Bill's party ?

(12)   Are you coming to Bill's party ?

However, this type of viewpoint variation depends not only on the speaker's presence at the Goal, but also on the type of event at the Goal. For example, events which involve the speaker as well as events in which the

speaker has no relationship to the event participants do not allow such variations ; (16) becomes possible if there is a planned group event and the speaker inquires if the addressee is joining the party :

(13)   * Are you going to my concert ?

(14)   Are you coming to my concert ?

(15)   Are you going to Perlman's concert ?

(16)   ? Are you coming to Perlman's concert ?

2. Coming and going : *po-* vs. *pri-*

While VOM with the prefix *po-* mean the beginning of the motion towards
the Goal or along the Path, and VOM with the prefix *pri-* mean arrival at the
Goal, there is no complete parallelism with *come* and *go* as far as focus is
concerned.

        L. Grenoble (1991 : 256) analyzed a pair of sentences for Russian,
(11a-b), similar to (2), but examining additional possibilities, such as (17c-d),
although she referred to the verbs in question as having different deictic centers :

(17) a. Ja *pojdu* tuda v 7 časov.
          'I'll set out at 7'

      b. Ja *pridu* tuda v 7 časov.
          'I'll get there at 7'

      c. Ja pridu sjuda v 7 časov.
          'I'll come here at 7'

      d. [*] ? Ja pojdu sjuda v 7 časov.
          'I'll go here at 7'

These examples raise two issues :

(i) The meaning of (17a) is not that suggested by L. Grenoble in her gloss,
but rather 'I'll be there at 7'.

(ii) There is a need to distinguish focus and deixis, since in contrast to (17a),
(18a) is incorrect :

(18) a. * Ja *pojdu* k tebe v 7 časov.
          'I'll go to your place at 7.'

      b. Ja *pridu* k tebe v 7 časov.
          'I will come to your place/to see you at 7.'

        The focus of the *po-* verbs is on the Figure's beginning the motion, yet
in the examples (19) the time in question is always the arrival time :

(19) a. *Pojdi/* pridi* tuda rovno v sem' i uznaj, kakie dokumenty nužny dlja poezdki ?
'Go/* come there at 7 o'clock sharp and find out what documents are needed for the trip.'

Or one can imagine contexts where there is a choice of two events, for example a 1 o'clock exam or a 7 o'clock exam :

(19) b. Ty *pojdeš'* v čas ili v sem' ?
'Will you go to the 1 o'clock or the 7 o'clock (exam) ?'

Clearly, the question concerns the arrival time, not the departure time. Similar questions could be asked when there is a choice of shows, meals or treatments at the spa, as in (19c), etc. :

(19) c. Kogda vy *pojdete* na procedury, v 9 ili v 11 ?
'When will you go to the treatments, at 9 o'clock or 11 o'clock ?'

These questions are peculiar because the time expressions reflect precise moments rather than a span. Normally VOM with the prefix *po-*, particularly in isolated statements with the Goal expressed encompass the Source-Goal motion, while focusing on the beginning. As a result, the *when* questions and answers can only be formulated in a way that would include departure and arrival in the time span :

(20) a. – Kogda vy *pojdete* k vraču ?
– Zavtra utrom.
'"When will you go to the doctor ?"
"Tomorrow morning."'

b. – Kogda vy *poedete* v komandirovku ?
– Na sledujuščej nedele.
'"When will you go on the business trip ?"
"Next week."'

c. – Kogda vy *poedete* v otpusk ?
– V ijule.
'"When will you go on vacation ?"
"In July."'

S. Schlyter (1979 : 115) suggested a similar German example :

(21) Gestern ist Oscar von Konstanz nach Paris gefahren.
'Yesterday Oscar traveled from Konstanz to Paris.'

« This sentence is true if Oscar leaves the source and reaches the goal on the same day, the day before "now". It is false if he, for instance, leaves Konstanz on the day before yesterday, or if he is in Paris only today. »

When an isolated utterance with *pojti* 'go (on foot)' has an exact expression
of time, the time refers to the arrival time, since such statements imply arrival. This happens in cases when for deictic or viewpoint reasons *prijti* 'come
(on foot)' could not be used. By creating statements such as (19), the speaker
renders the time span between the departure from the Source and arrival at
the Goal negligible. This is precisely the reason why such utterances could
not be created with the verb *poexat'* 'go (by vehicle)' since the time that a
trip by a vehicle takes cannot be considered negligible [2].

Applying C. Fillmore's model to Russian data, L. Grenoble (1991 : 256)
stated :

« *Pri-* occurs in the future when the speaker envisions being at a given location at reference time, as in :

[22]   Ty zavtra *prideš'* na kafedru ?
       ['Are you coming to the department tomorrow ?']

versus

[23]   Ty zavtra *pojdeš'* na kafedru ?
       ['Are you going to the department tomorrow ?']

where [22] is appropriate when the speaker is at work (Goal) either at coding
time or reference time and [23] appropriate when the speaker is not at work at
coding time. »

In other words, (22) is correct, according to L. Grenoble, regardless of
whether or not the speaker plans to be there tomorrow.

The use of *kafedra* as Goal may not be the best choice for testing the
deictic properties of VOM since it means not only the place, the departmental
office, but also a department meeting (*U nas zavtra kafedra* 'We have a department meeting tomorrow'), and both (22) and (23) may mean 'Are you
coming/going to the department meeting tomorrow' respectively. Additio-
nally, going to a *kafedra* (be it the department or the department meeting)
implies going to a place of work, which creates additional assumptions and
expectations on the part of the speaker (as to whether or not, for example, the
interlocutor is expected to be there, etc.).

Let's take *muzej* 'museum' instead, and test (22) and (23) using this
Goal. Let us also assume that neither Participant of the conversation holds a
job at the museum. I believe that wherever the conversation is taking place, at
the museum or not or on the phone if only one person is at the museum, if the
speaker does not plan to go to the museum on the day in question s/he would
ask (24), while if s/he plans to be there, s/he would ask (25) :

---

[2]   In Russian a trip by vehicle within the same city is expressed by the verb *pojti*
      'go (on foot)' if the goal of the trip is an event which is explicitly expressed,
      while the mode of transportation is not expressed in the utterance.

(24) Ty *pojdeš'* zavtra v muzej ?

'Are you going to the museum tomorrow ?'

(25) Ty *prideš'* zavtra v muzej ?

'Are you coming to the museum tomorrow ?'

In other words, the use of *po-* and *pri-* from a deictic point of view adheres to C. Fillmore's necessary condition as reformulated earlier, that is *pri-* must represent a meeting of two parties.

The following represent similar examples. In (26a) the conversation takes place on the way to the hospital, that is neither speaker is yet at the hospital, and in (26b) the issue is hypothetical, the utterance is said by a healthy young woman, who is not planning to commit suicide, to her beloved with whom she is about to break up. The VOM with *pri-* indicate the Figure's future arrival at a location which at the moment of speech is neither the speaker's nor the hearer's, but which will be the hearer's location in (26a) or the speaker's location in (26b) at reference time :

(26) a. – Ty sejčas ljažeš' v bol'nicu, – skazala Veronika... – A ja k tebe *priedu.* (TD)

"'You will now get admitted to the hospital," said Veronika. "And I will come to see you."'

      b. – Ty na poxorony moi *prideš'* ? (TB)

"'Will you come to my funeral ?"'

Conversely and similarly to (5) and (5'), if a telephone conversation between two Northerners is taking place in summer, and one of them is on vacation in Sochi, question (27) implies that the arrival will take place during the speaker's stay, while (28) cannot be uttered if the conversation between the two Northerners is taking place in summer :

(27)   Kogda ty *priedeš'* v Soči ?

'When are you coming to Sochi ?'

(28)   Ja *priedu* v Soči v janvare.

'I will come to Sochi in January.'

In addition (20'a) could be said to a patient only by the doctor's nurse or assistant :

(20') a. – Kogda vy *pridete* k vraču ?

"'When will you come to the doctor ?"'

In the case of the prefix *pri-*, two functions may be distinguished : (i) deixis as in (27) or (29a), where the potential meeting of the speaker and hearer is at issue, and (ii) focus on Goal, as in (29b), where the actual location of the speaker at coding time or arrival time is immaterial ; at issue is only the Figure's arrival time at destination. Technically, the distinction between (29a) and (29b) is in tense : (29a) is future tense while (29b) is present.

(29) a. Ty kogda *priedeš'* v Moskvu ?
          'When will you come/are you coming to Moscow ?'

      b. Kogda ty *priezžaeš'* v Moskvu ?
          'When are you arriving in Moscow ?'

The reason L. Grenoble's (22) is correct, even if the speaker does not plan to be there and meet the hearer, is, as noted above, the expectation on the part of the speaker for the hearer to be at the work place (an obligation), which is due to the feature of viewpoint.

L. Grenoble (1991 : 257) stated that

« When it is clear from surrounding context that the Figure does actually arrive at the goal in question, it is possible to use either the prefix *po-* or *pri-* to denote either Source or Goal respectively. »

From her example (30) and the following discussion it appears that she actually meant « to denote the Goal » (not the Source). Here is her example :

(30)   S ètoj trost'ju on odnaždy *poexal/priexal* v Leningrad. I byl priglašen v dom odinokoj i krasivoj ženščiny, gde dolžny byli sobrat'sja poèty, artisty, žurnalisty, xudožniki. Prišli čelovek pjatnadcat', i vse mužčiny... (S/T :191) (Grenoble 1991 : 257)
         'Once he went/came with this cane to Leningrad. And was invited to the home of a single and beautiful woman where poets, actors, journalists, artists were supposed to gather. About fifteen people came, all men ...'

According to L. Grenoble, since the arrival is signaled later in the passage, either verb could be used.

« However, the original text does use *priexal*, which makes sense within the context of the entire story : *priexal* places the deictic center at the end point of the motion, and it is in Leningrad that the action of the story takes place. » (Grenoble 1991 : 258)

This statement raises two important questions :

1. Are the *po-* and *pri-* VOM interchangeable ?

2. Why was a *pri-* verb used in (30) ?

The answer to the first question is negative : the fact that both verbs could be used in a context does not make them interchangeable ; there is a difference in point of view in the isolated statements (31) and (32), as was the case with (7) and (8). The narrator assumes the position at the Source in (31) and the position at the Goal in (32), assuming the Figure reached the Goal :

(31)   On *poexal* v Leningrad.
         'He went to Leningrad.'

(32)   On *priexal* v Leningrad.
         'He came to Leningrad.'

Yet, in (31) and (32), just like in (7) and (8), we are dealing with isolated statements. In (30), on the other hand, the first sentence represents a part of a sequence of events in which there are other people involved, and in this context (30') does not signal the arrival :

(30')   S ètoj trost'ju on odnaždy *poexal* v Leningrad.
         'Once he went with this cane to Leningrad.'

Consequently, the invitation announced in the next sentence could be received only before the arrival in Leningrad, which does not seem likely. That is why in the original there was (30'') :

(30'')   S ètoj trost'ju on odnaždy *priexal* v Leningrad.
         'Once he came/arrived with this cane in Leningrad.'

There cannot be a permanent « deictic center » for a narrative, as L. Grenoble seems to imply. *Poexal* 'went' could have been used in (30), but in order to maintain coherence, the arrival would have to be announced in the next sentence :

(30')   S ètoj trost'ju on odnaždy *poexal* v Leningrad. I TAM byl priglašen v dom odinokoj i krasivoj ženščiny, …
         'Once he went with this cane to Leningrad. And THERE he was invited to the home of a single and beautiful woman, …'

In other words, without additional changes, *poexal* 'went' could not have been used in (30). (33) represents a similar example, where *pošel* 'went' could have been used only after additional changes :

(33)   Ja *prišel* v magazin, skazali « net ». (TO)
         'I came to the store, [and] they said, "we don't have it".'

On the other hand, (34) demonstrates the shift of « deictic centers » as the character moves from one place to the next, and how the adverb *tam* 'there' is used to signal the arrival when the verb specifies only the beginning of the motion :

(34)   Ona *prišla* domoj, proterla do bleska obuv' i postavila ee na kolodku. Potom
         ona vyterla los'onom lico, ruki i *pošla* na kuxnju. TAM ona akkuratno vse
         razložila na polkax i v xolodil'nike i sela « razdevat' » sosiski : ona terpet'
         ne mogla, kogda oni v cellofane. (Šč)
         'She came home, she polished the shoes to a shine and put them on the shoe
         tree. Then she wiped her face and her hands with a lotion and went into the
         kitchen. THERE she neatly stacked everything on shelves and in the refrige-
         rator, and sat down to "undress" the hot dogs : she could not stand them
         being in the cellophane.'

         In (35) and (36), *pošla* 'went' and *prišla* 'came' are used in virtually
identical contexts :

(35)   Vika prjamo iz partkoma *pošla* v kletušku Alekseja Nikolaeviča i rasskazala
         emu vse. (Šč)
         'Vika went to Alexei Nikolaevich's closet-like office straight from the party
         committee and told him everything.'
(36)   Vika *prišla* k nemu v kletušku s mokrymi grankami, i oni uspeli prosoxnut',
         poka on ej vse rasskazyval. (Šč)
         'Vika came to him into the closet-like office with wet galleys and they
         managed to get dry while he told her everything.'

In (35) the narrator takes Vika's point of view, while in (36) the narrator
takes Alexei's point of view. The reason the narrator chose one or the other
point of view in these parallel utterances may be motivated by the fact as to
who subsequently does the talking.
         On the other hand, there are cases where such substitutions are impos-
sible :

(37)   I *pošel* Dima v pel'mennuju i napilsja ot ètix slov. (TO)
         'And Dima went to the "ravioli" diner and got drunk from these words.'

In (37) there are no other persons involved, whose point of view the narrator
could assume, and unlike (34) it is not a final leg on a very long trip ; in
addition the action described in the second half of (37) could not have taken
place anywhere but the Goal. By using *pošel* 'went' rather than *prišel* 'came',
the narrator maintains the focus on Dima and presents his point of view.

3. Departure : *po-* vs. *vy-* vs. *u-*. Focus and deixis

In addition to the problems encountered earlier with example (17a), we have
to explain the impossibility of L. Grenoble's example (38) :

« where the speaker wants to specify the moment of setting out at reference
time (i.e. the past or the future) for what at coding time (the present) is the
speaker's location (i.e. *sjuda*), as in [38] :

[38] Ja ponimaju, čto zavtra [ty] *prideš'* sjuda v sem' časov, no mne nado
      znat', kogda ty [*] *pojdeš' sjuda* ? V šest' ? (Grenoble 1991 : 256)
      ['I understand that tomorrow you will come here at 7 o'clock, but I need
      to know when you will leave for here ? At six ?'] »

L. Grenoble (1991 : 256) acknowledged that « [e]xample [38] is possible
with emphatic, contrastive intonation on *pojdeš'*, but even here the context is
forced and the prefix *vy-* (as in *vyjdeš'*) would be more likely ». Indeed, but I
believe it is not only a question of likelihood, and it is necessary to account
for the factors precluding the use of the prefix *po-* in (38).

      In English, one describes Figure's leaving the room either based on
deictic factors, as in (39), or « aloofly », that is without being present on the
scene, as in (40) :

(39) a. She went out of the room. (viewed from inside)

      b. She came out of the room. (viewed from outside)

(40)   She left the room.

Both (39a) and (39b) correspond to (41) in Russian :

(41)   Ona *vyšla* iz komnaty.
          'She went/came out of the room.'

Example (40), however, most likely corresponds to (42) :

(42)   Ona *ušla* iz komnaty.

But it may also correspond to (41) ; the choice is dictated by speaker's focus.

      In order to understand this, let us examine the following quasi-synony-
mous utterances. (43) represents a perfective series, and (44) an imperfective
one :

(43) a. Utrom ja *ušla* iz doma v 8 časov.
          'In the morning I left home at 8 o' clock.'

      b. Utrom ja *vyšla* iz doma v 8 časov.
          'In the morning I set out from home at 8 o' clock.'

      c. * Utrom ja *pošla* iz doma v 8 časov.
          'In the morning I went from home at 8 o' clock.'

      d. Utrom ja, kak obyčno, *pošla* na rabotu.
          'In the morning, as usual, I went to work.'

As L. Grenoble (1991 : 255) pointed out, the imperfective of *pojti* is *idti* :

(44) a. Každoe utro ja *uxožu* iz doma v 8 časov.
          'Every morning I leave home at 8 o' clock.'

    b. Každoe utro ja *vyxožu* iz doma v 8 časov.
        'Every morning I set out from home at 8 o' clock.'

    c. * Každoe utro ja *idu* iz doma v 8 časov.
        'Every morning I go from home at 8 o' clock.'

    d. Každoe utro ja *idu* na rabotu.
        'Every morning I go to work.'

We need to establish exact semantic distinctions in the above examples in order to account for the ill-formedness of (43c), (44c) as well as (45a) as opposed to the correct (45b) and (46) :

(45) a. * Utrom ja *ušla* iz doma i pošla po ulice po napravleniju k vokzalu.
         'In the morning I left home and went along the street towards the train station.'

      b. Utrom ja *vyšla* iz doma i *pošla* po ulice po napravleniju k vokzalu.
         'In the morning I set out from home and went along the street towards the train station.'

(46)   Utrom ja *ušla* iz doma. Okazavšis' na ulice, ja *pošla* po napravleniju k vokzalu.
         'In the morning I left home. Having gotten in the street, I went towards the train station.'

     L. Ferm (1990 : 38-41) outlined the meanings of the prefix *vy-* as « directedness from inside outward » and the prefix *u-* as « directedness of the action or motion away from something, distancing, disappearance of something » ; according to her (Ferm 1990 : 41), these prefixes form antonymous pairs : *v-/vy-* and *pri-/u-*. The prefix *po-* is absent from her study. Ferm's definition does not explain why (45a) is incorrect while (45b) is correct.

     Let us examine (47) which is a correct and coherent sentence, though the two clauses have different subjects :

(47)   Utrom ja *ušla* iz doma, i deti ostalis' odni.
         'In the morning I left home and the children were left alone.'

The second clause describes what is left behind after the Figure leaves. In other words *u-* has a focus on the Figure's absence from the Source. That is precisely what we find in the following example :

(48)   Kogda starik *ušel*, Žilin sprosil xozjaina, kto ètot starik. (TK)
         'When the old man had left, Zhilin asked the master who that old man was.'

     In the next example, Tolstoj's short story begins with sentence (49) :

(49)   Odnaždy krest'jane *ušli* na rabotu v pole. (TP)
         'Once the peasants left for work in the field.'

From the previous discussion, one can guess that the next statement is not about the peasants. And indeed the next sentence is :

(50)   V odnoj izbe ostalis' babuška i troe vnučat. (TP)
         'In one house there remained a grandmother and three grandchildren.'

There may be another nuance, the meaning of separation with whatever is left behind. L. Ferm (1990 : 115) in her attempt to exhibit the combinatory possibilities of the verbs with the prefix *u*-, which, according to her, can combine with all orientations of the group « where to », overlooked the focus of these verbs. Her truncated example (51) does not explain the choice of the prefix :

(51)   [...], Kiprenskij *uxodil* na naberežnuju Nevy, brodil po nej [...]. (K. Paus-
         tovskij. Orest Kiprenskij) (Ferm 1990 : 115)
         'Kiprenskij would go to the bank of the Neva, wander along it . . .'

The full example amply suggests that even though it is the Goal that is ex-pressed following the VOM, the choice of the prefix *u*- is motivated by sepa-ration :

(51')   Posle utomitel'nogo sidenija v klassax za srisovyvaniem gipsovyx Zevsov i
         Afrodit Kiprenskij *uxodil* na naberežnuju Nevy, brodil po nej ...
         'After the fatiguing sitting in classes at the copying of the plaster Zeuses and
         Aphrodites, Kiprenskij would go to the bank of the Neva, wander along it
         ...'

There is a similar situation in the following example, where the second sentence explains the choice of the prefix *u*- by describing the preceding experience in Moscow :

(52)   V 1886 godu Levitan vpervye *uexal* iz Moskvy na jug, v Krym. V Moskve
         on vsju zimu pisal dekoracii dlja opernogo teatra i èta rabota ne prošla dlja
         nego bessledno. (PI)
         'In 1886 Levitan for the first time left Moscow for the south, the Crimea. In
         Moscow all winter long he had been painting stage decorations for the
         Opera and this work had left its mark on him.'

Unlike (52), the narrator in (53) chooses to keep the focus on the Figure rather than on the separation with the Source, even though the separation also takes place, and the Source and the Goal are the same as in (52), Moscow and the south :

(53)   — Možet byt', tebe sleduet *poexat'* na sudostroitel'nyj k N. T. Ivlevu ?
         Posmotriš', kak strojatsja korabli. Meždu nami govorja, vsjakie... Ponjal ?

Jakov ponjal i, polučiv ličnoe priglašenie ot glavnogo konstruktora [Ivleva], *poexal* na jug. Tak šef–vospitatel' iz"jal podšefnogo iz kompanii « nedovospitannyx » družkov. (EJa)
' "Maybe you should go to the shipbuilding factory to Ivlev. You'll see how the ships are built. Striclty between us, all kinds of ships... Got it ?"
Jakov got it and after receiving a personal invitation from the engineer-in-chief [Ivlev] he went to the south. Thus the educator Big Brother removed his tutee from the company of "undereducated" fellows.'

Going back to (45)-(47), let us examine how they are different from (49)-(50). Example (47) differs from (49)-(50) by expressing the Source instead of the Goal. In (45a), there is a conflict of foci between the first clause where the focus is on the Source, and the second clause where the focus is on the Figure. According to S. Kuno's (1987 : 207) « Ban on Conflicting Empathy Foci : A single sentence cannot contain logical conflicts in empathy relationships ». Example (46) remedies the conflict by separating the statements with different foci and adding the transition.

Meanwhile, the prefix *vy-*, while keeping the focus on the Figure, denotes movement from a given space A (or the Source space) into the adjacent outer space B (Goal). Thus (45b) unlike (45a) represents no conflict of foci. In statements with the prefix *vy-* there may be indicated the Source space, as in (54a) (where the protagonist whose point of view is presented in this part of the story goes out of the kitchen in order not to listen to her daughter-in-law's phone conversation), the Goal space, as in (54b), or both as in (54c) :

(54) a. Anna *vyšla iz kuxni*. Podumala pri ètom : . . . (TJa)
          'Anna went out of the kitchen. Meantime she thought, . . .'

      b. Žanna vstaet, nakidyvaet na golovu teplyj platok, zažigaet fonar' i *vyxodit na ulicu* posmotret', ne stalo li spokojnee more, gorit li lampa na majake i ne vidno li lodki muža. (TBl)
          'Zhanna gets up, throws onto her head a warm shawl, turns on a flashlight and goes out into the street to see if the sea got calmer, if there is a light on top of the lighthouse, and if she could see her husband's boat.'

      c. V èto vremja kapitan korablja, otec mal'čika, *vyšel iz kajuty na palubu*. (TPr)
          'At this time the captain of the ship, the father of the boy, went out of his cabin onto the deck.'

The third prefix, *po-*, as discussed earlier and unlike *u-* and *vy-*, usually indicates not the Source but the Goal, as in (55), or the Path, as in (56) (in addition to accompanying, as noted by L. Grenoble 1991 : 257) :

(55) a. Skoro ja *poedu na Sever*. (KG)
          'Soon I will go to the North.'

b. *V masterskuju* – ona naxodilas' na Sivcevom Vražke – Kira Georgievna *pošla* peškom. (NK)
'To the studio – it was on Sivcev Vrazhek – Kira Georgievna went on foot.'

(56) a. Prošel milicioner, posmotrel na nix, ničego ne skazal i *pošel dal'še*. (NK)
'A militia man passed by, looked at them, did not say anything and went on.'

b. Ja vstal, podnjal čemodan i *pošel po allee*. (AP)
'I got up, picked up the suitcase and went along the alley.'

It is possible, however, very rarely to find examples of *po-* with the Source, as in (57), which usually means 'beginning to mindlessly move, away from the Source' :

(57)   Oleg podnjalsja i *pošel* iz kvartiry, stupaja po gazetam. (TJa)
'Oleg got up and started to go out of the apartment, stepping on newspapers.'

Statements that do not specifically mention the Goal or the Path/Direction are either imperative by nature (*pojdem! pošli!* 'let's go!') or occur when Goal/Path/Direction have been mentioned and/or are understood from the previous exchanges :

(58)   – V gorod ne *ideš'* ?
        – Mogu i *pojti*. (NK)
        ' "Aren't you going downtown ?"
        "I could go." '

Now let us go back to (38). L. Grenoble (1991 : 259) indicated that the oddness of *? ja pojdu sjuda v 7 časov* 'I'll go here at 7' is due to the conflicting deictic centers. It would probably be better to speak of conflicting viewpoints : if the viewpoint is at the Source, then the VOM is *pojdu* 'I'll go' and the Goal can only be viewed as distant *tuda* 'there'. On the other hand, if the viewpoint is at the Goal, the VOM would be *pridu* 'I'll come' and the Goal is *sjuda* 'here'. A similar contradiction is seen in (38). Besides, in order to convey Grenoble's meaning of specifying « the moment of setting out » we need not only to substitute a *po-* verb with a *vy-* verb, but also replace *sjuda* 'here', since the *vy-* verbs can indicate either the Source or the adjacent space :

(38')   Ja ponimaju, čto zavtra [ty] prideš' sjuda v sem' časov, no mne nado znat', kogda ty *vyjdeš' iz doma* ? V šest' ?
'I understand that tomorrow you will come here at 7 o'clock, but I need to know when you will leave home ? At six ?'

In addition, as we have seen in the case of (17a), *idti* with the prefix *po-* and the clock time means arrival time, not departure time. In order to express the meaning of setting out, as it was intended in (17a), one would have to use the prefix *vy-* :

(17') a.   Ja *vyjdu* v 7 časov i [srazu] *pojdu* tuda.
           'I'll set out at 7 o'clock and [right away] will go there.'

This is exactly what we find in the following literary examples :

(59) a.   Oni *vyšli* iz doma i kuda-to *poexali*. (TG)
          'They went out of the apartment building and went somewhere.'

     b.   Ulof Svensson *vyšel* iz doma *okolo semi utra*. (EC)
          'Ulof Svensson went out of the apartment around 7 am.'

     c.   Kakoe udovol'stvie exat' na rassvete po pustoj Moskve. On nikogda ne *vyezžal tak rano*. (TG)
          'What a pleasure to drive at dawn in empty Moscow. He never got out so early.'

I would like to add parenthetically that the points of focus that have been discussed could be of use for literary analysis. For example, in Kazakov's « Goluboe i zelenoe », we find a number of examples with the prefix *u-* where a verb without a prefix could have been used :

(60) a.   – Pojdu pokurju, – govorju ja otryvisto i nebrežno i *uxožu* [rather than *idu*] v kuritel'nuju. (KG)
          '"I'll go have a smoke," I say in an abrupt and careless manner and leave for [rather than 'go to'] the smoking room.'

     b.   A čerez nedelju my s mater'ju *uezžaem* [rather than *edem*] na Sever. (KG)
          'And in a week my mother and I leave for [rather than 'go to'] the North.'

What is interesting here is that the protagonist's focus is on what or who is left behind – in both cases it is his girlfriend Lilja – and not on himself, as in (55a), which takes place later, after Lilja got married and moved to the North with her husband.

3. *ot$_1$-* vs. *ot$_2$-* : Semantics, Focus, and Deixis

L. Ferm (1990 : 39), who in many cases indicated homonymy of prefixes (she has *za$_1$-* and *za$_2$-*, and *na$_1$-* and *na$_2$-*), did treat *ot-* as a single prefix, although she acknowledged that « two verbs of motion – *otvezti* ['take by vehicle'] and *otnesti* ['carry'] – almost are not used in the meaning of 'move away at a certain distance', only meaning 'to deliver something or someone somewhere' ». Elsewhere (Ferm 1990 : 86), she listed four verbs that signify delivery : *otvesti* 'take on foot', *otvezti* 'take by vehicle', *otnesti* 'carry over' and *otognat'*, which she described as 'to deliver someplace by chasing'. In fact this last verb does not mean delivery even if the Goal is mentioned (barring agricultural terminology, according to MAS).

I believe a division into ot_1- (away) and ot_2- (delivery) is warranted, despite the fact that they are in complementary distribution (with the exception of *otvesti* which allows both possibilities : ot_2vesti *(rebenka) v školu* 'take the child to school' indicates delivery while ot_1vesti *v storonu* 'take aside' indicates the distance taken ; MAS gives also a marginal example of ot_1nesti which does not seem convincing).

The prefix ot_2- on the one hand correlates with other « departure » prefixes, *po-*, *u-* and *vy-*, since semantically they are all linked to the Source or the beginning of the movement. On the other hand, ot_2- also correlates with *pri-* since semantically they both mean 'delivery'.

(61) a. *Vynesi* (* unesi), požalujsta, musor.
          'Please take the trash out.'

      b. Xozjain zverinca xotel *unesti* mertvuju sobačku, no lev nikogo ne podpuskal k nej. (TL)
          'The owner of the menagerie wanted to take away the dead dog, but the lion would not let anyone get to it.'

      c. Odnaždy kakaja–to sin'ora poručila emu *otnesti* v podarok podruge ee korzinu jablok svoego sada. (GP)
          'Once some signora asked him to take a basket of apples from her own garden to her girlfriend as a gift.'

      d. Posle ètogo *otveli* Žilina i Kostylina v saraj. *Prinesli* im tuda solomy, vody v kuvšine i xleba. (TK)
          'After this Zhilin and Kostylin were taken to the barn. They were brought some straw, water in a pitcher and some bread.'

Thus ot_2- has the point of destination as its focus while representing either the deictic position or the viewpoint of the speaker at the Source. In other words, while the Goal is expressed, the Source is understood. In the case of *pri-*, not only does it express either the deictic position or the viewpoint of the person at the Goal, but also the Source is irrelevant. In (61c) the signora said to Pepe statement (62) while the Figure in question (apples) were in her possession :

(62)   *Otnesi* podruge korzinu jablok.
        'Take to my girlfriend a basket of apples.'

If it were her girlfriend speaking, she would have asked (63) :

(63)   *Prinesi* mne ot podrugi korzinu jablok.
        'Bring me from my girlfriend a basket of apples.'

If Pepe were asking the signora as to what to bring to the person he was
about to visit, she would have said (64), provided these are not the same
apples as in (62), that is the signora is not their Source :

(64)   *Prinesi* podruge korzinu jablok.
         'Bring to my girlfriend a basket of apples.'

4. Conclusion

This article has reexamined the notion of deixis as presented by C. Fillmore
and G. Radden and has established that for English *come,* as well as for Russian verbs with the prefix *pri-*, the Figure arrives at the location where the
other participant is present at reference time, unless the Goal place represents
an obligation for the Figure.

Russian verbs with the prefix *po-*, notably *pojti* 'go', do not mean 'setting out'. While the *po-* VOM focus on the Figure and/or on the Source and
represent the viewpoint of the Source, in isolated statements they encompass
the Source-Goal motion. Consequently, the time specified in a construction
with *pojti* does not designate the departure time, but rather the arrival time.
Verbs with the prefix *vy-* denote the moment of departure.

The prefixes *vy-, po-*, and *u-*, while all denoting the Figure's beginning
the motion, have different focus. *Po-* VOM require explicit mention either of
the Goal or of the Path/direction, while *vy-* VOM indicate the initial moment
of motion with the focus on crossing the border from the Source to the adjacent space ; *u-* VOM focus on the absence of the Figure from the Source. In
narratives, a sequence of utterances with VOM has to adhere to Kuno's Ban
on Conflicting Foci.

The transitive verbs *nesti* 'carry', *vezti* 'drive', and *vesti* 'lead' with the
prefix *ot-* always mean delivery to a designated destination which must be
specified, hence the distinction of ot_1- (movement away from Source) and
ot_2- (delivery to the Goal).

Sources and Abbreviations

AP — V. Aksenov. Peremena obraza žizni
EC — Jan Èkstrëm. Cvety dlja Rozy (translation of : Jan Ekström. Blommor
    till Rose)
EJa — Mix., Èr. Èdel'. Ja uže privyk komandovat'
GP — M. Gor'kij. Pepe
KG — Ju. Kazakov. Goluboe i zelenoe
MAS [Malyj akademičeskij slovar'] — *Slovar' russkogo jazyka*. Ed. A. P.
    Evgen'eva. Moscow : « Russkij Jazyk » 1981-1984.
NK — V. Nekrasov. Kira Georgievna

PI — K. Pauskovskij. Isaak Levitan
Šč — G. Ščerbakova. Mandarinovyj god
TB — V. Tokareva. Budet drugoe leto
TBl — L.N. Tolstoj. Bednye ljudi
TD — V. Tokareva. Dlinnyj den'
TG — V. Tokareva. Gruda kamnej golubyx
TJa — V. Tokareva. Ja est'. Ty est'. On est'
TK — L.N. Tolstoj. Kavkazskij plennik
TL — L.N. Tolstoj. Lev i sobačka
TO — V. Tokareva. O tom, čego ne bylo
TP — L.N. Tolstoj. Požar
TPr — L.N. Tolstoj. Pryžok

References

Apresjan, Ju. D. (1974). *Leksičeskaja semantika*, Moscow : Nauka.
DeLancey, S. (1982). Aspect, Transitivity, and Viewpoint, in : P. J. Hopper, (ed.), *Tense-Aspect : Between Semantics and Pragmatics*, Containing the Contributions to a Symposium on Tense and Aspect, held at UCLA, May 1979, Amsterdam ; Philadelphia : John Benjamins, 167-183.
Dmitrieva, N. V. (1990). Vozmožnosti modifikacii russkix glagolov pere-meščenija po parametru « napravlenie », *Vestnik Moskovskogo univer-siteta*, serija 9, filologija 3 : 48-57.
Ferm, L. (1990). *Vyraženie napravlenija pri pristavočnyx glagolax pere-meščenija v sovremennom russkom jazyke. K voprosu prefiksal'no-pre-dložnogo determinizma*, Uppsala : Studia Slavica Upsaliensia 27.
Fradkin, R. (1991). Driving Miss Deixis, Paper presented at the AATSEEL Convention.
Fillmore, C. J. (1975). *Santa Cruz Lectures on Deixis 1971*. Bloomington, Indiana : Indiana University Linguistics Club.
Fillmore, C. J. (1997). *Lectures on Deixis*, Stanford, California : CSLI Publications.
Genette, G. (1972). *Figures III*, Paris : Éditions du Seuil.
Grenoble, L. (1991). Deixis, Point of View, and the Prefixes *po-* and *pri-* in Russian, *Die Welt der Slawen* 36.1 : 254-270.
Gundel, J. K. (1999). On different kind of focus, in : P. Bosch ; R. van der Sandt, (eds), *Focus*, Cambridge : Cambridge University Press, 293-305.
Johnson, M. (1987). The body in the mind. Ms.
Lakoff, G. (1987). *Women, fire, and dangerous things. What categories reveal about the mind*, Chicago ; London : University of Chicago Press.
Kuno, S. ; Kaburaki, E. (1977). Empathy and Syntax, *Linguistic Inquiry* 8.4 : 627-672.

Kuno, S. (1987). *Functional Syntax : Anaphora, Discourse and Empathy*, Chicago : University of Chicago Press.

Radden, G. (1988). The Concept of Motion, in : W. Hüllen ; R. Schulze, (eds), *Understanding the Lexicon : Meaning, Sense and World Knowledge in Lexical Semantics*, Tübingen : Max Niemeyer Verlag, 380-394.

Schlyter, S. (1979). Point of Observation and Time Indications with Movement Verbs, in : T. Pettersson, (ed.), *Aspectology*. Stockholm : Almquist & Wiksell International, 111-126.

Talmy, L. (1975). Semantics and Syntax of Motion, in : J. Kimball, (ed.), *Semantics and Syntax 4*, New York : Academic Press, 181-238.

Taylor, K. A. (1988). We've got you coming and going, *Linguistics and Philosophy* 11 : 493-513.

Titelbaum, O. A. (1990). Prefixed Russian Verbs of Transposition, *Russian Linguistics* 14.1 : 37-46.

Zaitseva, V. (1994). The Metaphoric Nature of Coding : Toward a Theory of Utterance, *Journal of Pragmatics* 22 : 103-126.

Les compléments de localisation temporelle sans préposition : le cas des noms d'unités

Laurence JOSÉ
Université Marc Bloch – Strasbourg 2

1. Préambule

Nous étudierons ici les compléments de temps contenant des noms d'unités [1] comme *an, mois, semaine...* servant à localiser le procès dénoté par le prédicat. Cette réflexion se fonde sur le fait, qu'en français, il n'y a pas de corrélation biunivoque entre la notion sémantique de complément de localisation et sa réalisation syntaxique : on pourra dire *il est venu l'an dernier* et/ou *il est venu en 1998*. C'est par conséquent l'observation d'une différence formelle qui servira de point de départ à notre analyse : nous comparerons la structure *préposition + SN* à la structure *Ø + SN* [2].

Plusieurs questions serviront de fil conducteur à notre analyse :

– Comment se fait-il que seuls certains SN puissent jouer le rôle de repère sans marque segmentale ?

– Deuxième question, corollaire à la première, n'existe-t-il pas d'autres marques que les marques segmentales ? Autrement dit, d'un point de vue heuristique, ne faut-il pas partir de là où il n'y a rien pour déterminer les spécificités des SN aptes à construire un repère et, le cas échéant, préciser le rôle de la préposition ?

Notre but sera de montrer que l'apparition de la construction directe n'est pas aléatoire mais qu'elle est régulée par des paramètres précis qu'il s'agit de mettre en évidence. Pour ce faire, nous procéderons en trois parties :

– dans un premier temps, nous montrerons qu'une analyse sémantique préalable du N est nécessaire ;

– dans un deuxième temps, nous analyserons ces structures de plus près et nous verrons qu'une partie d'entre elles semblent privilégier l'apparition

---

[1] Pour une analyse détaillée du lexique des N de temps, on consultera Berthonneau (1989, 1990).

[2] La construction des N de temps a été largement étudiée par A.-M. Berthonneau dans ses travaux portant sur les compléments temporels (cf. 1989, 1990, 1991, 1993). Notre propos est ici de nous interroger plus spécifiquement sur le statut syntaxique des SN à fonction adverbiale et de mettre en exergue les critères présidant à leur apparition.

© *Cahiers Chronos* 10 (2002) 119-131.

du tour sans préposition et autorisent ainsi la formulation de certaines hypothèses ;

– cette constatation nous permettra, dans une troisième et dernière partie, de nous interroger sur les critères ainsi déterminés afin de souligner que l'apparition du tour étudié semble être contrainte par des paramètres multiples et que ces structures posent le problème général de la référence temporelle.

Notre analyse aura pour but de tester l'hypothèse suivante : la relation entre le prédicat et le complément ne peut-elle être marquée par du non-segmental ? L'absence de réalisation formelle n'est-elle pas le signe qu'autre chose marque le rapport de dépendance entre le complément et le prédicat ?

2. Le sens, critère pertinent ?
2.1. Introduction

L'étude des compléments dont la fonction est de localiser le procès dénoté par le prédicat revient à considérer, sur le plan formel, deux types de structures : prépositionnelle et non prépositionnelle. Voyons dans un premier temps quel critère permet d'effectuer un premier tri parmi ces compléments. Pour ce faire, il nous semble légitime d'aborder cette étude en nous concentrant sur le noyau de la structure, à savoir le N.

2.2. Autonomie syntaxique

Un survol rapide des différents compléments de localisation temporelle oblige, en effet, à prendre en considération le sens des N en jeu. Pour étayer cette constatation, considérons les exemples suivants :

(1) a. Les deux jeunes gens se sont rencontrés pendant / au cours de + la guerre / la réunion.

     b. Les deux jeunes gens se sont rencontrés + * la guerre / * la réunion.

     c. Les gens vont fleurir les tombes + à la Toussaint / * la Toussaint.

Un N d'événement comme *la guerre / la réunion* peut tout à fait, lorsqu'il est inscrit dans un SPrép, référer à un segment temporel apte à repérer un procès. Les N de ce type sont très nombreux en français ; pour résumer, on peut dire que ces N sont des N auxquels on peut affecter le trait de durée (ex. voyage, réunion, vacances...). Toutefois, ces N sont contraints du point de vue de la forme du complément puisque la structure directe est exclue (cf. 1b). Ces exemples peuvent être mis en contraste avec l'exemple (2a) comportant un complément de temps sans préposition dont le noyau est un N tel que *an, mois*. Ceux-ci ont un signifié intrinsèquement temporel, ils renvoient à une division temporelle :

(2)   a.   Paul est venu me voir + l'an dernier / le mois dernier / la semaine dernière.

L'absence de préposition est impossible pour le SN *la réunion* et/ou *la guerre* : *pendant / au cours de* sont ici obligatoires pour indiquer la fonction du complément. On notera que selon la préposition utilisée, le mode de donation du référent n'est pas le même [3]. D'après ces phrases, on peut conclure que ces SN ne suffisent pas pour construire un repère apte à localiser le procès. L'exemple (1c) montre que, même si le N dénote un événement datable sur l'axe chronologique comme *la Toussaint*, le recours à la préposition est indispensable pour garantir la grammaticalité de la structure. Pour ces N, la préposition incolore [4] *à* suffit toutefois pour instaurer le lien entre le complément et le prédicat. Pour les N comme *réunion / guerre*, on préfère une préposition colorée du type *pendant* (préposition exclusivement temporelle) pour construire un repère temporel. La préposition *à* n'est sans doute pas exclue pour les N d'événement ; toutefois l'interprétation temporelle du SN est alors plus étroitement dépendante du prédicat choisi.

A la lumière de ces considérations, il semble donc que le critère sémantique soit pertinent et qu'il soit possible de corréler le sens des unités lexicales en jeu à la forme syntaxique du complément. On peut dès à présent formuler l'hypothèse suivante : pour qu'un SN puisse à lui seul référer à un repère, il faut que son N noyau dénote une notion temporelle ou encore que son trait sémantique principal soit temporel. Les N comme *guerre* ou *réunion* contreviennent à ce critère : ils dénotent certes des événements avec un début et une fin et par conséquent une notion de durée, mais ce trait sémantique n'est pas central. Cette constatation est révélatrice du fait que le sens des unités nominales en jeu a une incidence directe sur la forme du complément. Pour ce qui est des compléments de localisation temporelle sans préposition, il est nécessaire de distinguer, parmi les N dont le signifié comprend un sème de durée, les N qui désignent des divisions temporelles. Cette considération purement sémantique nous autorise à rapprocher ces N d'autres N au marquage syntaxique tout aussi caractéristique (cf. 2b et 2c) :

(2)   b.   Paul habite rue de la Douane.

      c.   Paul va rue de la Douane.

---

[3]   Ces prépositions mériteraient chacune une étude plus fine, étude dont nous nous abstiendrons ici.

[4]   Pour plus de détails sur le classement des prépositions, on se reportera à Cadiot (1997) et Vandeloise (1993).

Ainsi, dans (2b) et (2c), l'emploi du N *rue*[5] permet-il de construire un SN dont la fonction est de localiser le procès dénoté par le prédicat : on parle de complément à sens locatif (2b) et à sens illiatif (2c). Les compléments de localisation spatiale font d'ailleurs partie de ces compléments spécifiques pouvant se passer de la préposition et dont l'existence même est signalée dans de nombreuses grammaires, même si elle l'est moins fréquemment que celle des compléments de temps sans préposition. Pour ces structures, le seul N suffit à configurer le référent puisque même le déterminant est omis. Une remarque s'impose toutefois pour ces constructions : ici, il est tout à fait possible de restituer la préposition, c'est-à-dire d'exprimer la marque de la relation (on pourrait paraphraser les exemples (2b) et (2c) par *il habite / va dans la rue X*) alors que, pour les compléments comme *il viendra mardi*, il est impossible de préciser quel indicateur de fonction a été omis.

Après ces premiers exemples, la piste lexicale semble fort séduisante dans la mesure où elle nous permet de déterminer une sous-catégorie de N parmi les N constituant le noyau d'un localisateur temporel. Toutefois, une analyse plus fine en révèle très vite les limites. On constate en effet que le sens est certes un critère pertinent mais pas suffisant comme l'illustrent les exemples (3) :

(3) a. Paul a passé son bac + l'an dernier / le mois dernier.

     b. Paul a passé son bac + en 1998 / au mois de janvier.

Ainsi, si *l'an dernier* et *en 1998* d'une part, et *le mois dernier* et *au mois de janvier* d'autre part, peuvent être coréférents, la construction syntaxique n'est néanmoins pas la même. Une analyse strictement sémantique ne permet pas de différencier ces compléments : ils réfèrent à une division temporelle et pourtant le marquage syntaxique est hétérogène. Il s'agit par conséquent de déceler des paramètres plus fins régulant l'apparition de la construction directe.

3. Analyse différentielle

A ce stade de notre étude, une analyse de type distributionnel semble tout à fait indiquée pour effectuer une mise en regard des deux constructions et mettre au jour leurs caractéristiques.

3.1. Marque zéro *vs* préposition ?

Deux méthodes d'analyse sont possibles pour appréhender ce genre de structures :

---
[5]   Pour l'analyse de cette structure, voir Barbéris (1997).

- soit on part de la structure prépositionnelle et on explique pourquoi dans certains cas la préposition peut être omise,

- soit on part de là où il n'y a pas de marque et on explique dans quelle mesure la préposition permet de reclasser son régime en tant que repère.

Opter pour la première solution entraîne un certain nombre de problèmes. En effet, si l'on considère la construction prépositionnelle et qu'on l'oppose à la construction directe, un raisonnement en termes de marque zéro est très tentant : la construction prépositionnelle étant la construction « normale », poser une marque zéro pour le cas où la dépendance syntaxique ne se traduit pas par une manifestation formelle permet de garantir une régularité dans l'analyse. D'un point de vue épistémologique, cette solution ne nous semble pas très heureuse. L'introduction d'une marque zéro s'accompagne en effet très vite d'une perte de contrôle vis-à-vis des propriétés à attribuer à cette marque. Cette difficulté s'accroît si l'on étend l'étude à l'ensemble des compléments de temps sans préposition. Ainsi, pour les compléments de type *quantité + N (pendant / Ø + 3 heures)*, l'alternance entre *zéro* et *pendant* indiquerait plutôt une différence de « proximité, dépendance » avec le prédicat, d'où des contraintes quant à son comportement sur l'axe syntagmatique [6]. Il n'en est rien avec les compléments de localisation temporelle. De plus, si, pour le complément de durée postposé au verbe, on peut toujours préciser quelle est la préposition manquante, le problème est bien plus épineux pour les compléments du type de *l'an dernier*, pour lesquels expliciter la préposition manquante est bien plus problématique. Afin d'éviter ce genre d'écueils, nous préférons opter pour la seconde solution, c'est-à-dire partir de là où il n'y a rien pour définir les propriétés de ces structures et, le cas échéant, déterminer dans quelle mesure la préposition permet de reclasser son régime.

3.2. Mode de repérage

Intéressons-nous donc de plus près à la structure même des SN en jeu et voyons ce qui permet d'instaurer une relation de dépendance entre le complément et le prédicat en l'absence de marque segmentale.

---

[6] Le complément sans préposition présente, entre autres, des difficultés à s'antéposer à gauche. Ainsi, aura-t-on *Il a travaillé Ø / pendant trois heures* mais *Pendant trois heures, il a travaillé* vs **Trois heures, il a travaillé*. Cette dernière phrase est possible uniquement dans le cas d'une interprétation rhématique, avec une intonation focalisante. Pour plus de détails, on se reportera aux travaux d'A.-M. Berthonneau (1989, 1991), A. Borillo (1984) et C. Vet (1980).

Pour ce faire, considérons le comportement syntaxique de quelques N d'unités comme *an, mois, semaine...* lorsqu'ils sont inscrits dans une structure du type *article + N + adj. déictique / anaphorique* (comme *dernier / précédent*), c'est-à-dire des structures impliquant de manière explicite un calcul interprétatif à partir d'un point de repère (soit T_o, soit localisé dans le cotexte). La question posée est la suivante : peut-on corréler interprétation nécessitant un parcours cognitif et absence de préposition ? Les exemples (4a) et (4b) nous incitent à répondre de façon affirmative à cette question.

(4)   a.   En 1998, Paul a trouvé du travail. Il avait passé son permis de conduire l'année précédente.

      b.   Le mois dernier / le mois précédent / le mois prochain / le mois suivant

Les structures mettant en jeu les N *an / mois* répondent en effet positivement à notre analyse : ces N, inscrits dans une structure de type *article + N + adj. déictique / anaphorique*, c'est-à-dire dans une structure obligeant explicitement à un parcours à partir d'un point de repère, autorisent l'apparition du tour direct. En revanche, dès que l'on réfère à un segment temporel localisable sur l'axe du temps du type *1998 / le mois de mars*, la structure prépositionnelle s'impose :

(4)   c.   En mars / au mois de mars.

On notera que le millésime et le N de mois précédés de la préposition *en* fonctionnent sans déterminant : cette particularité syntaxique fait dire à certains que ces N fonctionnent comme des noms propres. Le calcul interprétatif à partir d'un point de repère localisé par rapport à l'énonciateur ou dans le cotexte permettrait donc de se passer de relateur, de « raccrocher » le complément au reste de l'énoncé. Est-ce à dire que *dernier / prochain* et *précédent / suivant* contiennent quelque chose de l'ordre de la préposition ? On pourrait répondre par l'affirmative si ces unités n'étaient jamais compatibles avec la préposition. Poursuivons donc notre investigation pour tester cette hypothèse [7].

La multiplication des exemples nous oblige toutefois à nuancer quelque peu notre critère, les structures syntaxiques étant très variables selon le N utilisé ou plutôt selon la durée qu'il dénote. Si le N *semaine* ne semble pas contrevenir aux observations formulées précédemment (cf. 4d) :

(4)   d.   La semaine dernière / prochaine / précédente / suivante

---

[7]   Notons au passage qu'*an* dispose d'un équivalent duratif *année* : l'emploi de l'un ou l'autre entraîne des particularités syntaxiques assez remarquables dont nous ne parlerons pas ici (voir entre autres Berthonneau 1989 : 428).

les problèmes se révèlent bien plus pointus dès que l'on s'intéresse aux entités temporelles constitutives de la durée « semaine ». En effet, l'étude de l'unité *jour* révèle que l'apparition de la construction directe dépend de multiples paramètres.

4. Structure directe, structure « multiparamétrée »
4.1. *Jour*, unité de temps prototypique ?

Le N *jour* est le N qui autorise sans doute le plus de variations en ce qui concerne la structure syntaxique du complément dans lequel il s'inscrit. Soit l'exemple (5) :

(5)   Max est arrivé en France + aujourd'hui / le jour précédent / le jour suivant.

L'unité *jour*, inscrite dans une structure obligeant à un calcul interprétatif, est apte à construire un complément sans préposition. Elle se distingue des N considérés jusqu'ici dans la mesure où l'on dispose en français de lexicalisations pour référer à un jour identifié par rapport au moi-ici-maintenant. Sans doute cette particularité syntaxique mériterait-elle, là encore, une étude plus fine. Elle est en tout cas révélatrice du fait que l'examen du tour étudié oblige à prendre divers paramètres en considération. Les phrases suivantes vont dans le même sens. Si l'on renvoie à un jour spécifique, celui-ci peut être localisé à l'intérieur d'une semaine ou d'un mois. Dans les deux cas, contrairement aux N de mois, c'est la construction directe qui est utilisée :

(6)   a.   Max est arrivé en France lundi / lundi dernier / le 3 juin / le 3 juin dernier.
         b.   Max arrivera en France lundi / lundi prochain / le 3 juin / le 3 juin prochain.

Le recours à un N de jour de semaine ou de mois entraîne la construction sans préposition ; pour le N de jour de semaine, même le déterminant est omis : le N *lundi*, sans le déictique, permet de renvoyer à un référent temporel localisé de manière antérieure (6a) ou postérieure (6b) par rapport à T_0. Le seul signifié suffit pour configurer le référent. L'apport sémantique est donc minimal, l'information provenant uniquement du nom. Une échappatoire pour préserver notre analyse serait de dire que cette construction implique une interprétation déictique, cette structure étant alors un bon argument pour souligner la corrélation entre le repérage déictique et l'absence, sur le plan formel, de marque syntaxique. Le recours à un déterminant (cf. 6c) impose une configuration différente et, dès lors, le SN peut se prêter à une interprétation générique (lundi opposé aux autres jours de la semaine) :

(6)   c.   Max ne travaille que le lundi.

Cette interprétation est possible du fait que ce N dénote un espace de temps discernable et récurrent dans le temps.

Là réside sans doute une des clés de l'énigme. Les N de jours de semaine, étant donné leur sémantisme même, renvoient à des unités récurrentes certes, mais surtout discernables les unes des autres à l'intérieur du cadre semaine. Les relations contrastives entre ces unités rendent peut-être le référent plus facilement localisable et l'opération référentielle ne nécessite plus alors aucun autre élément linguistique (absence de déterminant et de préposition). On relèvera le fait que *le trois juin* est un complément de localisation temporelle qui peut donner lieu à un repérage déictique, anaphorique ou absolu selon le contexte. Ainsi, contrairement aux N de jours de semaine, pour lesquels l'emploi absolu entraîne une interprétation déictique, ici le déterminant est obligatoire et le mode de repérage est ouvert. Cette diversité de structures montre en tout cas que la localisation d'un référent temporel peut se faire par des calculs induits soit de manière explicite (présence d'un adjectif déictique / anaphorique), soit de manière implicite (au niveau du signifié du N).

Peut-on pour autant, parler d'unités prototypiques, de segments temporels caractéristiques de la manière dont nous nous situons dans le temps [8] ? Pour trancher, il sera nécessaire de se munir d'opérations linguistiques spécifiques permettant de justifier notre réponse. Ce que l'on peut dire c'est que *jour* (unité de vingt-quatre heures) est une unité pour laquelle l'identification du référent peut impliquer non seulement T_o, ou un point de repère anaphorique, mais également des relations contrastives à l'intérieur d'un cadre donné (soit à l'intérieur d'une semaine, soit à l'intérieur d'un mois). Ce double repérage confère peut-être au segment temporel de 24 h une plus grande saillance en tant que repère. En cela, on peut l'opposer aux mois, pour lesquels la localisation d'un mois spécifique ne se fait que dans le cadre-année (on parle des mois de l'année mais difficilement des mois d'un siècle). Peut-être est-ce le regroupement de ces deux paramètres qui nous permettra de mieux appréhender l'apparition de la construction directe.

L'analyse des constructions syntaxiques servant à désigner un segment de 24 heures nous a amenée à nuancer notre raisonnement. Le mode de repérage doit certes être pris en compte, mais il ne doit pas être réduit à la considération d'une structure comme *dét. + N + déictique / anaphorique*. Il faut également tenir compte des propriétés internes du référent du SN, celles-ci pouvant permettre une localisation du référent temporel en induisant des oppositions contrastives. Pour s'en persuader, considérons, pour finir, les N *heure / siècle* qui soulignent la nécessité de lier le marquage du complément à notre façon de nous situer dans le temps.

---

[8]   D'après M.-L. Honeste (1997 : 164), « l'absence de préposition correspondrait à un haut degré de typicalité, le centre du prototype se situant au niveau jour ».

4.2. Syntaxe et référence temporelle

L'analyse du N *heure* montre que celui-ci présente des difficultés à s'inscrire dans une structure déictique du type *article + N + adj. déictique* (cf. (7a) et (7b)).

(7) a. Je sortirai + ? l'heure prochaine.

b. Je suis sortie + ? l'heure dernière.

c. Je sortirai à deux heures / deux heures.

De plus, lorsqu'on réfère à une heure précise sur l'axe du temps, on est obligé de recourir à la structure prépositionnelle. Dans (7c), la structure non prépositionnelle n'entraîne pas l'agrammaticalité de la phrase du fait que le verbe *sortir* est un verbe télique qui permet l'interprétation de l'aspect résultatif. La forme non prépositionnelle renvoie à un complément duratif dénotant la durée de l'absence. Afin de préserver la continuité de notre analyse, une échappatoire serait de dire que ce N ne peut se trouver dans un complément sans préposition du fait de sa réticence à s'inscrire dans une structure déictique. A première vue, ce N ne contrevient donc pas à notre analyse antérieure. En fait, qu'est-ce que cela veut dire ? L'impossibilité d'avoir une structure déictique signifie qu'on ne peut identifier le moi-ici-maintenant à l'intérieur d'une heure pour effectuer un calcul interprétatif. On aurait donc du mal, d'un point de vue référentiel, à considérer cette unité comme un espace de temps. Et en effet, on se rend compte qu'il est assez difficile de désigner l'heure incluant le moi-ici-maintenant du locuteur (on dira difficilement *cette heure-ci*). Cette hypothèse semble corroborée par l'analyse de la structure absolue : *à deux heures* ne réfère pas à un intervalle mais plutôt à un point temporel. Cette interprétation se vérifie sur le plan pragmatique puisque, lorsqu'on dit *à deux heures*, on entend par là « aux environs de deux heures » et non l'espace de temps compris entre 2 heures 0 minutes et 2h 59 minutes (si quelqu'un arrive à deux heures trente, on ne pourra dire « il est arrivé à deux heures » [9]). De ce point de vue, ce N s'oppose aux N comme *an* ou *mois* qui, même en structure absolue, renvoient à des espaces de temps : *il est arrivé en France au mois de mars* signifie que le procès télique se situe entre le 1er et le 31 mars. En fait, la seule façon de se projeter dans le passé ou l'avenir grâce aux heures est de recourir à la préposition *dans* ou à la locution *il y a* :

(7) d. Il est venu il y a une heure.

e. Il viendra dans une heure.

---

[9] Voir Renaud (1996) pour plus de détails concernant la formalisation des inférences dues à ce N.

On effectue alors un calcul de moins / plus X heures par rapport à T_0 sans pour cela identifier l'heure en cours au moment où l'on parle. On mesure alors plutôt la durée entre T_0 et l'événement en question sans référer à une heure spécifique. Il semblerait toutefois que le N *heure* soit plus facilement acceptable dans une structure anaphorique :

(7)   f.   ? l'heure précédente / suivante

la mention préalable d'un point de repère dans le cotexte fournissant alors la possibilité d'effectuer un calcul interprétatif et donc d'identifier le référent par rapport à un repère. L'accessibilité du point de repère est donc cruciale. T_0 ne pouvant être localisé dans une heure, le calcul interprétatif est bloqué. Il faudra sans doute distinguer les deux modes de repérage à l'avenir pour distinguer plus clairement les cas où le N permet d'effectuer des calculs visant à identifier un repère.

Toutefois, même si le N en jeu est compatible avec une structure déictique, cela ne suffit pas toujours à garantir la construction directe, comme le prouvent les exemples suivants :

(8)   a.   Victor Hugo est né au XIXe siècle.
       b.   Victor Hugo est né au siècle dernier / * le siècle dernier.
       c.   ? Les hommes pourront peut-être aller sur Mars au siècle prochain / * le siècle prochain.

Si le N *siècle* s'inscrit sans problème dans une structure déictique, il n'en exige pas moins la préposition *à*. La possibilité de combiner un N avec une structure déictique ne saurait par conséquent garantir l'apparition de la construction directe. Si les adjectifs *dernier* et *prochain* étaient toujours incompatibles avec la préposition, on aurait pu conclure qu'ils contiennent quelque chose de l'ordre de la préposition. Or, le comportement syntaxique de *siècle* semble infirmer cette conclusion. *Dernier / prochain* et *suivant / précédent* suffisent donc à certains SN pour construire un repère sans recourir à la préposition, mais pas à d'autres. Le N *siècle* exige un opérateur supplémentaire (la préposition) pour construire un repère. Là encore, le recours à T_0 permet de relever quelques particularités : le siècle en cours ne se laisse pas désigner au moyen de l'indexical (on dira difficilement *ce siècle-ci*). Ce N, bien que dénotant un espace de temps et ce, même en structure absolue, exige la préposition (*Il est né au XIXe siècle* signifie que l'occurrence du procès *naître* se situe entre l'an 1801 et l'an 1900). L'acceptabilité de la phrase (8c) pose problème même avec le complément prépositionnel. Peut-être cela s'explique-t-il par le fait que cette construction est relativement peu employée. Pour (8b), on notera que le détachement à gauche [10] du complément non prépositionnel *le siècle dernier* tempère l'inacceptabilité de la construction.

(8)   d. ?? Le siècle dernier, Victor Hugo est né.

Le fait de placer le SN en tête de phrase permet de le poser explicitement comme repère par rapport aux autres siècles. Cette particularité souligne, encore une fois, la nécessité de lier l'interprétation contrastive à l'absence de marque segmentale, l'interprétation contrastive pouvant être due aux propriétés internes du SN et/ou à l'ordre des mots.

La confrontation des N *heure* et *siècle* souligne que l'apparition de la construction directe est régulée par différents paramètres : se contenter d'un paramètre lié au mode de repérage impliqué par la structure du SN ne suffit pas. Celui-ci doit être corrélé à d'autres facteurs tels que le sens des unités et notre façon de découper le temps (existence d'une lexicalisation pour désigner le segment temporel en question...). Il s'agit donc de prendre en compte ces divers facteurs et de déterminer dans quelle mesure ils se complètent, interagissent ou s'excluent mutuellement.

5. En guise de conclusion

Au terme de ce tour d'horizon forcément sélectif des compléments de localisation temporelle sans préposition, une conclusion s'impose : pour déceler les particularités syntaxico-sémantiques de cette tournure, il est indispensable de mettre en place des critères régulant l'apparition de telle ou telle forme du complément. Ce que l'on peut dire, c'est que l'absence de la préposition semble corrélée à une interprétation de type contrastif ou paradigmatisant. Celle-ci peut être induite par :

– des éléments obligeant à un calcul interprétatif explicite (ex. les structures du type *dét.+N de temps +adj. déictique / anaphorique),*

– la catégorisation et la sous-catégorisation des N de temps (ex. l'unité de *jour),*

– l'ordre des mots, celui-ci ne pouvant être réduit à un simple phénomène de permutation (il exige une étude fine et la prise en compte de propriétés comme la prosodie).

Le rôle de la préposition doit être confronté à ces différents facteurs afin de, non seulement préciser leur fonction dans l'identification d'un repère,

---

[10]   Ainsi, A-M Berthonneau (1989 : 362) note-t-elle : « [...] la thématisation peut rendre *à* moins nécessaire : ? *Le siècle dernier, la conception de la littérature a beaucoup évolué* ».

mais aussi de déterminer dans quels cas ils excluent l'élément prépositionnel et dans quels cas ils se combinent avec lui (cf. le cas du Sprép *au siècle dernier*). Les compléments de temps sans préposition sont en tout cas révélateurs du fait que les relations ne sont pas toujours marquées au niveau segmental, l'absence de marque étant le signe que d'autres choses sont en jeu : une identification du référent temporel exigeant des calculs d'ordre contrastif permet dans certains cas de « lier » le SN au prédicat. C'est pourquoi, afin d'arriver à une description prenant en compte les différents moyens qu'offre la langue pour identifier un repère, il ne faut pas considérer l'absence de marque segmentale comme une marque zéro, « les informations qu'on lui prête étant le plus souvent véhiculées par des éléments bel et bien présents » [11]. Ce choix théorique et épistémologique impose une étude à la fois lexicale, référentielle des SN en jeu mais également une définition claire et opératoire du rôle de la préposition. Si les réponses apportées ici concernant la nature exacte de cette structure doivent être précisées, cette étude aura en tout cas montré qu'une différence formelle peut toujours constituer le point de départ d'une analyse linguistique. A l'avenir, il s'agira de faire l'inventaire des critères, mais surtout de les hiérarchiser de manière à obtenir un panorama général décrivant les mécanismes à l'œuvre lors de l'apparition de tel ou tel complément.

Références

Barbéris, J.-M. (1997). « Rue X » : la grammémisation à l'œuvre dans la parole, *Faits de langues* 9 : 165-174.
Berthonneau, A.-M. (1989). *Composantes linguistiques de la référence temporelle. Les compléments de temps, du lexique à l'énoncé*, Thèse d'Etat, Paris VII.
Berthonneau, A.-M. (1990). Site anaphorique et site déictique. Etude stratigraphique des compléments de temps, in : G. Kleiber ; J.-E. Tyvaert, (éds), *L'anaphore et ses domaines*, Paris : Klincksieck, 1-50.
Berthonneau, A.-M. (1991). « Pendant » et « pour ». Variations sur la durée et donation de la référence, *Langue française* 91 : 102-124.
Berthonneau, A.-M. (1993). « Avant/après ». De l'espace au temps, *Lexique* 11 : 41-109.
Borillo, A. (1984). « Pendant » et la spécification temporelle de durée, *Cahiers de grammaire* 8 : 55-75.
Cadiot, P. (1997). *Les prépositions abstraites en français*, Paris : Armand Colin.
Cotte, P. (1991). L'adverbialisation par l'effacement et par la condensation, in : C. Guimier ; P. Larcher, (éds), *L'adverbe dans tous ses états*,

[11] Lemaréchal (1997 : 233).

Travaux linguistiques du CERLICO 4, Presses de l'Université de Rennes 2, 105-149.

Gosselin, L. (1996). *Sémantique de la temporalité en français. Un modèle calculatoire et cognitif du temps et de l'aspect*, Louvain-la-Neuve : Duculot.

Honeste, M.-L. (1997). Approche cognitive de la syntaxe des compléments de temps sans préposition en Français, *Faits de Langues* 9 : 155-164.

Kleiber, G. (1990). *L'article LE générique. La généricité sur le mode massif*, Genève : Droz.

Lemaréchal, A. (1997). *Zéro(s)*, Paris : PUF.

Renaud, F. (1996). *Sémantique du temps et lambda-calcul*, Paris : PUF.

Vandeloise, C. (1993). La couleur des prépositions, *Langages* 110 : 4-11.

Vet, C. (1980). *Temps, aspects et adverbes de temps en français contemporain*, Genève : Droz.

Le passif pronominal :
une forme complémentaire du passif périphrastique ?

Véronique LAGAE
Université de Valenciennes et du Hainaut-Cambrésis

Le français dispose de deux formes pour exprimer le passif, une forme périphrastique en *être* + participe passé (1a) et une forme pronominale (1b) :

(1) a. Ce sport est pratiqué en plein air.

  b. Ce sport se pratique en plein air.

Cette coexistence suscite évidemment de nombreuses questions quant à la raison d'être et la spécificité de ces deux formes concurrentes. Elles ne sont certainement pas équivalentes, comme il apparaîtra dans la section 1 où seront rappelées quelques propriétés distinctives du passif pronominal. On a dès lors suggéré (p. ex. Lamiroy 1993, Lyons 1982, Stéfanini 1962) que les deux formes sont complémentaires dans la mesure où le passif pronominal permettrait de suppléer aux restrictions d'emploi du passif périphrastique. Nous examinerons aux sections 2 et 3 deux hypothèses qui ont été proposées dans ce sens et il s'avérera que les complémentarités ne sont que partielles. Comme l'objectif de cette étude est avant tout d'essayer de mieux comprendre certaines caractéristiques – surtout aspectuelles – du passif pronominal, les données concernant le passif périphrastique seront reprises à la littérature existante [1].

1. Quelques propriétés du passif pronominal

De façon générale, on constate que le passif pronominal est plus contraint que le passif périphrastique [2]. En premier lieu, le passif pronominal est strictement limité aux verbes transitifs directs, contrairement au passif périphrastique qui, dans la structure impersonnelle, peut se construire aussi bien avec des verbes transitifs directs qu'avec des verbes intransitifs ou transitifs indirects (2a) :

(2) a. Il sera répondu à cette question.

  b. *Il se répond facilement à une telle question.

---

[1] Voir notamment Authier (1972), Blanche-Benveniste (1984), Carlier (2002), Desclés & Guentchéva (1993), Gaatone (1998), Skårup (1998), Vikner (1985).

[2] Cf. Lamiroy (1993), Melis (1990), Ruwet (1972), Zribi-Hertz (1982).

D'après A. Zribi-Hertz (1982 : 367-369), cette propriété est la seule qui distingue véritablement les deux formes passives. Nous avons toutefois relevé dans le vaste corpus de formes impersonnelles réuni par M. Hériau (1980) deux cas assez atypiques, comportant un verbe transitif indirect, d'une part :

(3)   Le sopha de la favorite est digne de la majesté de l'histoire ; il *s'y décida* des destinées d'un grand peuple ; (A. France *in* Hériau 1980 : 510)

et deux verbes transitifs directs en emploi absolu [3], d'autre part :

(4)   Et tout, par exemple, ne se classe pas nécessairement en littérature. Il *se déclasse*, il *se démonétise* beaucoup. (Aragon *in* Hériau 1980 : 549)

Ajoutons enfin que les locutions verbales, même celles qui acceptent le passif périphrastique [4], ne permettent pas le passif pronominal :

(5)   a.   Allusion a été faite à ce problème.

        b.   *Allusion se fait à ce problème.

En second lieu, l'expression de l'agent est exclue dans le cas du passif pronominal (6b), mais un agent indéterminé et humain est sous-entendu, qui correspond le plus souvent à *on* dans la forme active.

(6)   a.   Ce sport est pratiqué par des sportifs de haut niveau.

        b.   *Ce sport se pratique par des sportifs de haut niveau.

---

[3]   Les passifs pronominaux à la forme impersonnelle présentent toujours une séquence de l'impersonnel correspondant au sujet de la forme personnelle et au complément d'objet direct de la forme active :

        Il se construit BEAUCOUP DE NOUVEAUX IMMEUBLES dans le quartier.
        BEAUCOUP DE NOUVEAUX IMMEUBLES se construisent dans le quartier.
        On construit BEAUCOUP DE NOUVEAUX IMMEUBLES dans le quartier.

        Dans l'exemple (4) ne figure pas de séquence de l'impersonnel, car *beaucoup* doit être considéré comme un adverbe d'intensité. Comparez avec l'exemple suivant, où *beaucoup* fonctionne comme un quantificateur et constitue avec *en* la séquence de l'impersonnel :

        Disons que des logements, il s'en construit beaucoup. (ex. oral, AUV)

        Par conséquent, aucune forme personnelle pronominale passive ne peut correspondre à (4) et la forme active ne comporte pas d'objet direct :

        On déclasse, on démonétise beaucoup.

[4]   Voir à ce sujet Gaatone (1998 : 151-173).

L. Melis (1990 : 94) a néanmoins remarqué que la restriction, qui oppose explicitement un agent à tous les autres, augmente l'acceptabilité du complément d'agent :

(7)   Tout ce qui touche à l'indépendance nationale et à l'intégrité du territoire ne se décide ni à Moscou, ni à Washington, ni à Genève. Cela ne se décide à Paris que *par moi-même*. (F. Mitterrand *in* Grevisse et Goosse, 1996 : 523)

Il n'existe pas vraiment de consensus parmi les chercheurs quant à l'importance relative des trois propriétés que l'on attribue à cet agent sous-entendu. La question qui se pose plus précisément est de savoir quelle est la propriété fondamentale : son caractère agentif, indéterminé ou humain. On n'entrera pas ici dans les détails de cette discussion [5].

Enfin, le sujet du pronominal passif est le plus souvent inanimé et par conséquent de troisième personne (1b), car il est peu compatible avec les personnes de l'énonciation qui ont normalement un référent humain :

(8)   a.   Une personne bizarre est dévisagée dans la rue (par les passants).

        b.   ?*Une personne bizarre se dévisage dans la rue.

(9)   a.   Je suis poursuivie (par un détective privé).

        b.   *Je me poursuis (facilement).

Un sujet humain est toutefois possible, mais généralement avec une valeur générique (10), d'où l'emploi fréquent de la dislocation gauche au moyen de *ça* (11) :

(10)   D'autres avaient refusé d'embarquer avec un patron qui ne semblait pas avoir compris que *les hommes* ne se commandent plus comme aux temps des grandes pêches à Terre-Neuve (R. Le Taillanter)

(11)   Un policier, *ça* se découvre grâce à d'autres policiers (R. Le Taillanter)

Ces trois propriétés vont plutôt dans le sens d'une spécialisation que d'une complémentarité. En effet, tant les verbes que les sujets pouvant figurer dans une forme passive pronominale constituent un sous-ensemble des verbes et des sujets compatibles avec le passif périphrastique. En outre, l'expression de l'agent est, dans la majorité des cas, optionnelle pour la forme périphrastique et exclue pour la forme pronominale. D'autres caractéristiques opposant les deux passifs se révéleront plus pertinentes pour établir une éventuelle complémentarité.

---

[5]   Cf. Zribi-Hertz (1982 : 353-356 ; 361-365) et Melis (1985 : 115-123).

2. L'opposition occurrentiel / non occurrentiel

La première propriété sur laquelle on pourrait fonder une distribution complémentaire entre les deux formes passives est l'opposition occurrentiel / non occurrentiel. Le passif pronominal reçoit généralement une lecture dite non événementielle ou non occurrentielle : le procès est difficilement interprétable comme une occurrence unique, localisable dans le temps, d'où les nuances itérative, habituelle, générique, normative, etc. Ainsi l'exemple (12a) ne renvoie-t-il pas à une occurrence unique mais à un cycle d'occurrences, une habitude ou une norme [6].

(12) a.   Cette démarche s'effectue à 9 heures.

Le passif pronominal se combine par conséquent difficilement avec une donnée temporelle précise à valeur déictique telle que *ce matin*, comme il apparaît de l'opposition entre (12b) et (12c).

(12) b.   Cette démarche s'effectue le matin.

     c.   ?Cette démarche s'effectue ce matin.

N. Ruwet (1972 : 95-96) déduit de données analogues que le passif pronominal ne peut pas désigner « *un événement particulier localisé en un point du temps* » et il considère que cette propriété permet, avec d'autres, de distinguer les constructions pronominales passives des neutres [7] qui, elles, sont parfaitement compatibles avec des localisations temporelles précises, cf. (13b).

(13) a.   *Ces lunettes se sont nettoyées hier à huit heures et quart. (Ruwet 1972 : 95)

     b.   Cette branche s'est cassée hier à huit heures et quart. (ibid.)

Dans le même ordre d'idées, C. Lyons (1982) suggère l'existence d'une distribution complémentaire partielle entre le passif pronominal et le passif périphrastique, en se basant sur l'observation suivante : le passif périphrastique est rare dans les contextes habituels et génériques où se trouve le passif pronominal et au contraire le passif pronominal est rare dans les contextes événementiels. Comme le signale C. Lyons lui-même, la complémentarité n'est que relative, car il existe des passifs périphrastiques

---

[6]   La grande affinité du passif pronominal avec la généricité s'explique en général par la non expression de l'agent et son indétermination.

[7]   À propos des constructions pronominales neutres, voir notamment Labelle (1992), Lagae (1990), Lyons (1982), Melis (1990), Rothemberg (1974), Ruwet (1972), Zribi-Hertz (1987).

non occurrentiels, d'une part, et des passifs pronominaux occurrentiels, d'autre part [8].

Beaucoup de formes passives pronominales non occurrentielles ne peuvent effectivement pas être remplacées par leur contrepartie périphrastique :

(14)   Mais on sait ce qu'on sait, et qu'il y a des choses qui ne *se supportent* pas. (L. Guilloux)

   a.   ?Il y a des choses qui ne sont pas supportées.

(15)   Un trou noir, par définition, ne *se voit* pas puisque la lumière ne peut s'en échapper. (*La Libre Belgique*)

   a.   ?Un trou noir, par définition, n'est pas vu.

(16)   [la morphopsychologie] Ça *s'apprend* à l'université, c'est une science. (ex. oral, GARS) [9]

   a.   ?C'est appris à l'université.

D'autres exemples tel (12b) permettent toutefois cette substitution :

(12) b.   Cette démarche s'effectue le matin.

   d.   Cette démarche est effectuée le matin.

Selon A. Carlier (2002), la lecture non occurrentielle du passif périphrastique que l'on observe dans un exemple comme (12d) résulte d'un glissement de sens provoqué par l'insertion d'un verbe processif télique dans la structure passive périphrastique, qui se caractérise du point de vue aspectuel par sa valeur stative.

Il existe également des formes passives pronominales occurrentielles : A. Zribi-Hertz (1982 : 356-361) en mentionne de nombreux exemples et L. Melis (1990 : 89) va jusqu'à affirmer que tout verbe au passif pronominal peut recevoir une lecture occurrentielle si le contexte s'y prête. Face à l'exemple (13a) de N. Ruwet, il propose le suivant :

(17)   Tout est vraiment trop sale, mais le temps manque pour le moment. Si les vêtements peuvent se laver dès aujourd'hui, les bottes ne se nettoieront que demain. (Melis 1990 : 89)

Les données issues d'un corpus de 150 exemples montrent quand même une nette tendance à privilégier les contextes non occurrentiels pour le passif

---

[8]   Par la suite, Lyons (1989) a renoncé à cette hypothèse, mais pour des raisons d'ordre contrastif, à savoir une comparaison avec des faits anglais.

[9]   Les exemples portant les mentions suivantes sont issus de corpus oraux : GARS (Corpus du Groupe Aixois de Recherche en Syntaxe), AUV (Voix d'Auvergne – Tables rondes) et ORL (Etude sociolinguistique sur Orléans).

pronominal. En effet, 15% des formes relevées reçoivent une lecture occurrentielle, ce qui est à la fois peu et beaucoup, selon le point de vue que l'on adopte. En voici quelques exemples :

(18)   Les Américains Kriek et Tim Mayotte devraient logiquement se retrouver en finale du tournoi de Newport (…) qui *se disputera* à partir de lundi. (*La Libre Belgique*)

(19)   Le prix Caid *se courra*, en effet, sur mille mètres (La Libre Belgique)

(20)   (…) l'indice des prix de l'INSEE, indice sur lequel *se jugera* (…) le succès ou l'échec du gouvernement dans la lutte contre l'inflation (*Le Monde*)

La question qui se pose est de savoir dans quels cas les formes passives pronominales permettent une lecture occurrentielle. Le problème a souvent été mal posé, car beaucoup d'auteurs se basent sur des exemples comme (13a) pour rejeter la possibilité d'une lecture occurrentielle, à savoir sur des formes accomplies. Or, on constate que si les passifs pronominaux apparaissent difficilement dans un contexte occurrentiel, ils s'utilisent difficilement à l'aspect accompli également, de telle sorte que les exemples de ce type combinent deux facteurs d'inacceptabilité [10]. Comparez :

(21)   (…) parce que les points de base [du tricot] ne *se font* pas avec la pelote (…) mais ils *se font* avec une certaine quantité du bout qui va rester à la fin. (ex. oral, GARS)

a.   ?Les points de base ne se sont pas faits avec la pelote, mais ils se sont faits avec une certaine quantité du bout.

Il convient donc de dissocier ces deux paramètres, même s'ils ne paraissent pas totalement indépendants l'un de l'autre lorsque l'on considère que, parmi les 15% de formes occurrentielles relevées dans le corpus, on compte environ la moitié, soit 7,3%, de formes accomplies. Nous reviendrons sur les formes accomplies dans la section suivante et nous en tiendrons provisoirement aux formes inaccomplies.

Ce n'est pas chose simple que d'établir quels sont les facteurs qui rendent un passif pronominal occurrentiel acceptable. Une première contrainte mentionnée dans la littérature est qu'il ne peut s'agir de processus concrets (Boons, Guillet & Leclère 1976 : 132) ou que le sujet ne peut pas dénoter un objet concret du monde (Zribi-Hertz 1982 : 360). Les phrases suivantes (les auteurs ne citent que des exemples à l'accompli) illustrent cette propriété :

---

[10]   On remarque, par exemple, que l'exemple suivant de Zribi-Hertz devient un peu meilleur à l'inaccompli :

?*L'Amérique s'est découverte en 1492.* (Zribi-Hertz 1982 : 359)
L'Amérique se découvrira seulement en 1492.

(22) a. ?La poubelle s'est sortie hier matin. (Zribi-Hertz 1982 : 359)

     b. La décision s'est prise hier soir. (ibid.)

Même si ces deux observations restent assez vagues et ne sont pas approfondies davantage par les auteurs, on peut remarquer qu'elles vont dans le même sens et semblent intuitivement assez correctes. En effet, les exemples comme (17), avec des noms concrets comme sujet sont rares ; on trouve plutôt des noms abstraits et parmi les noms abstraits, souvent des noms d'action. Il ne s'agit certainement pas d'une contrainte stricte, mais plutôt d'une tendance, que nous ne parvenons toutefois pas à expliquer.

Le second facteur cité dans la littérature influence de façon plus nette et plus convaincante l'acceptabilité du passif pronominal à lecture occurrentielle : il s'agit de la construction impersonnelle. A. Zribi-Hertz (1982 : 358-359) affirme qu'à l'impersonnel, le passif pronominal est exclusivement occurrentiel, ce qui correspond à la tendance bien connue de l'impersonnel à exclure les formes statives [11]. Ainsi, les structures attributives à séquence nominale en sont exclues (23) et le passif périphrastique y reçoit une interprétation plutôt processive que résultative (24) :

(23)   *Il est ridicule une aventure pareille.

(24)   Il est rempli un seau.

Cette affirmation doit cependant être quelque peu nuancée, aussi bien pour le passif périphrastique, que pour le passif pronominal. D'une part, A. Carlier (2002) cite les exemples suivants où la forme passive périphrastique présente une valeur résultative en construction impersonnelle :

(25)   Sur chaque face, il est enregistré trois chansons.

(26)   Il y est accroché un petit crucifix.

(27)   Dans le hall de l'usine, il est affiché un placard annonçant la grève.

D'autre part, nous avons relevé chez M. Hériau plusieurs exemples de passifs pronominaux impersonnels qui permettent une lecture non occurrentielle :

(28)   Dans les villes où il *s'imprime* des journaux, les trois publications seront suppléées, comme il est dit dans l'article précédent. (*Code de procédure civile*, in Hériau 1980 : 557)

(29)   En 1967, nos pêcheurs avaient pris devant nos côtes 13 803 tonnes de germon, ce qui semble peu de chose pour un pays où il *se débarque* chaque

---

[11]   Nous reviendrons plus loin sur le caractère statif du passif pronominal à lecture non occurrentielle.

année 700 000 tonnes de produits de la mer. (H. Queffelec *in* Hériau 1980 : 548)

(30)   (…) l'auteur des tropes avait déjà remarqué qu'il *s'employait* plus de métaphores au marché que dans un cercle poétique ; (J.C. Chevalier *in* Hériau 1980 : 552)

Il est vrai que toutes les lectures non occurrentielles ne sont pas possibles avec le passif pronominal impersonnel. La nuance normative, en particulier, est exclue :

(31) a.   Un rosier se taille à la main.

      b.   Il se taille un rosier à la main.

Si l'exemple (31a) s'interprète comme normatif « doit se tailler », (31b) ne peut pas recevoir cette interprétation et donne uniquement lieu à une interprétation occurrentielle. Ces données confirment l'observation de M. Hériau (1980 : 574) que *« L'impersonnel exclut le procès virtuel en ne retenant que les procès réels. »* En effet, une norme est énoncée indépendamment de la réalisation effective du procès en question. À la limite, elle peut être formulée sans que le procès ne soit réalisé une seule fois, auquel cas il reste donc virtuel.

     Outre les deux facteurs relevés par Boons, Guillet et Leclère (1976) et Zribi-Hertz (1982), l'acceptabilité des formes à interprétation occurrentielle paraît clairement influencée par la position du sujet. L'inversion du sujet nominal (dite stylistique) est en effet assez fréquente dans les exemples attestés à lecture occurrentielle tels que (32-33), de même que (20) ci-dessus, et elle semble améliorer un exemple comme (34a) :

(32)   Dans quelques instants *va se juger* l'arrivée de cette étape du Tour d'Europe cycliste. (ex. oral, télévision)

(33)   L'autre aspect, c'est qu'à travers ces manifestations *s'exprime* un idéal de vie. (ex. oral, télévision)

(34) a.   ?Les lunettes se nettoieront demain.

      b.   Ensuite se nettoieront les lunettes.

Cette tendance se vérifie également pour les formes à l'aspect accompli :

(35)   Auparavant *s'était disputée* la troisième [course hippique], le prix de l'Île-de-France. (ex. oral, radio)

(36)   A Disneyland, en 1980, je crois, *s'est monté* un site d'exposition assez extraordinaire. (ex. oral, radio)

Il s'agit d'un phénomène analogue à ce qui a été observé ci-dessus à propos de la construction impersonnelle, qui favorise également la lecture occurrentielle. Les deux constructions ont en commun qu'elles permettent la rhématisation de l'élément sujet de la forme personnelle et elles partagent un certain nombre de propriétés. Ainsi l'inversion du sujet nominal exclut-elle, comme l'impersonnel, les verbes en construction transitive directe (37), les structures attributives (23a) [12] et l'interprétation normative (31c) :

(37)   Une souris a mangé le fromage.

    a.   *Il a mangé une souris le fromage.

    b.   *Ce matin a mangé une souris le fromage.

(23)   *Il est ridicule une aventure pareille.

    a.   *Maintenant est ridicule une aventure pareille.

(31)   a.   Un rosier se taille à la main.

    b.   Il se taille un rosier à la main.

    c.   Ici se taille un rosier à la main.

La tendance observée est cependant moins radicale que dans le cas de l'impersonnel, car on trouve plus facilement des exemples qui permettent une lecture non occurrentielle [13] :

(38)   Mardi matin, à l'heure où *s'imprime* « Le Canard », rien encore. (*Le Canard Enchaîné*)

(39)   Alors, c'est au niveau du comité régional, (…) que *se décident* et la politique et l'acceptation des stages et le financement. (ex. oral, AUV)

(40)   Ici *se vend* un gâteau au chocolat délicieux.

Enfin, l'aspect lexical du verbe joue un rôle restreint dans la mesure où les verbes statifs, qui sont de toute façon peu fréquents au passif pronominal, paraissent exclure l'interprétation occurrentielle :

(41)   Cette Auvergne, comment voulez-vous que je la définisse en trois douzaines de mots ? Ça ne se définit pas, ça se rencontre, ça se goûte, ça *s'aime*, ça *se déteste*. (ex. oral, AUV)

---

[12]   L'inversion est néanmoins possible lorsque l'attribut est thématisé, mais l'ordre des mots 'verbe attributif – attribut – sujet' est alors modifié en 'attribut – verbe attributif – sujet' :

Étrange est son aversion des épinards.

[13]   Il n'est en outre pas impossible que, dans la plupart des exemples cités sous (32-36), le facteur de la postposition du sujet soit renforcé par un second facteur, à savoir la présence en tête de phrase d'un circonstant exprimant une localisation, souvent temporelle. En effet, il est bien connu que l'inversion du sujet nominal est fortement favorisée par la présence en position frontale d'un tel circonstant, qui pourrait favoriser à son tour une lecture occurrentielle du passif pronominal, voir également la section 3.

a. *Ça se déteste aujourd'hui.

Cette exclusion est prévisible, car elle correspond à une incompatibilité générale des verbes statifs avec des données temporelles ponctuelles :

(41) b. ?Ce matin, je déteste les épinards.

Dans le cas du verbe *savoir* (42), cette incompatibilité peut être résolue par un changement de sens lié à un changement d'aspect lexical. L'exemple est dès lors acceptable et paraphrasable par « on l'apprendra demain à 15 h. » :

(42) Ça se saura demain à 15 h.

En résumé, dans les formes personnelles, le passif pronominal occurrentiel est minoritaire mais possible, de même que le passif périphrastique non occurrentiel, ce qui remet en cause l'idée d'une réelle complémentarité. Il s'agit tout au plus de tendances opposées et, dans le cas des formes impersonnelles, on observe même des convergences.

3. L'opposition accompli / inaccompli

La seconde hypothèse, avancée notamment par J. Stéfanini (1962), A. Zribi-Hertz (1982) et B. Lamiroy (1993), peut être formulée de la façon suivante : la coexistence de deux formes passives s'expliquerait par l'opposition entre le caractère accompli du passif périphrastique et le caractère inaccompli du passif pronominal. En effet, si la phrase active sous (43a) décrit une voiture en mouvement, c'est-à-dire le procès de stationnement, la phrase (43b) au passif périphrastique décrit, dans son interprétation la plus naturelle, une voiture à l'arrêt, c'est-à-dire un état résultant du procès de stationnement, nuance qui relève de l'accompli. Il se révèle par conséquent nécessaire de pouvoir recourir à une seconde forme qui présente la même disposition des actants tout en marquant l'inaccompli : la construction passive pronominale (43c).

(43) a. On gare la voiture devant la porte.
b. La voiture est garée devant la porte.
c. La voiture se gare devant la porte. [14]

Le caractère accompli du passif périphrastique a été commenté dans de nombreuses publications [15] et nous n'y reviendrons pas. Le caractère

---

[14] Cette forme pronominale peut par ailleurs être analysée comme une construction neutre. C'est bien évidemment la lecture passive qui doit être retenue dans le cadre de l'argumentation.

inaccompli du passif pronominal est généralement illustré par son incompatibilité avec l'aspect accompli. Comparez à cet effet (44) et la forme accomplie (44a) qui est nettement moins naturelle :

(44)   Les fruits et légumes *se pèsent* à la caisse. (affiche)
    a.   ?Les fruits et légumes se sont pesés à la caisse.

L'accompli n'est toutefois pas exclu, mais il est rare. Sur nos 150 exemples, seuls 11, soit 7,33%, se trouvent à l'accompli (cf. également les exemples cités en (35-36)) :

(45)   Avec le progrès puis les usines qui *se sont montées* autour, les gens vont beaucoup travailler en voiture (ex. oral, ORL)

(46)   A mon idée, quelque nouveau méfait *se sera commis* dans le quartier. (L. Guilloux)

(47)   [D. Reagan a essayé de cacher le rôle de R. Reagan dans la vente d'armes à l'Iran] Cela n'a pas marché. Cela *s'est su*. (ex. oral, radio)

Afin de rendre compte de l'acceptabilité de telles formes passives pronominales à l'aspect accompli, B. Lamiroy (1993 : 65) formule deux conditions dont une au moins doit être remplie : l'agent impliqué dans le procès doit être totalement indéterminé et/ou une lecture itérative doit être possible pour la forme à l'accompli. La première condition est illustrée par l'inacceptabilité de (48) où l'agent ne peut être indéterminé étant donné que quelqu'un de particulier est nécessairement l'auteur de l'incendie.

(48)   *Cet incendie s'est provoqué. (Lamiroy 1993 : 53)

Cette condition ne semble cependant pas devoir être retenue, car l'exemple n'est pas convaincant pour deux raisons. D'une part, il n'est pas plus acceptable à l'aspect inaccompli :

(48) a.   ??Cet incendie se provoque.

et d'autre part, l'exemple attesté (46) est parfaitement comparable à (48), sans être toutefois agrammatical.
    La seconde condition énoncée par Lamiroy s'avère plus pertinente, car l'on constate que l'exemple suivant est acceptable et qu'il permet une lecture itérative, et donc non occurrentielle :

---

[15]   La possibilité pour le passif périphrastique de recevoir une valeur accomplie est souvent attribuée à la présence du participe passé, qui intervient également dans la formation des temps composés, cf. notamment Authier (1972) et Stéfanini (1962). Ce point de vue est remis en cause par Carlier (2002).

(49)   Ce sport s'est pratiqué en plein air.

Cette condition ne suffit néanmoins pas à expliquer tous les cas, car aucun des exemples relevés dans notre corpus n'est de ce type : tous reçoivent une lecture occurrentielle, p. ex. (45-47) ci-dessus. Plus précisément, 85% des exemples du corpus sont non occurrentiels et inaccomplis ; 15% sont occurrentiels, dont une moitié se trouve à l'aspect accompli et l'autre moitié à l'inaccompli.

Les contraintes doivent donc être formulées de façon différente : une forme passive pronominale à l'accompli est acceptable si le contexte oriente clairement l'interprétation soit dans le sens d'une lecture occurrentielle, soit dans le sens d'une lecture non occurrentielle. Dans le premier cas, les exemples subissent l'influence des facteurs mentionnés dans la section 2, tels que la construction impersonnelle [16] ou l'inversion du sujet nominal. Certains éléments contextuels qui explicitent la lecture occurrentielle, favorisent également le passage à l'accompli. Ainsi A. Zribi-Hertz (1982 : n. 20) a-t-elle remarqué que l'adjonction d'un complément temporel du type *en X temps* augmente l'acceptabilité des formes passives pronominales à l'aspect accompli, cf. (50a-b). Ces compléments qui sont uniquement compatibles avec les verbes processifs téliques, imposent à l'aspect accompli une lecture occurrentielle. Comparez à cet effet (51b) avec la forme inaccomplie (51a), qui reçoit une lecture non occurrentielle :

(50)   a.   ?Ce livre s'est imprimé à Paris.

       b.   Ce livre s'est imprimé en une semaine. (Zribi-Hertz 1982 : 396)

(51)   a.   Le repas se prend en 10 minutes.

       b.   Le repas s'est pris en 10 minutes.

L'adjonction d'une localisation temporelle précise, qui entraîne une lecture occurrentielle, peut également faciliter le passage à l'aspect accompli :

(52)   On avait l'impression qu'elle cachait un secret, qu'elle savait ce que personne, jamais, à aucun prix, ne devait soupçonner : cela *se voyait* à l'inquiétude soudaine de son regard, (...) (R. Gary)

       a.   ?Cela s'était vu à l'inquiétude soudaine de son regard.

       b.   *Ce jour-là*, cela s'était vu à l'inquiétude soudaine de son regard.

---

[16]   On constate par exemple qu'à l'impersonnel, les formes accomplies sont plus acceptables, parce que l'impersonnel s'accompagne généralement d'une lecture occurrentielle :

       ?Beaucoup de livres se sont lus.
       Il s'est lu beaucoup de livres.

(53)   L'aventure de la sidérurgie, sa puissance et son déclin ne *se racontent* pas comme une épopée. (Le Monde)

a. ?L'aventure de la sidérurgie, sa puissance et son déclin ne se sont pas racontés comme une épopée.

b. L'aventure de la sidérurgie, sa puissance et son déclin ne se sont pas racontés comme une épopée *dans l'émission de jeudi dernier*.

Dans le second cas de figure, la forme à l'accompli permet une lecture non occurrentielle, telle qu'en (54a) :

(54)   Les doses, ils les connaissent depuis longtemps parce que ça *se pratique* couramment en Amérique. (ex. oral, GARS)

a. Ça *s'est pratiqué* couramment en Amérique.

L'accompli s'accompagne alors souvent d'un effet de sens de révocation qui pourrait être paraphrasé ainsi : « ça s'est pratiqué couramment en Amérique mais ça ne s'y pratique plus maintenant ». L'exemple (55) reçoit une interprétation analogue « mais ça ne se lit et ne se relie plus » :

(55)   « Elle » ça *se lit* et ça *se relie*. (publicité)

a. « Elle » ça *s'est lu* et ça *s'est relié*.

On observe que, dans ce cas également, certains facteurs contextuels peuvent augmenter l'acceptabilité des formes accomplies. Les compléments du type *dès X, à partir de X* imposent une lecture itérative, et donc non occurrentielle, lorsqu'ils se combinent avec des verbes processifs téliques. Leur insertion dans un exemple tel que (56a) produit un énoncé plus acceptable :

(56)   (…) parce que les points de base [du tricot] ne se font pas avec la pelote (…) mais ils *se font* avec une certaine quantité du bout qui va rester à la fin. (ex. oral, GARS)

a. ?Ils se sont faits avec une certaine quantité du bout.

b. *A partir de 1850*, ils se sont faits avec une certaine quantité du bout.

De même, les adverbes de fréquence, en explicitant la lecture non occurrentielle, favorisent le passage à l'accompli, cf. aussi *couramment* dans l'exemple (54a).

(56)   c. Ils se sont faits souvent/fréquemment avec une certaine quantité du bout.

L'effet de sens de révocation observé dans les exemples (54-55) appelle le commentaire suivant. Il est connu que cet effet de sens est typique des états à l'accompli [17]. On le retrouve par exemple en (57), qui permet la paraphrase « mais je ne le sais plus maintenant ».

(57)   J'ai su cela.

Les passifs pronominaux à lecture non occurrentielle comme *ça se pratique couramment en Amérique* exprimeraient donc des états, contrairement à l'idée assez répandue qu'il s'agit de processus [18]. On trouve d'ailleurs une confirmation du caractère statif des formes non occurrentielles dans le fait qu'elles sont difficilement compatibles avec la construction impersonnelle (cf. section 2). Les deux points de vue ne sont pas incompatibles si l'on considère que l'itération typique des formes non occurrentielles a pour effet de rendre la forme stative, quel que soit l'aspect lexical du verbe. En effet, comme le rappelle R. Martin (1989) à la suite de Z. Vendler (1967), un énoncé habituel ou générique est toujours statif, mais cette stativité peut être primaire (lorsque le verbe est statif) ou secondaire (sous l'influence de l'itération).

Les facteurs contextuels mentionnés ont en commun qu'ils explicitent l'interprétation, soit occurrentielle, soit non occurrentielle que reçoit l'énoncé. Ils ne constituent certainement pas un inventaire exhaustif des éléments qui peuvent augmenter l'acceptabilité du passif pronominal à l'accompli et ils ne suffisent d'ailleurs pas toujours à rendre certaines formes accomplies acceptables :

(58)   Et puis j'ai lu pas mal de bouquins où on dit : 'Un violon plat, c'est un triste sire', ça *se comprend* un peu. (ex. oral, GARS)

a.   *Ça s'est compris un peu.

b.   *Ça s'est compris fréquemment.

Même si la description proposée doit donc être développée et affinée, le point important pour la discussion est que le passif périphrastique ne nécessite pas du tout ce type d'ajouts pour pouvoir s'utiliser à l'accompli, en particulier lorsque l'énoncé permet une lecture occurrentielle :

(56)   d.   Ils ont été faits avec une certaine quantité du bout.

À l'issue de cette section, il convient d'examiner si l'on peut effectivement soutenir que la raison d'être du passif pronominal est de suppléer aux restrictions aspectuelles du passif périphrastique. Les exemples (59) permettront d'illustrer la réponse à cette question :

---

[17]   Cf. Blanche-Benveniste *et al.* (1984 : 132).
[18]   Voir notamment Desclés *et al.* (1986 : 52-55) pour qui le passif périphrastique exprime un état et le passif pronominal un processus.

(59) a. On pèse les céréales.

  b. Les céréales sont pesées.

  c. Les céréales se pèsent.

  d. Les céréales sont en train d'être pesées.

La forme active (59a) peut exprimer le procès en cours et est alors paraphrasable par *On est en train de peser les céréales.* Le passif périphrastique (59b) présente difficilement cette interprétation processive et s'interprète plutôt comme résultatif. L'hypothèse avancée est que le passif pronominal permet de pallier l'absence de forme passive à valeur processive. Or, le passif pronominal n'est pas plus apte que le passif périphrastique à exprimer le procès en cours puisque (59c) s'interprétera plutôt comme une norme ou une habitude [19]. En d'autres termes, seules les formes pronominales à lecture occurrentielle, dont on a vu qu'elles sont nettement minoritaires et dont certains auteurs refusent même l'existence, vérifieraient l'hypothèse d'une complémentarité aspectuelle entre les deux passifs. En définitive, seul l'exemple assez peu naturel (59d) est la forme passive correspondant à (59a).

4. En guise de conclusion

La réponse à la question posée en introduction n'est donc pas univoque. Si la notion de complémentarité est interprétée dans le sens strict de distribution complémentaire, il est clair que les deux constructions passives ne sont pas complémentaires, ni du point de vue de l'opposition (non) occurrentiel, ni du point de vue de l'opposition (in)accompli. C'est pourquoi la complémentarité qui est établie p. ex. par N. Ruwet (1972) entre les formes pronominales passives et neutres est tout aussi problématique. En effet, ces propriétés font partie de celles qui différencient selon cet auteur les pronominaux neutres et passifs. Si l'on adopte une définition moins stricte du terme de complémentarité, on doit admettre qu'il existe des tendances nettes qui s'opposent clairement. Ainsi, comme on vient de le voir, les formes accomplies existent pour le passif pronominal, aussi bien avec une lecture occurrentielle qu'avec une lecture non occurrentielle, mais le contexte doit s'y prêter (56a-c), alors que le passif périphrastique apparaît beaucoup plus librement à l'accompli (56d). Au contraire, on constate que, bien que le passif périphrastique puisse recevoir une lecture non occurrentielle, on a difficilement une nuance normative sans le verbe modal *devoir* ; le passif pronominal, par contre, n'a pas besoin d'un verbe modal pour exprimer cette nuance. Ainsi (60) peut-il être paraphrasé par « doit se cultiver », tandis que (60a) ne s'interprète en aucune façon comme (60b).

---

[19] Les mêmes remarques s'appliquent aux exemples sous (43).

(60)   La forêt méditerranéenne, ça se cultive. (affiche)
   a.   La forêt méditerranéenne, c'est cultivé.
   b.   La forêt méditerranéenne, ça doit être cultivé.

La répartition entre formes passives pronominales et périphrastiques n'a donc rien d'arbitraire, mais elle ne peut pas être décrite simplement, en termes d'oppositions binaires.

Références

Authier, J. (1972). Etude sur les formes passives du français, *DRLAV* 1.

Blanche-Benveniste, C. (1984). Commentaires sur le passif en français, *Travaux du Cercle linguistique d'Aix-en-Provence* 2 : 1-23.

Blanche-Benveniste, C. ; Deulofeu, J. ; Stéfanini, J. ; van den Eynde, K. (1984). *Pronom et Syntaxe. L'approche pronominale et son application au français*, Paris : Selaf.

Boons, J.-P. ; Guillet, A. ; Leclère, C. (1976). *La structure des phrases simples en français. Constructions intransitives*, Genève / Paris : Droz.

Carlier, A. (2002). Les propriétés aspectuelles du passif, dans ce volume.

Desclés J.-P. ; Guentchéva, Z. (1993). Le passif dans le système des voix du français, *Langages* 109 : 73-103.

Desclés J.-P. ; Guentchéva, Z. ; Shaumyan, S. (1986). Theoretical analysis of reflexivization in the framework of Applicative Grammar, *Lingvisticae Investigationes* 10 : 1-65.

Gaatone, D. (1998). *Le passif en français*, Louvain-la-Neuve : Duculot.

Grevisse, M. ; Goosse, A. (1988[12]). *Le Bon Usage*, Paris / Gembloux : Duculot.

Hériau, M. (1980). *Le verbe impersonnel en français moderne*, Thèse de doctorat d'État, Université de Haute Bretagne, Paris : Champion.

Labelle, M. (1992). Change of State and Valency, *Journal of Linguistics* 28 : 375-414.

Lagae, V. (1990). Les caractéristiques aspectuelles de la construction réflexive *ergative*, *Travaux de Linguistique* 20 : 23-42.

Lamiroy, B. (1993). Pourquoi il y a deux passifs, *Langages* 109 : 53-72.

Lyons, C. (1982). Pronominal voice in French, in : N. Vincent ; M. Harris, (eds), *Studies in the Romance Verb*, London : Croom Helm, 161-185.

Lyons, C. (1989). L'aspect générique et la voix moyenne, *Travaux de Linguistique* 19 : 171-186.

Martin, R. (1989). Généricité, spécificité et aspect : Introduction, *Travaux de Linguistique* 19 : 7-16.

Melis, L. (1985). Les tours pronominaux du français, *Les constructions de la phrase française*, Gent : Communication & Cognition, 91-166.

Melis, L. (1990). *La voie pronominale*, Paris / Louvain-la-Neuve : Duculot.

Rothemberg, M. (1974). *Les verbes à la fois transitifs et intransitifs en français contemporain*, Den Haag : Mouton.

Ruwet, N. (1972). *Théorie syntaxique et syntaxe du français*, Paris : Seuil.

Skårup, P. (1998). Les emplois de *être* + participe passé en français contemporain, in : M. Bilger ; K. van den Eynde ; F. Gadet, (éds), *Analyse linguistique et approches de l'oral*, Louvain : Peeters, 257-265.

Stéfanini, J. (1962). *La voix pronominale en ancien et en moyen français*, Aix-en-Provence : Ophrys.

Vendler, Z. (1967). *Linguistics in Philosophy*, Ithaca, New York : Cornell University Press.

Vikner, C. (1985). L'aspect comme modificateur du mode d'action : à propos de la construction *être* + participe passé, *Langue française* 67 : 95-113.

Zribi-Hertz, A. (1982). La construction 'se-moyen' du français et son statut dans le triangle : moyen-passif-réfléchi, *Lingvisticae Investigationes* 6 : 345-401.

Zribi-Hertz, A. (1987). La réflexivité ergative en français moderne, *Le Français Moderne* 55 : 23-54.

Anaphorisation et aspect : le cas de ING en anglais

Gérard MÉLIS
Université Saint-Denis Paris VIII

0. Présentation

Dans le cadre du *Deuxième Colloque Chronos* (cf. Mélis 1999), mon travail sur la forme BE+ING (nommée ici FP pour « forme périphrastique ») proposait un passage d'un système à trois lectures (aspectuelle / anaphorique / modale) à un système à deux lectures de BE+ING : une FP aspectuelle (expression de l'inaccompli) et une FP de type dénominatif qui se distingue de l'anaphore et sur laquelle vient se greffer la valeur modale. Par commodité, je parlerai ici de deux classes d'interprétation de la FP :

(a)   la FP1 : forme simplement aspectuelle qui marque l'inaccompli en tant qu'ouverture, ou débornage, d'une occurrence bornée-fermée ou de sa période d'actualisation, comme dans :

(1)   He was reading when the phone rang.

(b)   la FP2 : forme non référentielle, qui renvoie non à un état de fait s'actualisant mais à une représentation subjective, l'énonciateur utilisant la FP pour désigner le contenu qualitatif de la relation prédicative qu'il énonce afin d'attribuer à un état de fait les propriétés du procès en question (cf. (21)), ce qui peut s'accompagner d'un jugement subjectif appréciatif, produisant ainsi la FP dite modale, illustrée par :

(2)   You are being vulgar.

Nous tenterons de montrer que les deux cas se distinguent tout en pouvant se recouvrir, ce qui nécessite une réflexion sur les facteurs favorisant telle ou telle interprétation de la FP à partir d'un invariant fondamental de cette forme.

1. Forme aspectuelle et forme dénominative
1.1. La question de l'unité des FP

Pourquoi parler de FP dénominative ? Cette forme correspondrait à un travail énonciatif de (re)formulation. Elle croise l'anaphorisation mais ne se confond pas avec elle : elle prend en compte les cas de reprise et les autres et, de plus, finalise la reprise. La FP2 aurait pour fonction de nommer un état de fait s'actualisant ou se mentionnant. Trouver une appellation d'un état de fait, même subjective ou transitoire, suppose certes une phase de reprise et/ou de préconstruction implicite. Néanmoins, dénommer signifie stabiliser et reprendre un état de fait sans pour autant anaphoriser le contenu même de la relation qui porte la FP. Par exemple, dans un énoncé du type :

(3)   – You speak English with a true cockney accent.
         – Why are you insulting me ? (Souesme 1992 : 49)

c'est la relation *you speak English...* qui est enregistrée en contexte. La relation *you insult me* est une information nouvelle, une notion nouvellement introduite dans l'échange, et sert à qualifier la première relation en lui attribuant les propriétés du procès *insult*. Cette opération de dénomination se différencie donc de l'anaphore, qui est la reprise d'un contenu identique, implicite ou explicite. Dans le cas de l'anaphore nominale, il y a bouclage de l'occurrence sur elle-même dans une relation d'identité totale, tandis que pour la FP, il y a une superposition de deux contenus, le second explicitant le premier. De plus, dans le cas de la FP, il y a une certaine latitude de choix énonciatif : la question est de savoir si, dans tel contexte, il est significatif ou non de nommer un état de choses, le choix de la dénomination étant parfois essentiel sur le plan pragmatique. Quel invariant permet d'encadrer les deux interprétations ? Quels sont les paramètres supplémentaires qui viennent orienter cet invariant vers telle interprétation ? En effet, il s'agit bien de paramètres supplémentaires, plutôt que de deux FP. Dans un exemple comme :

(4)   – I take it you're inviting me, he said at last.
         – Well not quite. I'm phoning to discover what your attitude would be if
         (…) you were to receive an invitation. (Trévise 1994 : 119)

il y a à la fois un travail de formulation (s'agit-il d'une invitation ou d'un simple coup de fil ?) et un renvoi à l'état de fait en cours. Il est très souvent possible de récupérer une interprétation aspectuelle même dans certains exemples présentés comme en étant exempts :

(5)   – I don't think however that you need to take it too tragically.
         – I'm not taking it tragically. (Adamczewski 1982 : 69)

Ici, le contexte montre qu'il y a prise en compte de l'actualisation effective du procès en cours de réalisation. Le second locuteur intervient pour démentir cette vision. La FP2 n'est pas séparable de la FP1 aspectuelle, à ceci près que, d'une part, le rapport interlocutoire pose un implicite, et que, d'autre part, la négation suppose la prise en considération de l'assertion positive correspondante qui n'est pas formulée. Néanmoins, la superposition des FP n'est pas systématique. Dans :

(6)   When a girl of twenty marries a man close to eighty (…) she is marrying
        him for money. (Adamczewski 1982 : 62)

la même occurrence de procès ne peut pas être bornée et débornée simultanément dans le même cadre temporel : le travail de dénomination se manifeste sans qu'il soit possible de retrouver l'inaccompli. Il devient visible que
les FP1 et FP2 ne sont ni deux formes distinctes, ni deux emplois confondus.
Ces derniers exemples montrent que les deux lectures peuvent co-exister sans
contradiction et qu'elles se distinguent en fonction de paramètres qui pèsent
sur l'interprétation de l'énoncé nécessairement immergé dans un contexte. Il
est essentiel de trouver les raisons d'un écart et d'un rapprochement à partir
d'une valeur commune, sans définir deux interprétations distinctes qui existe-
raient par elles-mêmes sans construction.

1.2. Le clivage majeur entre FP1 et FP2

L'existence d'une occurrence d'état de fait apparaît comme le clivage majeur
entre les deux classes d'interprétation. Comparer les exemples :

(7)   He felt as though he were bleeding from the inside. (Trévise 1994 : 120)
(8)   He felt / saw / realised that he was bleeding.

montre que si l'énoncé est contre-factuel (7 : *as though* + prétérit),
l'interprétation est de type FP2 (dénomination de l'état de fait supposé, renvoi à ses propriétés, non à son irruption en tant qu'occurrence dans la narration), tandis que la structure factive de (5) permet de référer à une occurrence
située en tant qu'état de fait dans l'univers narratif, ce qui construit
l'interprétation FP1.

1.3. Questionnement de l'anaphorisation

Pourquoi parler d'une FP dénominative et non pas anaphorique ? Nous remarquons que dans le cas de la FP, la reprise anaphorique ne s'applique pas
mécaniquement comme dans le domaine nominal : un GN de forme [a N] se
réécrit [the N]. L'emploi de la FP est souvent une question de choix, même
en contexte anaphorisant. Il s'ensuit que l'énonciateur ne fait pas que reprendre une notion préalablement construite mais effectue une reprise dans
un autre but que de simplement faire un retour sur un élément préconstruit.
Dans notre optique, l'anaphorisation est une construction théorique résultant
d'un ensemble d'éléments contextuels greffés sur l'invariant de la FP. Nous
avançons trois arguments : (i) il est des cas où la reprise ne s'applique pas,
(ii) la FP peut s'employer sans construction préalable, et (iii) la FP aspectuelle n'est pas un cas particulier d'anaphorisation.

1.3.1. Cas où la reprise possible ne se fait pas

Dans :

(9)   – You think I didn't mean to do it. You think I got frightened (…) Go on,
           that's what you think, isn't it ?, she cried. It was, in fact, what Maurice was
           thinking, as far as he could in her presence ; but as he had had no experience
           of hysterics, he did not feel fully justified in making the judgement.
           (A. Wilson 1982 : 115)

il y a emploi de la forme simple (FS) sur *think* bien que nous nous situions
dans un contexte propice à la reprise : l'énonciateur attribue à son interlocuteur une attitude qu'il a présupposée, ce qui justifierait l'emploi de la FP.
Néanmoins, l'anaphorisation ne s'applique pas et la FS modifie
l'interprétation de l'énoncé. Dans des interro-négatives telles que :

(9')   a.   – Don't you think I got frightened ? (Did I really ?)
       b.   – Aren't you thinking I got frightened ? (Are you really ?)

la différence de sens apparaît plus clairement. L'exemple (9'a) est une demande de confirmation de la relation *I got frightened* tandis que (9'b) porte
sur la qualification de l'état de fait constaté à propos du sujet « you » et peut
se gloser sous la forme : « je constate un certain comportement de votre part,
peut-on le nommer de cette manière ? ». Les questions entre parenthèses
montrent la différence entre les exemples : il y a demande de confirmation du
contenu de la subordonnée en (a) et de celui de la principale en (b). Dans
(9'a) et (9), il y a emploi de la FS car ce qui compte n'est pas de nommer
l'attitude du sujet mais de définir le contenu de sa pensée. Le potentiel
d'anaphorisation n'est pas exploité pour des raisons qui ne sont pas de l'ordre
d'une logique de simple reprise, qui est, dès lors, subordonnée à l'intention
de signification de l'énonciateur. Dans (9), il est nécessaire d'avoir la FP
dans la seconde partie, non pas simplement à cause de la préconstruction,
mais parce que l'énoncé apparaît comme la trace d'un travail de dénomination de l'état de fait en cours : la présence de *in fact* attire notre attention sur
la nature de l'événement et non le fait qu'il ait lieu, et établit une relation
d'identification entre l'état de fait effectif et un ensemble de propriétés nom-
mable sous la forme de l'énoncé en FP. Notons que le verbe *feel* est à la FS
bien qu'il soit un événement en cours et présupposable en contexte. Le travail
de reformulation ne s'effectue pas à son endroit, d'où l'absence de FP malgré
ce contexte présupposant. Le débat porte sur *think*, dont il est nécessaire de
donner le véritable contenu, et non sur *feel* qui est un événement dans la
narration. Nous voyons que l'anaphorisation est finalisée et qu'elle est un
phénomène annexe face à la dénomination. L'anaphorisation, même effective, n'est pas le trait essentiel de la structure. L'énoncé n'entre pas essen-

tiellement dans une logique d'opposition rhématique / thématique mais dans une opposition événement / dénomination d'événement.

1.3.2. Cas de BE+ING sans mention préalable

Il s'agit d'exemples connus du type de l'exemple (3) où il est fait référence à l'état de fait en cours tel qu'il est interprété par l'énonciateur. S'il n'y a pas dans le contexte une première mention, il reste possible d'avoir recours à l'implicite et à l'inférence. Ce concept pose problème. D'une part, il n'est pas maîtrisable, car il fait appel à un préconstruit privé connu du seul énonciateur, qui, normalement, a déjà conçu ce qu'il va dire. Cette préconstruction est trop générale car elle concerne tous les énoncés, quelle qu'en soit la forme. Dans un énoncé du type de l'exemple (3) dans sa version complète :

(10)   – You speak English with a true cockney accent.
        – Why are you insulting me ?
        – I am not insulting you. I am telling you the truth, that's all ! (Souesme 1992 : 49)

l'énonciateur enregistre l'intervention de son interlocuteur et lui attribue les propriétés du procès *insult* qui, selon lui, rend véritablement compte de ce qui se passe. Le co-énonciateur, comme c'est le cas ici, peut proposer une appellation concurrente pour changer la manière de voir l'événement. D'autre part, le concept de présupposition implicite est incapable d'expliquer pourquoi le potentiel d'anaphorisation n'est pas systématiquement exploité (cf. Mélis 1999).

1.3.3. Projeter l'anaphorisation sur FP1 ?

La FP1 n'offre pas la même lecture et ne se décode pas de la même manière. Réduire l'aspect à l'anaphorique est une prise de position théorique arbitraire, car il est difficile de supposer qu'un événement préconstruit les circonstances de son actualisation. Il ne suffit pas qu'un événement soit localisé par rapport à un moment repère représentable sous la forme d'un autre événement pour que se justifie l'anaphorisation. En cas de FP1, c'est le point de repère qui est un préalable nécessaire : ce qui est préconstruit est ce point de localisation événementiel et non l'événement qui, lui, est nouveau et non préconstruit. En revanche, la prédominance des propriétés de l'occurrence d'événement sur sa prédication d'existence rend compte des changements de plan narratif : un événement est présenté comme faisant irruption en tant qu'occurrence (FS) tandis que l'autre, purement descriptif, ne fait que nommer un état de fait de second plan sans passage à l'occurrence. Ce second état de fait confère à l'événement de premier plan des propriétés particulières en définissant les circonstances de son actualisation.

2. La prédominance référentielle

Ayant précisé les termes de l'opposition FP1 / FP2, il nous reste à en définir les conditions de réalisation.

2.1. La discrétisation

Le paramètre crucial dans l'interprétation aspectuelle est le caractère discrétisable du procès. En suivant l'analyse de Franckel & Lebaud (1990), nous posons que certains procès produisent d'eux-mêmes des occurrences singulières, ancrées situationnellement. Il est dans ce cas possible de structurer un énoncé du type : [P and then Q] avec expression de succession, comme dans :

(11)   He got up and picked up the phone.

Notre objectif est ici de montrer que le travail énonciatif peut soit se déclarer, soit s'enfouir selon qu'il y a pertinence particulière du type de procès lui-même. Si les propriétés du procès sont pertinentes, le choix énonciatif est contraint en fonction de la réalité événementielle décrite dans le texte. Si elles le sont moins, ou pas du tout, c'est la dimension énonciative qui prédomine.

2.2. Type de procès et interprétation de FP

Nous proposons une synthèse des résultats d'enquête en présentant une classification des procès associée à l'interprétation tendancielle de la FP :

(i)   procès : renvoi à un état de fait

(i) a.   occurrence intrinsèque (insertion dans une succession cohérente, sans ellipse) : la FP a une fonction de débornage; il y a modification des rapports chronologiques référentiels

(i) b.   occurrence construite : la FP peut avoir une composante événementielle (pertinence de l'agentivité ; caractère transitoire ou permanent de l'état de fait, rapports chronologiques référentiels non modifiés) ; elle peut avoir une composante énonciative (marquage de différence de plan narratif ; émergence d'un point de vue)

(ii)   procès : propriété

(ii) a.   caractéristique (*be tall*) : la FP ne s'emploie pas

(ii) b.   état lié à un événement (*be sick*) : la FP peut avoir les interprétations FP1 ou FP2 avec dominante modale

(ii) c.   appréciation (*be stupid*) : la FP marque la prédominance du facteur subjectif

En ce qui concerne la première catégorie, nous pouvons opposer *build* et *wear*. Le verbe *build* est insérable dans une chronologie de type succession et l'emploi de BE+ING modifie la structure événementielle du récit (interprétation FP1). En effet, dire :

(12)   He built the house.

ne désigne pas la même réalité que :

(13)   He was building the house.

Le verbe *wear*, en tant que tel, ne construit pas une occurrence insérable dans une succession événementielle et l'emploi de BE+ING place l'événement en second plan avec l'émergence possible d'un point de vue translaté, mais il n'y a pas de modification de la chronologie événementielle dans des exemples du type :

(14)   He wore, I noticed, a large gold signet ring. (Boyd 1987 : 219)

(15)   I noticed that she was wearing a little lipstick. (Boyd 1987 : 214)

Dans (15), nous avons une amorce de FP2 et nous nous éloignons d'une simple FP1.
En ce qui concerne les propriétés, il y a une opposition entre *be tall*, *be sick* et *be stupid*. Dans le cas de *be tall*, nous n'avons pas :

(16)   *He was being tall.

car la propriété n'est liée à aucune occurrence d'événement, ce qui empêche le debornage (FP1) et elle ne sert qu'à qualifier le sujet, non pas à nommer un état de fait (pas de FP2). Pour *be sick*, la propriété est discrétisable (be sick = avoir la nausée, vomir). Ici, la FP1 peut s'appliquer :

(17)   She was being sick when the phone rang.

La FP2 peut s'appliquer si cette propriété nomme un état de fait et peut être une cible modale :

(18)   You are always being sick when something has to be done.

Pour *be stupid*, la propriété n'est pas discrétisable (pas de FP1) et, en revanche, elle peut définir un jugement sur une activité : la composante dénomination à versant modal peut être activée par FP2. L'énoncé :

(19)   You are being stupid.

peut se gloser sous la forme : « j'appelle ce que vous faites *be stupid* » et n'est pas simplement interprétable en tant que FP1.

2.3. Synthèse

Nous sommes en présence de deux cas : il peut y avoir constitution de l'intervalle borné-fermé qu'est l'occurrence (procès discret) ou non (procès non-discret). Plus le procès se dégage de la construction d'une occurrence, plus la FP reçoit l'interprétation FP2. La FP adopte préférentiellement son sens aspectuel dès qu'il est possible de construire une occurrence de procès : elle opère un débornage à droite d'un intervalle concevable comme borné-fermé. Un dispositif discursif particulier est nécessaire pour avoir l'interprétation FP2 aves les procès discrets (recours à la syntaxe, emploi de marqueurs de reformulation…). Notre hypothèse consiste à dire que, s'il y a blocage de la simple référence événementielle, la FP endosse une autre signi-fication. Sur quelles propriétés la FP2 se fonde-t-elle ? Il s'agit de ce que nous nommons la référence qualitative. Il y a construction de l'interprétation FP2 à partir de cette référence qualitative combinée à des éléments qui bloquent l'interprétation factuelle (le blocage événementiel). Nous déve-loppons ces points dans les parties suivantes.

3. La référence qualitative

Nous allons tenter de montrer que la FP ne fait pas référence à l'occurrence en tant que telle mais à sa qualité, même en présence de l'événement effectif. Certaines configurations permettent de mettre ce fait à jour. Dans des exemples du type :

(20)   She was not ignoring him, she was looking through him at the trees across the road. She was not looking at him, she was listening. (Trévise 1994 : 121)

la négation ne marque pas l'absence d'événement, mais sa redéfinition (cf. Trévise 1994 : 121). Il n'y a pas tant une négation d'événement qu'une remise en cause de la véritable nature de l'état de fait, à cause de la structure discursive qui met en place une comparaison entre notions plus ou moins susceptibles de nommer adéquatement ce dont il est question. Notons que la valeur qualitative et la lecture simplement aspectuelle ne sont pas incompa-tibles mais peuvent se superposer. Dans :

(21)   – You think I'm pretty sordid, don't you ?, she asked.
         – I wasn't making any judgement. I was just trying to understand, that's all, he replied. (Wilson 1982 : 127)

on voit qu'il y a simultanément renvoi à un état de fait en déroulement et à sa nature. Les adverbes comme *only* et *just* centrent la référence sur la nature du procès, ce qui permet de définir l'état de fait à l'exclusion de toute autre tentative de dénomination. Inversement, il y a emploi de la forme FS si c'est l'événement qui importe et non sa nature. Dans :

(22)   When I say that I had become interested in Rodney that's exactly what I mean and 'being interested' with me comes to this – that I don't know really what I want or indeed if I want anything at all, but I know for certain that I don't want to leave go. (Wilson 1982 : 66)

le contexte antérieur :

(23)   I began to have a theory about him ; and when I get theories about people I get very interested in them. (Wilson 1982 : 62)

a déjà intégré la relation *I say that I had become interested in Rodney*, mais la FS est choisie, car ce qui compte, comme le montre le contexte de (22), est le contenu *be interested* et non pas l'événement *I say something* doté d'une propriété particulière qui en ferait une occurrence qualitativement distinguée.

4. Le blocage événementiel

Certaines configurations discursives orientent l'interprétation de la FP vers FP2 au détriment de FP1 à partir de la référence qualitative. Plusieurs cas de figure se présentent. L'énoncé peut faire clairement apparaître un travail de reformulation avec ou sans émergence d'un point de vue (exemples du type (6)), ou bien contenir un procès dont les propriétés de base sont difficilement compatibles avec un débornage d'occurrence. Nous proposons quelques configurations de blocage événementiel, c'est-à-dire de cas où l'énoncé est détaché d'une référence factuelle représentable sous forme d'occurrence. Un procès non discret ne constitue pas en tant que tel d'occurrence sur laquelle effectuer un débornage avec la marque de l'inaccompli. La FP est alors investie d'une interprétation autre que simplement aspectuelle. Dès lors qu'il est impossible de discrétiser le procès, la FP ne peut plus avoir l'interprétation de débornage FP1. S'il y a emploi de la FP, la composante qualitative prédomine totalement, ce qui déclenche la FP2, accompagnée ou non d'une valuation subjective. Des énoncés tels que :

(24)   I'm being bloody, I know, but that's how it has to be. (Wilson 1982 : 133)

sont interprétés comme des FP2 et non des FP aspectuelles. Un procès peut ne pas avoir de déroulement intrinsèque. Dans le cadre de l'analyse de *voir* proposée chez Franckel & Lebaud (1990), il est possible de dire qu'un procès comme *see*, qui localise un état de fait par rapport à une subjectivité de telle sorte qu'il y ait prédication d'existence de l'état de fait perçu, n'a pas de déroulement interne : il sert à localiser le passage à l'existence d'un autre état de fait. Il prédispose la FP à l'interprétation FP2 plutôt qu'à FP1, sauf emploi de marqueurs supplémentaires orientant l'énoncé vers l'événementiel, comme dans :

(25)   I am seeing the boss tomorrow.

où *see* n'est plus un verbe de perception au sens strict mais devient un synonyme de *meet*.

Le procès peut être lui-même une interprétation. Par exemple les procès *insult* ou *kid* portent en eux-mêmes une composante interprétative. Il peut y avoir référence à une véritable insulte verbalisée ou bien un comportement perçu comme insultant. Un énoncé comme :

(26)   Are you insulting me ?

n'est pas entendu comme :

(27)   Are you working ?

Dans le premier cas, l'énoncé renvoie à une catégorie d'événement définie sur le plan de ses propriétés, sans qu'il y ait occurrence du procès au sens propre. Cette prédominance qualitative permet la lecture FP2. De même, *kid* relève plus du commentaire sur un événement que de l'événement en tant que tel. Un procès discret, fortement compatible avec FP1, peut recevoir une interprétation FP2 selon la configuration syntaxique/textuelle dans laquelle il est pris. Dans :

(28) a.   If she buys a Kelton, she'll be offering a good watch. (Gauthier 1981 : 363).

     b.   When you buy a Kelton, you are buying a good watch.

la structure syntaxique signifie une équivalence notionnelle, au détriment d'une simple localisation événementielle. De plus, la FP2 est souvent associée à l'émergence d'un point de vue. Dans des exemples tels que (6), il y a explicitement ou non un effet commentaire, c'est-à-dire une identification d'un état de fait stabilisé en contexte à un ensemble de propriétés qui ne relève pas d'un état de fait situé mais d'une représentation purement qualitative, ce qui appelle une instance subjective effectuant un travail de dénomination. Dès qu'il y a marque de subjectivité, il devient possible de détacher la représentation d'un état de fait effectif. L'affinité entre la FP2 et la subjectivité ne s'explique pas par l'anaphore mais par le désancrage référentiel marqué par l'ancrage subjectif explicitable par la présence de traces telles que *he thought, he felt, she had the feeling that…* mais qui peut aussi être implicite. Nous sommes en mesure de synthétiser ces résultats en prenant en compte deux cas :

(a) L'ancrage référentiel est prédominant. Dans le cas où est possible un bornage de procès, correspondant à une mise en premier plan associée à la pertinence du passage à l'état de fait suivant dans une relation de succession, BE+ING effectue un débornage de l'occurrence (ouverture de l'occurrence ; passage au second plan descriptif) et a une valeur aspectuelle. Elle s'oppose à la forme simple qui renvoie simplement à l'occurrence.

(b) L'ancrage référentiel est secondaire. Dès lors qu'il n'y a pas de construction d'une occurrence d'état de fait (à cause du procès ou du dispositif discursif et narratif), BE+ING ne fonctionne plus pour déborner cette occurrence mais pour situer l'énoncé par rapport à un site subjectif qui effectue un travail de reformulation avec des variations sur le plan de l'expressivité. Elle s'oppose à la forme simple qui exprime un décrochage distancié.

5. Conclusion

En conclusion, nous sommes en mesure de dire que la FP a deux traits fondamentaux qui encadrent FP1 et FP2 :

1. La FP a un caractère situationnalisant. Ceci permet la pondération du moment T d'actualisation pour la FP1 ou bien du repérage par rapport à l'énonciateur S qui fournit un travail de (re)formulation d'un état de fait. En cas de certains marqueurs modaux, le détachement vis-à-vis de la matière référentielle est complet et c'est la composante subjective qui prédomine totalement (cas de FP dite modale).

2. La FP est une forme repérée fondée sur l'identification avec un autre contenu. Il y a identification soit entre les moments d'actualisation, ce qui donne l'interprétation FP1 de concomitance, soit entre les notions engagées dans la situation discursive, ce qui aboutit à la FP2 : l'énonciateur enregistre un état de fait et lui attribue des propriétés aptes à le nommer. La FP2 se distingue de l'anaphore en ceci que ce n'est pas le contenu de la relation qui est déjà construit mais son point de repère, qui est soit un moment d'actualisation, soit un autre état de fait explicite ou non.

A travers cette étude, se dégage une problématique plus générale qui joue sur l'opposition des facteurs quantitatif Qnt (emploi de la FS : référence à un état de fait compact et différencié, construction d'une occurrence d'événement situé, prédication rhématique d'existence, construction d'un premier plan, élément de récit sans intervention énonciative) et qualitatif Qlt (emploi de la FP : référence à la nature de ce qui est mentionné, fonction thématique de stabilité référentielle d'un élément préconstruit inaltéré dans le discours, construction d'un second plan, intervention modale qualifiante). La référence qualitative rend compte de la reprise anaphorique et aussi de l'interprétation aspectuelle : dans les deux interprétations, une propriété particulière fait d'une occurrence un état de fait qualitativement distingué. Nous avons affaire à deux cas. D'une part, s'il y a un ancrage référentiel, il y a production de l'interprétation d'inaccompli qui empêche la fcrmeture de l'occurrence de procès et permet une situationnalisation maximale : l'occurrence qui a lieu est singularisée. D'autre part, s'il n'y a pas d'ancrage référentiel, il s'agit d'une pure représentation subjective associée à un travail de dénomination qui confère à l'état de fait qualifié une distinction qualitative plus ou moins évaluative de telle sorte qu'il nomme adéquatement, aux yeux de l'énonciateur, ce qui se passe. Si le procès est totalement incompatible avec un état de fait sous forme d'occurrence (cas des procès purement statifs), il ne peut y avoir ni débornage (pas de FP1), ni dénomination d'un état de fait (pas de FP2).

Références

Adamczewski, H. (1982). *Grammaire linguistique de l'anglais*, Paris : A. Colin.

Bouscaren, J. ; Chuquet, J. (1987). *Grammaire et textes anglais. Guide pour l'analyse linguistique*, Gap : Ophrys.

Chuquet, H. (1994). Construction d'événements et types de procès dans le récit au présent en français et en anglais, in : *Linguistique contrastive et traduction*, tome 3, Gap : Ophrys, 3- 56.

Comrie, B. (1976). *Aspect*, Cambridge : Cambridge University Press.

Franckel, J.-J. ; Lebaud, D. (1990). *Les figures du sujet. A propos des verbes de perception, sentiment, connaissance*, Gap : Ophrys.

Gauthier, A. (1981). *Opérations énonciatives et apprentissage d'une langue étrangère en milieu scolaire*, Lyon : APLV.

Groussier, M.-L. ; Chantefort, G. (1975). *Grammaire anglaise et thèmes construits*, Paris : Hachette.

Mélis, G. (1999). (BE+) ING : glissements interprétatifs et contraintes, in : S. Vogeleer, S. ; A. Borillo ; M. Vuillaume ; C. Vetters , (éds), *La modalité sous tous ses aspects*, *Cahiers Chronos 4*, Amsterdam : Rodopi, 135-148.

Parsons, T. (1989). The Progressive in English : Events, States and Processes. *Linguistic and Philosophy* 12 : 213- 241.

Quirk, R. ; Greenbaum, S. : Leech, G. ; Svartvik, J. (1985). *Comprehensive Grammar of the English Language*, Londres : Longman.

Smith, C. (1991). *The Parameter of Aspect*, Dordrecht : Kluwer Academic Publishers.

Souesme, J.-C. (1992). *Exercices de grammaire anglaise en contexte*, Gap : Ophrys.

Trévise, A. (1994). *Le prétérit anglais*, Paris : Nathan Université, Collection 128.

Corpus

Boyd, W. (1987). *The New Confession*, Londres : Penguin.

Wilson, A. (1982). *A Bit off the Map*, Londres : Granada.

Les préverbes du russe : entre aspect et lexique

Denis PAILLARD

CNRS – Université Paris 7

1. Présentation

Le système verbal du russe est entièrement structuré par l'opposition entre deux formes du verbe : l'imperfectif et le perfectif. Cette opposition est pertinente pour tous les temps et tous les modes alors même que les terminologies les plus répandues (« inaccompli / accompli » ou encore « procès en cours / procès achevé ») sont fondées sur la prise en compte des seules formes temporalisées : formes du présent et surtout formes du passé, où la mise en évidence d'un parallélisme entre l'imperfectif et le perfectif a une certaine plausibilité.

Le perfectif (dans l'immense majorité des cas) est dérivé par l'adjonction d'un préverbe [1] à une base, qui, lorsqu'elle est verbale, est imperfective [2]. Ce mode de dérivation du perfectif, pour peu qu'on le prenne au sérieux, fournit au moins deux arguments contre les analyses qui décrivent l'opposition imperfectif / perfectif avec des notions dont la pertinence est limitée aux seuls emplois et valeurs temporels :

(a) cette dérivation morphologique met en jeu une vingtaine de préverbes. Si l'opposition imperfectif / perfectif se ramenait à la distinction « inaccompli / accompli », on comprendrait mal pourquoi un nombre aussi élevé de préverbes est en jeu. De fait, ce chiffre, à lui seul, suffit à témoigner de l'ampleur et de la diversité des phénomènes concernés.

(b) sur le plan interprétatif, la tradition associe la formation d'un perfectif à l'aide d'un préverbe à quatre domaines :

–   **Aspect** : formation d'une paire aspectuelle. Exemples : *pisat'* - *napisat'* (« écrire »), *registrirovat'* - *zaregistrirovat'* (« enregistrer, inscrire »).

–   *Soveršaemost'* (litt. « mode de déroulement du procès ») : une des phases du procès est privilégiée. Exemples : inchoation : *zagovorit'* (« prendre la

---

[1]   Il serait plus correct de parler de « préfixe » dans la mesure où la dérivation ne concerne pas que les verbes. L'emploi du mot « préverbe » n'est justifié que par le respect d'une désignation traditionnelle dans la littérature consacrée à ce problème.

[2]   Avec certaines exceptions, comme le cas de la valeur atténuative du préverbe *pri-* où la base est une forme perfective (sur ce point, cf. Le Guillou de Penanros 1997, 1998).

© *Cahiers Chronos* 10 (2002) 165-182.

parole, se mettre à parler »), valeur terminative : *dočitat'* (« lire jusqu'au bout ») ;

– **Déterminations quantitatives / qualitatives du procès**. Exemples : *nakupit' knig* (« acheter plein de livres »), *prisest'* (« s'asseoir un moment / le temps de faire quelque chose »), *počitat'* (« lire un peu ») ;

– **Lexique** : création d'une nouvelle unité lexicale. Exemples : *otobrat'* (« sélectionner »   litt.   *ot* + prendre, *izbrat'*(« élire »   litt.   *iz* + prendre), *vybrat'* (« élire, choisir » litt. *vy* + prendre), *zabrat'* (« arrêter » litt. *za* + prendre).

Aucun des vingt préverbes concernés n'est spécialisé dans l'un (ou même plusieurs) de ces domaines. Bien plus, un préverbe prend un très grand nombre de valeurs (une vingtaine pour un préverbe comme *ot-*, cf. Paillard, 1997a) et le rattachement d'une valeur à tel ou tel domaine est souvent problématique (on ne dispose pas de critères opératoires). Enfin, une partie importante des bases combinées à un préverbe prennent plusieurs valeurs : *a priori* on ne peut pas légitimer telle valeur de tel préverbe par les propriétés de la base.

Ce problème de la préverbation, du fait de la complexité des phénomènes en jeu, a suscité de nombreuses discussions. On trouvera dans l'article (en russe) de M. Krongaouz (1997) une présentation des différentes approches développées tant en URSS / Russie qu'à l'Ouest au cours des vingt dernières années. On peut distinguer deux types d'études en fonction de la nature de leur objet :

– les études qui s'attachent à décrire non pas tant les préverbes que les verbes préverbés. Cela se ramène généralement à un inventaire / classement (plus ou moins) raisonné des verbes préverbés, sans que soit posée la question de la part respective du préverbe et de la base dans l'émergence des valeurs.

– les études qui centrent leur réflexion sur le préverbe lui-même. Elles ont en commun l'attribution d'une valeur prédicative aux préverbes (au moins pour certains de leurs emplois), ce qui revient à faire l'hypothèse que l'événement (désigné par le verbe préverbé) est aussi exprimé par le préverbe. L'élément « dominant » (c'est-à-dire l'élément désignant l'événement en jeu) pouvant être le préverbe ou la base (ou encore une combinaison de ces deux éléments), les rapports entre le préverbe et la base sont variables dans le cadre du prédicat complexe que constitue un verbe préverbé [3]. Les auteurs qui attribuent une fonction prédicative au préverbe fondent cette hypothèse sur trois types de considérations :

–   un élargissement de la liste des N pouvant apparaître en position d'objet : *nabrat' nomer* « composer un numéro » litt. **na** + prendre + numéro *(* brat' nomer* « prendre numéro »), *zadat' vopros* « poser une question » litt. **za** + donner + question *(* dat' vopros* « donner question »), *zastroit' pole* « construire un terrain » litt. **za** + construire + terrain *(* stroit' pole* « construire un terrain ») ;

–   une modification des constructions syntaxiques : *pristroit'garaž k domu* « construire un garage comme annexe de la maison », litt. **pri** + construire garage à maison *(* stroit' garaž k domu)* [4].

–   l'adjonction d'un préverbe à un verbe simple intransitif peut donner lieu à un verbe préverbé transitif : *sidet'* « être assis » - *otsidet' srok* « purger une peine de prison » litt. **ot** + être assis peine.

2. Un préverbe est un relateur

Depuis quatre ans, s'est constitué un groupe de travail franco-russe qui s'est fixé pour objectif de proposer une description systématiques des préverbes (cette collaboration a donné lieu à une première publication collective *Glagol'naja prefiksacija v russkom jazyke*, Moscou, 1997, ainsi qu'à différents articles et communications à des colloques ; plusieurs thèses consacrées à des préverbes sont également en cours). La majorité des participants tant russes que français partagent un ensemble d'hypothèses et de questions.

La première hypothèse concerne la définition du préverbe comme un « mot relateur » **R** mettant en rapport un terme **X** avec un terme **Y**, ce que l'on note **X R Y**. Cette caractérisation du préverbe comme relateur radicalise les affirmations sur la fonction prédicative du préverbe. De plus, **X** et **Y** dans **X R Y** ne sont pas sur le même plan : **X R Y** signifie que **X** est déterminé (spécifié) par le biais de sa mise en relation avec **Y** [5]. Les arguments que l'on

---

[3]   Ci-dessous, nous essaierons de montrer que les quatre domaines d'interprétation du perfectif (aspect, *soveršaemost'*, spécifications quantitatives et qualitatives, lexique) peuvent être décrits du point de vue de la combinatoire « préverbe - base ».

[4]   Pour une argumentation plus systématique et détaillée, cf., en particulier, Paillard (1989).

[5]   Cela peut être reformulé dans le cadre de la théorie du repérage de A. Culioli en disant que **X** est le terme repéré et **Y** le terme repère. Par ailleurs, cette caractérisation des préverbes comme relateurs reflète le fait qu'en russe, comme dans beaucoup d'autres langues, les préverbes sont également des prépositions régulièrement décrites comme des relateurs.

peut avancer en faveur de cette hypothèse sont les mêmes que ceux qui ont été formulés par certains auteurs pour justifier la dimension prédicative des préverbes (élargissement des N objets, redéploiement syntaxique, transitivation).

    Mais la caractérisation d'un préverbe comme un relateur a d'autres implications.

– En tant que relateur, le préverbe a une place prépondérante dans la combinaison « préverbe + base » : le verbe peut être interprété comme **X** dans le schéma **X R Y**.

– Le préverbe est **autonomisé** par rapport à la base verbale au sens où il n'est jamais une simple spécification de la base à laquelle il se combine. Même dans les cas où la base a le statut de **X** dans le schéma **X R Y,** le préverbe est nécessairement en relation avec un terme autre que la base [6]. Ainsi, le préverbe *za-* met en relation la base verbale avec un terme qui ne peut pas être un argument de la base [7] ; cf. *zapit' gore* « noyer son chagrin dans l'alcool » litt. **za** + boire chagrin (* *pit' gore* litt. boire chagrin).

– En tant que relateur, le préverbe est défini comme un scénario abstrait dont les composantes renvoient précisément aux termes **X** et **Y**. La question de l'identification des éléments correspondant à **X** et à **Y** devient un point central et complexe.

– L'hypothèse sur le préverbe « relateur - scénario » est une hypothèse sur l'invariance du préverbe. Les différentes valeurs sont des réalisations particulières de ce scénario abstrait.

– Les rapports entre la base et le préverbe sont désormais pensés comme une combinatoire de deux scénarios : le scénario associé au préverbe et le scénario correspondant au verbe formant la base.

3. Préverbes événements et préverbes catégorisants

Cette caractérisation des préverbes comme des relateurs de la forme **X R Y** fait de l'identification de **X** et de **Y** un problème central. La première question à ce propos concerne le statut de la base dans ce schéma en relation avec **X.** Sur la base d'une étude systématique d'une dizaine de préverbes, il semble possible d'opérer une distinction entre deux classes de préverbes :

– Les préverbes où le terme **X** est toujours lié à la base (prise comme scénario). Font partie de cette première série les préverbes : *u-, iz-, po-, pro-,*

---

[6]   Par contre, il ne saurait correspondre à **Y** dans la mesure où **Y** est source de détermination pour **X.**

[7]   Il s'agit d'une formulation minimale reprise et commentée en 3.1.

za-, s-, do-, pri-. Nous désignons ces préverbes comme des préverbes catégorisants. Par catégorisation nous entendons le fait que le terme **Y**
confère à la base des propriétés qui lui sont externes (ces propriétés ne
sont pas définitoires de la base), ce qui donne lieu à une réalisation du
procès incorporant ces propriétés.

– Les préverbes où la base n'a pas de rapport *a priori* avec **X** dans **X R Y**.
Font partie de la seconde série les préverbes *na-, pod-, pere-, vy-, ot-*.
Nous désignons ces préverbes comme des préverbes événements : le préverbe en tant que tel désigne l'événement et la base verbale est entièrement subordonnée à cet événement. Ainsi, le préverbe *ot-* désigne la séparation de deux termes, le préverbe *pere-* le passage d'un terme d'un état1
à un état2.

Afin d'illustrer ce que recouvre la distinction entre préverbes catégorisants et préverbes événements (pour une présentation plus développée cf.
Paillard 1998), nous donnons les scénarios de trois préverbes catégorisants
(*za-, pri-, pro-*) et ceux de trois préverbes événements (*ot-, pere-, vy-*).

3.1. Préverbes catégorisants

Dans la mesure où pour ces préverbes, la base correspond systématiquement
à **X,** la mise en relation de **X** avec **Y** opérée par le préverbe consiste à
(re)catégoriser la base (**X**) par un terme (**Y**) qui ne fait pas partie du scénario
de la base. Comme nous le verrons à propos de *za-, pri-* et *pro-*, cette extériorité a des contenus très divers.

3.1.1. Le préverbe *za-*. Le préverbe *za-* signifie que la base est catégorisée
par un terme dont l'extériorité au scénario de la base tient à ce qu'il met en
place un point de vue non standard en relation avec un des éléments du scénario de la base :

(1)   *za*pit' gore
         litt. **za** + boire chagrin
         noyer son chagrin dans l'alcool

Dans (1) le complément d'objet (ci-dessous C1) *gore* (« chagrin »)
fonctionne comme **Y**. Son extériorité au scénario de la base réside dans le fait
que *gore* n'est pas de l'ordre du « buvable ». Il est possible d'expliciter ce
que recouvre la catégorisation de *pit'*(« boire ») par *gore* par la glose suivante : « étant donné *gore* (« chagrin »), considérons *pit'*(« boire ») en tant
que *gore* dit ce qu'il faut entendre par *pit'* : quand on a du chagrin on boit
pour oublier ». Cela entraîne un calcul interprétatif, fondé sur les propriétés
respectives de *pit'* et de *gore*, tel que *zapit' gore* s'interprète comme « noyer
son chagrin dans l'alcool ».

3.1.2. Le préverbe *pri-*. Le préverbe *pri-* signifie que la base est catégorisée par un terme ayant une dimension événementielle ou renvoyant directement à un événement (il peut s'agir d'un autre procès, d'un repère spatio-temporel, etc).

(2)   on *priotkryl* dver', čtoby propustit' košku
        litt. il **pri** + ouvrir porte pour laisser passer le chat
        il entrouvrit la porte pour laisser entrer le chat

Dans (2) *otkryt'* (« ouvrir ») est considéré non pas en soi mais dans les limites de l'événement « laisser entrer le chat » : c'est la présence de ce second événement qui dit ce qu'il faut entendre par « ouvrir la porte »[8].

3.1.3. Le préverbe *pro-*. Le préverbe *pro-* signifie que la base est catégorisée par un terme assimilé à l'intervalle de validation du procès » ; comme on le verra cet intervalle est soit un intervalle de temps (a), soit un événement correspondant à un intervalle de temps (b) :

(3)   *prospat'* urok
        litt. **pro** + dormir cours
    a. dormir pendant tout le cours
    b. rater son cours (parce que l'on ne s'est pas réveillé)

Dans (3), le C1 *urok* (« cours ») définit l'intervalle de validation du procès *spat'*. Les interprétations (a) et (b) tiennent au fait que l'intervalle posé par *urok* a deux statuts possibles : soit l'intervalle de temps localisant *urok* est également affecté à l'événement « dormir », soit l'intervalle correspondant *a priori* à l'événement « lui être en cours » est affecté à la localisation d'un autre événement (« lui dormir »). Dans (a) les deux événements coexistent, alors que dans (b) les deux événements s'excluent : l'événement *spat'* occupe l'intervalle *a priori* affecté à l'événement *urok*.

3.2. Préverbes événements

Le terme **Y** est considéré comme un espace abstrait où l'on distingue deux situations Sit1 et Sit2 : l'événement marqué par le préverbe signifie que le terme **X** change de statut : il passe du statut qui lui est conféré en Sit1 au statut qui lui est conféré en Sit2 [9].

---

8   Exemple similaire : un médecin dit au patient : *prisjad'te* (litt. **pri** + s'asseoir « asseyez vous » : le fait de s'asseoir n'est pris en compte qu'en tant qu'il y a consultation).
9   De façon plus technique, le terme **Y** peut être défini comme un domaine topologique, où l'on y distingue différentes zones : intérieur (noté **I**), extérieur (noté **E**), frontière (noté **Fr**), etc. Sit1 et Sit2 relèvent de zones distinctes sur le do-

3.2.1. Le préverbe *ot-*. L'événement pris en charge par le préverbe *ot-* est lié à la notion de **séparation** : un terme **X** *a priori* associé à un terme **Y** (Sit1) est détaché de ce même terme **Y** (Sit2) :

(4)   Vsju ruku togda ob nego *otbila*
        litt. toute main alors contre lui **ot** frapper
        A force de le frapper je ne sens plus ma main

Dans l'exemple (4), la mise hors d'état ou plutôt la perte (provisoire) de l'usage d'un membre se présente comme le détachement de ce membre du reste du corps. Le terme *ruku* (« main ») correspond à **X**, **Y** désigne deux situations correspondant au statut de la main par rapport au reste du corps : la main est une partie active du corps (Sit1), la main n'est plus une partie active du corps (Sit2). Quant au procès correspondant à la base (*bit'* « frapper ») il n'est pas directement impliqué dans le scénario **X R Y**, il n'est que le « procédé » ayant entraîné l'événement marqué par *ot-*.

3.2.2. Le préverbe *pere-*. L'événement pris en charge par *pere-* est lié à la notion de **passage** du terme **X** d'un état e_i (Sit1) à un état e_j (Sit2) (e_i et e_j sont deux états qualitativement distincts : il y a discontinuité entre les deux états). **Y** est le domaine où sont définis e_i et e_j. Le procès désigné par la base est le procédé utilisé pour passer de e_i à e_j :

(5)   *pereždat'* grozu
        litt. **pere** + attendre orage
        patienter en attendant la fin de l'orage

Dans l'exemple (5), **X** correspond à *grozu* (« orage ») pris comme événement ; sur **Y** on distingue e_i (début de l'orage) et e_j (fin de l'orage) en tant que deux instants discontinus : *pere-* signifie que l'on s'intéresse au passage de l'état initial e_i de l'événement « orage » à l'état final e_j. La base *ždat'* (« attendre ») spécifie le mode de passage de e_i à e_j [10].

3.2.3. Le préverbe *vy-*. Un terme **X** est associé à un état visé (Sit2), l'atteinte de cet état suppose la sortie d'un état premier (Sit1) ; l'état correspondant à Sit2 n'est pas un développement nécessaire de Sit1. **Y** correspond à l'espace où sont définis Sit1 et Sit2.

(6)   Ivan *vyšel* na ulicu
        litt. Ivan **vy** + marcher sur rue
        Ivan est sorti dans la rue

---

[10]   maine de **Y**, l'altérité Sit1 / Sit2 pouvant être définie en termes d'altérité des zones.
Autre exemple : *perejti most* (litt. **pere** + marcher pont) « traverser le pont ». Sur le préverbe *pere-* on peut se reporter à Paillard (1995).

Dans (6) *ulicu* (« la rue ») en tant que lieu atteint par Ivan s'interprète comme un développement de la situation « Ivan est à l'intérieur de la maison » (la seconde localisation n'est pas le développement nécessaire de la première). Quant à *idti* (« marcher ») il n'est, comme pour *ot*- et *pere-*, que le procédé employé pour passer de l'intérieur à l'extérieur de la maison.

4. Juxtaposition, reconstruction, greffe

Ci-dessus, nous avons proposé de décrire les rapports « préverbe - base » comme la combinaison de deux scénarios : le scénario correspondant à la base verbale et le scénario correspondant au préverbe. Cette combinaison des deux scénarios ne se ramène pas à une seule configuration. On a une véritable combinatoire donnant lieu à trois configurations régulières désignées comme : 1. *Juxtaposition* ; 2. *Reconstruction* ; 3. *Greffe*. Nous présentons ces trois configurations en prenant en compte de façon systématique la distinction entre préverbes événements et préverbes catégorisants introduite ci-dessus.

4.1. Juxtaposition (ou concaténation) des deux scénarios

La première configuration est commune aux deux types de préverbes, la distinction entre préverbes événements et préverbes catégorisants n'étant pas pertinente ici. Cette configuration se caractérise par deux propriétés :

– le scénario de la base verbale en tant que tel (c'est-à-dire y compris avec ses arguments) correspond à **X** dans le scénario du préverbe ;

– le rapport entre les deux scénarios est un rapport de coexistence : le préverbe ne modifie pas le scénario de la base ; il marque l'introduction de déterminations quantitatives et/ou qualitatives sur le procès correspondant à la base.

L'exemple (2) donné ci-dessus illustre ce qui est désigné dans les grammaires comme la valeur « atténuative » de *pri* (le procès correspondant à la base est limité dans le temps ou dans l'espace). Comme l'a montré H. Le Guillou de Penanros (1997, 1998), cette valeur atténuative n'est pas homogène. Dans (2), mais aussi dans :

(7)   *pri*ostanovit' mašinu pered domom, čtoby vygruzit' bagaži
        litt. **pri** + arrêter voiture devant maison pour décharger bagages
        arrêter la voiture devant la maison le temps de décharger les bagages

la faible durée du procès désigné par la base tient à ce que le procès est relativisé par un autre procès limité dans le temps : c'est ce second procès qui minimise la durée du procès correspondant à la base. En l'absence du préverbe *pri-*, le verbe simple (la base) désigne un événement en tant que tel (stabilisé dans le temps) qu'il s'agisse de l'ouverture de la porte ou de l'arrêt de la voiture. Le préverbe (ou plus exactement son scénario) ne modifie pas le scénario de la base, mais introduit une détermination externe afffectant sa durée.

Cette valeur diminutive (ou encore atténuative) se retrouve avec d'autres préverbes comme *pod-* ou encore *po-*[11] :

(8)   **pod**lečit' kogo-to
        litt. **pod** + soigner quelqu'un
        soigner un peu quelqu'un ; donner quelques soins à quelqu'un (sans que l'on puisse pour autant parler de véritables soins)

(9)   **po**čitat'
        po + lire
        lire un peu (de temps)

Les préverbes *za-* et *pere-* peuvent signifier que le procès désigné par la base a été réalisé d'une manière excessive :

(10)   **za**kormit' rebenka
        litt. **za** + nourrir enfant
        gaver un enfant de nourriture (le nourrir trop)

Dans (10) le procès de « nourrir », qui est *a priori* bénéfactif, est considéré comme mauvais, détrimental pour celui qui est censé en être le bénéficiaire. Cette évaluation négative d'un procès bénéfactif renvoie au scénario général de *za-* tel qu'il est formulé ci-dessus.

(11)   **pere**solit' sup
        litt. **pere** + saler soupe
        saler trop la soupe

La valeur excessive peut être rapportée au scénario général de *pere-* : e_i et e_j désignent deux quantité différentes de sel (dans la soupe), en salant la soupe on est passé d'une première quantité (appréciée positivement) à la seconde (appréciée négativement) : l'appréciation négative de la seconde quantité revient à la qualifier d'excessive.

Les déterminations quantitatives et/ou qualitatives caractéristiques de la première configuration peuvent également avoir une dimension aspecto-temporelle :

---

[11]   Nous ne chercherons pas ici à rapporter ces effets de sens à la caractérisation générale de ces préverbes. Insistons simplement sur le fait que la valeur atténuative attribuée à ces trois préverbes (*pri-, pod-, po-*) n'est pas équivalente.

(12)   *zakupit'* prodovol'stvie
         litt. **za** + acheter ravitaillement / provisions
         acheter des provisions à l'avance

Rappelons que le préverbe *za*- signifie que le scénario de la base est considéré en relation avec un terme-repère qui définit un point de vue autre que le point de vue « normal » associé à un élément du scénario de la base : dans (12) l'achat de provisions est effectué en relation avec un repère temporel autre que le moment présent ; le point de vue extérieur tient à ce décalage entre le moment de l'achat et celui de la consommation des provisions.

(13)   *zagovorit'*
         za + parler
         prendre la parole, commencer à parler

Comme nous l'avons montré dans notre communication à *Chronos 2* (Fici Giusti & Paillard 1998) consacrée à l'inchoation en russe, la valeur inchoative du préverbe *za*- tient à ce que l'on considère le procès correspondant à la base du point de vue de son absence (il faut que cette absence puisse être assimilée à un événement en soi comme c'est le cas pour le silence par rapport à la parole).

Cette première configuration dite de juxtaposition des scénarios du préverbe et de la base correspond à deux des quatre domaines interprétatifs mentionnés ci-dessus : quantification / qualification du procès et *soveršaemost'* (spécification d'une phase du procès). Dans ces deux cas, la fonction du préverbe est d'introduire une détermination supplémentaire sur le procès correspondant à la base sans pour autant modifier la nature du procès. Dans cette configuration, le terme **Y** pris comme repère ne correspond pas (à la différence de ce que l'on observe dans les deux autres configurations) à un argument du verbe préverbé. Cela tient au fait que dans cette configuration **X** correspond au verbe simple muni de ses arguments. Comme on le voit dans les exemples ci-dessus, le repère **Y** (dans **X R Y**) n'est pas réalisé par un constituant de l'énoncé : sa prise en compte repose uniquement sur la présence du préverbe.

4.2. Reconstruction (nouage)

La seconde configuration, définie en termes de reconstruction, est celle où le scénario du préverbe occupe une place dominante par rapport au scénario de la base. Cette position dominante ne recouvre pas la même chose selon qu'il s'agit d'un préverbe événement ou d'un préverbe catégorisant. Dans le cas d'un préverbe catégorisant, le procès désigné par la base est reconstruit en rapport avec un terme extérieur, alors que dans le cas d'un préverbe événement, la base ne participe pas au scénario du préverbe et se trouve réduite au statut de simple procédé. Comme pour la configuration précédente, nous discutons ci-dessous une série d'exemples permettant de mieux saisir les mécanismes en jeu.

4.2.1. Préverbes catégorisants

La base s'interprète comme **X** : le procès désigné par la base est reconstruit compte tenu des propriétés du terme qui correspond à Y et qui, généralement, a le statut de C1 du verbe préverbé :

(14)   *Zašit'* dyrku na štanax
         litt. **za** + coudre trou sur pantalon
         réparer un accroc à son pantalon.

On notera l'impossibilité du verbe simple avec un C1 comme *dyrku* (« trou, accroc »). Et si avec *zašit'* on a comme C1 un terme qui peut apparaître avec le verbe simple *šit'* « coudre », son interprétation n'est pas la même ; comparer :

(15) a. šit' štany.
          coudre pantalons
          coudre (fabriquer) un pantalon

      b. *zašit'* štany
          za + coudre pantalon
          rapiécer un pantalon

Alors que dans (15a) *štany* s'interprète comme le vêtement dont la création est le résultat de l'activité de « coudre », dans (15b) un pantalon déjà existant, qui a été déchiré, est remis en état grâce au fait de coudre, et à ce titre (15b) est assez proche de (14). Dans (14) comme dans (15b), il y a bien reconstruction du scénario de *šit'* à partir d'un terme dont *za-* pose qu'il définit un point de vue non standard en relation avec un élément du scénario de *šit'* (le C1 n'est pas une forme créée par l'activité de coudre) [12].

(16)   on *propil* nasledstvo
         litt. il **pro** + boire héritage
         il a bu tout son héritage

---

[12]   Nous ne donnons pas ici de façon détaillée le scénario des verbes que nous prenons comme base. La formulation et la justification d'un scénario suppose de longs développements. Dans le cas de *šit'*, qui n'est pas l'équivalent strict de *coudre* en français (*šit'* peut signifier a. « assembler », b. « créer, fabriquer (un vêtement) », c. « broder ») nous en tiendrons à un scénario minimum : « *sit'* signifie inscrire un fil dans un support de façon à créer une forme dont le fil fait partie intégrante ».

La reconstruction de la base *pit'* (« boire ») dans (16) correspond au fait que *nasledstvo* (« héritage ») n'est pas de l'ordre du buvable. Conformément à notre hypothèse sur *pro-*, *nasledstvo* définit l'intervalle de validation du procès correspondant à la base (il a bu aussi longtemps qu'il a pu utiliser l'argent de l'héritage pour acheter de l'alcool). Ce n'est que par un calcul interprétatif sur *pit'* et *nasledstvo* [13] que l'on obtient l'interprétation selon laquelle l'alcool qu'il a bu a été acheté avec l'argent de son héritage et tout son héritage y est passé.

(17)   *priostanovit'* programmu [14]
         pri + arrêter programme
         il a suspendu le programme

A propos de (17), on notera que *programma* est incompatible avec le verbe simple *ostanovit'* (« arrêter ») que l'on peut définir en première approximation comme « associer à un terme pris dans une trajectoire un point de stabilité », dans la mesure où *programma* est un événement dont le déroulement dans le temps est déterminé *a priori*. Le point de stabilité introduit par *ostanovit'* ne peut être l'achèvement du programme (qui ne dépend que du déroulement du programme lui-même) : le point de stabilité s'interprète comme un arrêt provisoire du programme en cours de réalisation (sa suspension) [15].

4.2.2. Préverbes événements

Comme nous l'avons vu, le préverbe (en tant que scénario) désigne l'événement, et la base ne marque que le procédé utilisé (ce qui correspond à l'hypothèse selon laquelle elle ne correspond pas à **X** dans **X R Y**).

(18)   *otobrat'* lučšie knigi
         litt. **ot** + prendre meilleurs livres
         sélectionner / mettre de côté les meilleurs livres

L'exemple (18) est très proche de l'exemple (4) : l'événement consiste à isoler une partie d'un ensemble en fonction d'un critère qualitatif (cf. *lučšie* « les meilleurs ») : cela correspond au scénario de séparation qui caractérise le préverbe *ot-*. Quant à *brat'*, il n'est, au même titre que *bit'* dans (4), que le procédé utilisé pour réaliser la séparation.

---

[13] A noter que dans les dictionnaires, à côté de *nasledstvo*, on trouve *škaf* (« armoire »), *dom* (« maison »), mais aussi *ženu* (« femme »).

[14] Exemple emprunté à Hélène Le Guillou de Penanros.

[15] A noter la différence entre *ostanovit'* vojnu « stopper la guerre » et **prisostanovit'** vojnu « proclamer une trêve, un cessez le feu » (observation que nous empruntons à H. Le Guillou de Penanros).

(19)   On *vybral* samuju vkusnuju konfetu
         litt. il **vy** + prendre le plus bon bonbon
         il a choisi le meilleur bonbon

Le terme en position de C1 (*samuju vkusnuju konfetu*) est distingué (par le sujet) et à ce titre il est présenté comme se retrouvant à l'extérieur d'un ensemble dont il fait partie au départ : le distinguer revient à le sortir de l'ensemble dont il fait partie [16]. Ici encore, *brat'* est marginalisé, réduit au statut de simple procédé.

Otobrat' dans (18) et *vybrat'* dans (19) sont sémantiquement proches : l'un comme l'autre renvoient à la notion de sélection ; mais dans un cas (*otobrat'*) la sélection relève du tri (c'est-à-dire de la séparation), alors que dans l'autre (*vybrat'*) la sélection se donne comme choix.

(20)   On *perebil* Nadju
         litt. il **pere** + frapper Nadja
         Il a interrompu Nadia

Le scénario de *pere-* signifie que Nadia, correspondant au terme **X**, est passée de la parole (e_i : Sit1) au silence (e_j : Sit2). Quant à *bit'* dont le scénario peut être défini minimalement comme « la manifestation ponctuelle d'une force » [17], il n'est que le procédé faisant que **X** se retrouve en e_j (le silence) après avoir été en e_i.

Les préverbes événements dans le cadre de la configuration reconstruction ont bien en commun le fait que l'événement est pris en charge par le préverbe qui relègue la base au rang de procédé.

4.3. Greffe

La troisième configuration se caractérise par le fait que la base et le préverbe ont, en tant que scénarios, chacun leur visibilité propre, tout en ayant un élément commun. C'est la présence de cet élément commun aux deux scénarios qui justifie l'appellation retenue pour désigner cette troisième configuration : le scénario du préverbe vient se **greffer** sur le scénario de la base, grâce à cet élément participant des deux scénarios. Ce mode d'interaction des scénarios peut être assimilé à un scénario complexe, produit de la combinaison des deux scénarios. Le fait que le verbe préverbé se présente comme un scénario complexe se traduit par des constructions syntaxiques « enrichies » par l'apparition de compléments ayant la forme de syntagmes prépositionnels.

---

[16]   A noter qu'une des autres valeurs de *vybrat'* est « élire ».
[17]   D'où les valeurs « frapper » mais aussi « surgir, jaillir » (cf. la sémantique de *coup* en français).

Comme pour la deuxième configuration, la distinction entre préverbes événements et préverbes catégorisants est pertinente : elle concerne la nature de l'élément commun. Dans le cas des préverbes catégorisants, il s'agit de la base qui a à la fois le statut de scénario autonome et celui de **X** dans le scénario du préverbe. Dans le cas des préverbes événements cet élément commun est non pas la base mais un élément qui a un statut dans les deux scénarios.

4.3.1. Préverbes catégorisants

(21)   *zapit'* lekarstvo vodoj
         litt. **za** + boire médicament eau
         avaler un médicament (= le faire passer) avec de l'eau (en buvant de l'eau)

Dans (21), on a de façon intriquée le scénario de *pit'* (« boire ») en tant que tel et le scénario de *za-* qui signifie que *pit'* est considéré d'un point de vue non standard. Les deux compléments présents, le C1 *lekarstvo* (« médicament ») d'une part, le C2 *vodoj* (« eau » à l'instrumental) d'autre part, sont en rapport avec *pit'* : l'« eau » (*vodoj*) en tant que le buvable de « boire » (dans ce cas le scénario a sa propre visibilité) et le « médicament » (*lekarstvo*) en tant que **Y** catégorisant *pit'* (= **X**) dans le cadre du scénario du préverbe (le médicament n'est pas buvable car il est solide ou encore amer). Le fait que ce soit le terme correspondant à **Y** dans le scénario du préverbe et non le terme « buvable » qui soit le C1 tend à confirmer la hiérarchie des scénarios : c'est le scénario du préverbe qui redéfinit le scénario du verbe. Quant au terme buvable, il est présenté comme un simple moyen (C2 à l'instrumental).

(22)   samolet *proletel* nad gorodom
         litt. avion **pro** + voler au dessus de ville
         l'avion est passé au dessus de la ville (litt. a volé au dessus de la ville)

Dans (22), le scénario de la base *letet'* (« voler ») et celui du préverbe *pro-* ont chacun leur propre visibilité : d'un côté l'avion se déplace selon une trajectoire donnée (scénario de la base *letet'* « voler »), de l'autre, le vol de l'avion est catégorisé par un espace (« la ville ») au sens où la ville définit un intervalle de cette trajectoire.

(23)   *prikleit'* bumagu k stene
         litt. **pri** + coller feuille à mur
         coller une feuille de papier sur le mur

Dans (23) *prikleit'* définit un scénario complexe dans la mesure où le fait de coller la feuille (scénario de la base *kleit'* « coller » pris en tant que tel) se fait en relation avec un support localisant la feuille dans le cadre du procès

« coller » (scénario de *pri*). En accord avec l'hypothèse formulée ci-dessus concernant le préverbe *pri*-, le procès *kleit' bumagu* (= **X**) est catégorisé par la présence de *stene* (« mur ») correspondant à **Y**.

4.3.2. Préverbes événements

(24)   *otobrat'* xleb u kogo-to
         litt. **ot** + prendre + pain + chez + quelqu'un
         confisquer /voler son pain à quelqu'un

Dans l'exemple (24) le scénario de *brat'* et celui de *ot*- (la séparation) ont chacun leur propre visibilité. L'élément commun est *xleb* (« pain ») qui est d'une part l'objet de *brat'* (il est le « prenable » de *brat'*), d'autre part le **X** du scénario **X ot-Y**, où **Y** est le terme *kogo-to* (« quelqu'un ») : le pain est pris et le fait d'être pris est présenté comme équivalent à une « séparation » (d'où l'idée de confiscation). La localisation prise en charge par *brat'* est associée à une délocalisation - séparation.

(25)   *perelit'* kolokola v puški
         litt. **pere** + fondre/verser cloches dans canons
         fondre des cloches pour en faire des canons

Dans (25) le fait de fondre les cloches (scénario de *lit'*) est associé à un scénario de la transition (caractéristique de *pere*-) d'un état e_i (les cloches sont des cloches : Sit1) à un état e_j (les cloches sont (devenues) des canons : Sit2). L'élément commun au scénario de *lit'* et à celui de *pere*- est *kolokola* (« cloches ») : il est l'objet de *lit'* (les cloches, en métal, sont suceptibles d'être fondues) et le **X** de **X pere-Y** (**Y** correspondant à *puški* « canons «) – ce rapport de *kolokola* à *puški* étant relayé par la préposition *v* (« dans »).

(26)   *vynesti* musor iz domu
         litt. **vy** + porter ordures hors de maison
         sortir les ordures

Comme pour *ot*- et *pere*-, on a en (26) un scénario complexe combinant le scénario de la base *nesti* (porter les ordures) et celui du préverbe *vy*- (la localisation visée pour les ordures est définie négativement comme « hors de la maison »). *Musor* est à la fois l'objet de « porter » et le **X** de **X vy-Y** où **Y** est *dom* (« maison ») considérée de l'intérieur (au départ les ordures sont dans la maison : Sit1) et de l'extérieur (l'objectif est que les ordures soient hors de la maison : Sit2).

5. Conclusion

L'approche de la préverbation en russe exposée ci-dessus, par comparaison avec d'autres approches, présente les avantages suivants :

1. Elle met en évidence des régularités qui sont définies indépendamment de la sémantique des préverbes. Ces régularités sont de deux ordres :

    – il est possible de distinguer deux classes de préverbes, les préverbes catégorisants et les préverbes événements. Les préverbes catégorisants marquent la reconstruction du scénario verbal à partir des propriétés d'un terme extérieur au scénario verbal. Les préverbes événements marquent la marginalisation du scénario verbal, entièrement subordonné à l'événement désigné par le préverbe.

    – la combinatoire « préverbe - base » correspond à trois configurations : dans la première configuration (juxtaposition) il y a coexistence des deux scénarios, dans la seconde (reconstruction), le scénario verbal est entièrement subordonné au scénario du préverbe, dans la troisième, les deux scénarios sont en rapport par le biais d'un élément commun.

2. Il existe des rapports entre les trois configurations et les domaines interprétatifs associés traditionnellement à la préverbation. La configuration juxtaposition correspond à deux cas (souvent associés dans la littérature) : *soveršaemost'* et **déterminations quantitatives et qualitatives**. Les configurations reconstruction et greffe correspondent à la création de nouvelles unités lexicales (par comparaison avec le lexème correspondant à la base) avec une différence entre les deux configurations : nouvelle unité lexicale pour B, unité lexicale enrichie pour C. Le problème des paires aspectuelles associant un « imperfectif simple » à un perfectif de la forme Préverbe + Imperfectif simple pris comme Base devra faire l'objet d'une étude particulière.

3. Il existe des corrélations intéressantes entre les trois configurations et les constructions syntaxiques du verbe préverbé :

    – dans la configuration « juxtaposition », la syntaxe du verbe préverbé est celle du verbe simple ;

    – dans la configuration « reconstruction », le verbe préverbé est, le plus souvent, transitif au sens strict (avec un redéploiement de la classe des N pouvant apparaître comme C1). Cela vaut aussi bien pour les préverbes événements que pour les préverbes catégorisants, même si les mécanismes en jeu sont différents.

    – dans la configuration « greffe », on a un enrichissement syntaxique qui tient au fait que le verbe préverbé est assimilé à un scénario complexe. Cet enrichissement syntaxique concerne la nature du C1 mais aussi (et surtout) l'apparition de compléments ayant la forme de syntagmes prépositionnels.

Références

Corbet, C. (1964). Quelques incidences lexicales de la préverbation en russe, *Revue des Etudes Slaves* 40 : 46 - 54.

Fici Giusti, F. ; Paillard, D. (1998). L'inchoation : entre préverbes et auxiliaires, *Le langage et l'homme,* 33.1 : 79-94.

Flier, M. S. (1984). Syntagmatic constraints on the Russian prefix *pere-*, in : M. S. Flier ; R. D. Brecht, (eds*), Issues in Russian Morphosyntax*, UCLA Slavic Studies, vol. 10. Columbus, Ohio: Slavica, 139-154.

Flier, M. S. (1985). The scope of prefixal delimitation in : M. S. Flier ; A. Timberlake (eds), *The scope of Slavic aspect*, UCLA Slavic studies, vol.12, Columbus, Ohio: Slavica, 41-58.

Fowler, G. (1994). Verbal prefixes as functional heads, *Studies in the linguistic sciences*, 24.1-2 : 171-185.

Guiraud-Weber, M. (1988). *L'aspect du verbe russe. Essai de présentation*, Université de Provence.

M. Krongaouz ; D. Paillard, (eds), (1997). *Glagol'naja prefiksacija v russkom jazyke*, Moscou : izd. Russkie Slovari.

Janda, L.A. (1985). The meaning of Russian verbal prefixes: Semantics and grammar, in : M. S. Flier ; A. Timberlake, (eds), *The scope of Slavic aspect*, UCLA Slavic studies, vol.12, Columbus, Ohio: Slavica, 26-40.

Janda, L.A. (1986). *A Semantic Analysis of the Russian Verbal Prefixes za-, pere-, do-, and ot-*. Münich: Verlag Otto Sagner.

Janda, L.A. (1988). The mapping of elements of cognitive space onto grammatical relations : An example from Russian verbal prefixation, in : B. Rudzka-Ostyn, (ed.), *Topics in cognitive linguistics*, Amsterdam : Benjamins, 327-343.

Krongaouz, M. (1997). Issledovanija v oblasti glagol'noj prefiksacii : sovremennye položenija i perspektivy, in : M. Krongaouz ; D. Paillard, (eds), 4-28.

Le Guillou de Penanros, H. (1997). Smjagčitel'noe značenie pristavki « pri », in : M. Krongaouz ; D. Paillard (eds), 141-148.

Le Guillou de Penanros, H. (1998). Entre lexique, syntaxe et aspect : le préverbe *pri* en russe contemporain, *Le Langage et l'Homme* 33.1 : 95-108.

Paillard, D. (1989). Le chagrin est-il buvable ?, in : *La notion de prédicat*. Cahiers ERA 642 : 59 - 84

Paillard, D. (1991). Aspect et lexique. Préverbes et perfectivation en russe. Le préverbe « za », *BULAG* 17 : 37-49.

Paillard, D. (1995). Perestroïka. A propos du préverbe *pere-* en russe contemporain, in : J. Bouscaren ; J.-J. Franckel ; S. Rober, (éds), *Langues et langage. Hommage à Antoine Culioli.* Paris : PUF, 345-357.

Paillard D. (1997), O pristavkax russkogo jazyka : k programme issledovanija in : S. Karolak, (ed), *Struktura i semantika slavjanskogo vida II,* Krakow : Wydawnictwo Naukowe WSP, 183-202.

Paillard, D. (1997a). Formal'noe predstavlenie pristavki ot-, in : M. Krongaouz ; D. Paillard, (eds), 87-112.

Paillard, D. (1998). Les préverbes russes : division et discernement, *Revue des Etudes Slaves,* 70.1 : 85-99.

Svetsinskaïa, I. (1998). *Le préverbe* vy *en russe contemporain : étude sémantique et syntaxique,* thèse de doctorat INALCO.

Veyrenc, J. (1980). *Études sur le verbe russe,* Paris : Institut d'Etudes Slaves.

Evénements, états et substances : un essai météorologique [1]

Katia PAYKIN
UMR 8528 Silex - Université de Lille III

0. Introduction

L'étude des expressions météorologiques s'est presque toujours limitée à l'analyse des phrases verbales et plus précisément des verbes météorologiques impersonnels, de type *il pleut* en français, *it rains* en anglais ou *doždit* [Ø pleut] en russe. Ces recherches se sont généralement fixé le même objectif : en termes classiques, comprendre si le prédicat météorologique possède un sujet ou non ; en termes modernes, résoudre la question de la structure argumentale de ces verbes. Selon le point de vue généralement accepté, les verbes météorologiques forment une classe homogène, différente des autres verbes, et caractérisée surtout par son comportement syntaxique bien particulier, comparable d'une langue à l'autre.

Les noms météorologiques sont restés plutôt dans l'ombre des verbes météorologiques, et ce bien que les substantifs dénotant les météores ne constituent pas une classe homogène, au contraire des verbes impersonnels correspondants. En effet, « l'unité de la catégorie du vocabulaire météorologique éclate dès que l'on considère ses expressions nominales » (Van de Velde 1995 : 8, n.4). Le but du présent travail est donc de montrer que les distinctions que l'on peut faire dans les caractéristiques physiques des phénomènes météorologiques se retrouvent, de manière analogue, dans le comportement linguistique des noms qui correspondent à ces phénomènes. Nous avons choisi de nous limiter aux noms strictement météorologiques, à l'exclusion des noms temporels de type *nuit, aurore, crépuscule* (que Ruwet (1990) examine également dans le cadre des expressions météorologiques). Autrement dit notre étude ne porte que sur les noms de météores, définis comme des phénomènes atmosphériques non-cycliques.

Après un aperçu rapide des analyses antérieures du système verbal météorologique, nous nous arrêterons sur l'étymologie des noms météorologiques, surtout pour pouvoir répondre à deux questions : a) peut-on parler de

---

[1]   Des versions antérieures de cet article ont été présentées à Collate Meeting à Göteborg, Suède (mai 2000) et à SILEX, Lille 3 (mars 2001) et ont suscité plusieurs discussions très intéressantes. Je voudrais donc remercier tous mes collègues et amis pour leurs commentaires instructifs et plus particulièrement, Danièle Van de Velde, Marleen Van Peteghem et Anne-Marie Berthonneau.

noms déverbaux dans le cas des noms de météores? et b) peut-on considérer que les noms météorologiques possèdent une structure argumentale?

Dans un deuxième temps, nous présenterons la différence principale entre les verbes météorologiques (comme *pleuvoir*, *neiger*) et leurs équivalents nominaux (*pluie*, *neige*). Nous évoquerons ensuite la complexité du comportement linguistique des noms météorologiques en français, complexité que l'on retrouve également en russe et en anglais, et qui reflète la diversité des propriétés physiques des phénomènes atmosphériques. Nous conclurons par une classification des noms de météores selon leur comportement linguistique.

Cette étude ne se veut aucunement exhaustive, mais constitue plutôt un début, une fondation pour une recherche plus globale et approfondie.

1. Les analyses antérieures des verbes météorologiques

Comme nous avons mentionné dans l'introduction, le domaine des expressions météorologiques a attiré l'attention des linguistes surtout par le comportement intriguant de son système verbal. En effet, le pronom impersonnel de ces verbes n'a aucune des fonctions « normales » des pronoms (en français, ainsi que dans les autres langues qui exigent un sujet). Comme le signale Ruwet (1990), ce *il* en français est :

– non déictique et non anaphorique, et aucune forme forte (*lui*) ne lui correspond ;

– obligatoire en tant que forme du nominatif dans les phrases à temps fini, mais sa contrepartie à l'accusatif (le clitique *le*) est inacceptable dans les propositions non-finies (**Je le regarde pleuvoir*);

– le même dans les expressions sémantiques apparentées, comme *il y a du vent, il fait chaud.*

Pour des langues qui, comme le russe, peuvent parfaitement se passer d'un sujet, les verbes météorologiques ont recours à la terminaison de troisième personne du singulier.

En ce qui concerne la présence d'une structure argumentale dans ces verbes, les points de vue sur la question sont partagés entre ceux qui veulent y voir la structure canonique sujet – prédicat, et ceux qui soutiennent que le verbe météorologique reste impersonnel à tous les niveaux syntaxiques. Parmi les tenants de la première position, on distingue :

– ceux qui trouvent une valeur référentielle et un sens dans le pronom *il* ou dans la terminaison verbale (entre autres Bréal (1882), Meillet (1948, 1951), Polge (1977), partisans de l'origine divine du pronom *il* ou de la terminaison verbale à la troisième personne du singulier en russe, ainsi que Bolinger (1977), qui considère le pronom *it* des phrases impersonnelles météorologiques - son travail étant fait à partir de l'anglais - comme le *it* « ambiant » qui réfère à « un état englobant des choses » et R. Martin (1983), qui, reprenant l'idée soutenue par G. Moignet (1981), voit dans le *il* météorologique la marque de « la personne d'univers ») ;

– ceux pour qui la structure canonique, sujet-prédicat, peut être reconstituée à un niveau sous-jacent de la représentation (entre autres Darden (1973) pour qui la phrase à verbe impersonnel renferme un substantif météorologique ainsi qu'un verbe neutre de processus, et Potebnja (1968) qui considère qu'à l'origine des phrases impersonnelles en russe (et pas seulement des phrases météorologiques) se trouvent des phrases à sujet indéfini de type *čto-to, nečto* [quelque chose]).

Nous partageons plutôt l'idée qu'en synchronie, les verbes météorologiques restent impersonnels à tous les niveaux syntaxiques [2]. Selon cet avis, exprimé dans Higginbotham (1983), les phrases de type *it rains* ont donc la forme logique suivante : $\exists x$ (event (x) & rain (x)), que l'on peut gloser par « il existe un x, tel que x est un événement et ce x est pleuvoir » [3]. Les phrases à verbe météorologique signifient donc des événements, traitables comme des individus quantifiables. Nous insistons sur le terme « en synchronie », car les verbes météorologiques du grec ancien, par exemple, pouvant figurer à la forme passive, semblent posséder une structure argumentale :

(1)   a.   ἡ γῆ ὕεται ὀλίγῳ

hé gué   huetaj   oligoj
la terre$_{nom}$ est plue$_{ind\ prés\ passif}$ un peu
'Il pleut un peu sur la terre'

---

[2]   Sans qu'il soit possible de s'arrêter en détail sur cette question dans le cadre de la présente étude, il nous semble tout de même nécessaire de donner au moins une des preuves de notre point de vue. En anglais, les verbes proprement météorologiques n'autorisent pas les nominalisations en *–ing*, contraintes à avoir une structure argumentale (cf. Grimshaw 1990). C'est l'absence de structure argumentale qui bloque la formation de type *the raining* ou *the snowing* pour désigner les phénomènes atmosphériques. En revanche, dans le cas des emplois métaphoriques où le même verbe change de sens et prend des arguments, le nom en -ing est tout à fait envisageable : *The first thundering of the season took place in early March* vs. *The child was scared by the thundering of the horses' hooves* (cf. Paykin 2001).

[3]   Contrairement à l'anglais où la forme *rain* peut être interprétée comme un nom aussi bien que comme un verbe, la question se pose pour le français si x est *la pluie* ou *pleuvoir*. Nous reviendrons à ce problème un peu plus tard.

b. τῶν ὑπέρ Μέμφιν μηδὲ νειφομένων παράπαν

ton	huper	Memfin	méde	neifomenon		parapan
les gens	en dessous	de Memphis	même pas	étant enneigés$_{part\ prés\ passif}$		tout à fait [4]

'Il n'a pas tout à fait neigé sur les gens en dessous de Memphis'

Ces exemples du passif utilisé avec les verbes météorologiques ne nous renseignent pas sur l'argument externe de ces verbes, i.e. leur sujet, mais montrent au moins que ces verbes possèdent un argument interne, donc une sorte de structure argumentale. Il semble que cet argument interne désigne généralement un lieu. Autrement dit l'auteur précise où il neige et où il pleut, ce qui correspond en français aux structures de type : *Il pleut / neige sur la ville*.

Cependant, pour pouvoir se prononcer sur l'existence d'une structure argumentale pour les noms de météores, l'examen de la structure argumentale des verbes météorologiques semble pertinent uniquement dans le cas où l'on peut considérer les noms météorologiques comme des noms déverbaux. Examinons donc brièvement l'étymologie des noms de météores.

2. Etymologie des noms de météores

Contrairement aux conclusions généralisantes de Ruwet (1990 : 58) pour qui la relation entre les verbes météorologiques et les noms est « essentiellement la même que celle qui existe en général entre les verbes et les dérivés nominaux correspondants », il nous semble impossible, dans l'état actuel de la recherche étymologique, d'énoncer une règle générale de la formation des noms météorologiques. Il est toutefois très vraisemblable que les verbes proprement météorologiques sont pour la plupart dérivés de noms correspondants. Selon les dictionnaires étymologiques de Dauzat, Dubois, et Mitterand (1993) et de Bloch et von Wartburg (1996), nous constatons, par exemple, que les noms *bruine*, *orage*, *tempête* viennent directement des noms latins *pruina*, *aura* et *tempesta* respectivement. Le nom *neige* est créé au XIV siècle sur le modèle du verbe *neiger* pour remplacer le nom *noif* de l'ancien français, mais le verbe *nivicare* du latin vulgaire provient lui-même du nom latin *nix, nivis*. *Pluie* est donc parmi les rares vrais déverbaux, venant du verbe latin *plouere*. Les noms de météores en français ne peuvent donc pas en règle générale hériter de la structure des verbes impersonnels (même si ces derniers en avaient une), puisqu'un nombre important de ces verbes leur sont postérieurs.

L'étymologie du russe présente les données semblables. Il découle du raisonnement de Potebnja (1968) que les verbes météorologiques russes

---

[4]   Les abréviations suivantes sont utilisées dans cet article : acc – accusatif ; adj – adjectif ; gén – génitif ; impers – impersonnel ; instr – instrumental ; ind – indicatif ; nom – nominatif ; part – participe ; prés - présent.

dérivent des noms correspondants et le dictionnaire étymologique de Černych (1993) en témoigne. Cependant, certains de ces noms (environ une moitié des noms météorologiques donnés dans le dictionnaire) viennent d'une base indo-européenne verbale, laquelle ne se réfère pas à des phénomènes atmosphériques. Ces verbes ont plutôt un sens neutre, plus ou moins en rapport avec les caractéristiques principales des météores. Ainsi, la base de 'nuage' signifie 'couvrir, envelopper (le ciel)', celle d''orage' - 'menacer', celle de 'pluie' - 'se dissiper dans l'air', celle de 'rosée' - 'couler', celle de 'tempête' - 'mugir' et enfin celle de 'vent' - 'souffler'. La relation entre la base indo-européenne et le nom est du type 'action – agent de l'action' ('vent' : 'souffler' – 'ce qui souffle'), mais le nom dérivé ne préserve qu'un sème de son verbe d'origine. La signification du nom désignant un phén-omène atmosphérique est donc trop éloignée de la signification du verbe pour pouvoir partager les arguments de ce dernier.

Nous ne pouvons donc pas appeler les noms météorologiques « déverbaux ». Ces noms ne possèdent, de toute façon, pas de structure argumentale, car leur contenu sémantique équivaut à celui du verbe, les deux désignant des phénomènes atmosphériques sans agent ni cause identifiable, dépourvus donc de tout participant. Cependant, les noms météorologiques diffèrent fondamentalement des verbes, en ce qu'ils ne possèdent pas ce caractère homogène généralement attribué aux constructions verbales. Examinons cette différence de plus près.

3. Différence entre les noms et les verbes

La différence fondamentale entre les phrases à verbe météorologique et les phrases où figure un nom de météore réside dans l'ambiguïté possible des substantifs. Si les phrases dans l'exemple (2) dénotent exclusivement des événements,

(2)   a.   Mon existence est une campagne triste où il pleut toujours. (Bloy, *La Femme pauvre*, 1897 : 63).

      b.   Je préfère revenir à pied du cercle et cela qu'il vente ou qu'il neige. (Lorrain, *Sensations et souvenirs*, 1895 : 170).

les phrases en (3) peuvent être ambiguës. Le nom *neige* employé avec un prédicat neutre en ce qui concerne son sens peut désigner la substance matérielle ainsi qu'un événement :

(3)   Il avait dit : J'aimerais qu'il y ait de la neige. (Hanska, *J'arrête pas de t'aimer*, 1981 : 156).

Nous pouvons rendre explicites ces deux lectures du nom *neige* en mettant un prédicat non-ambigu qui sélectionne soit l'une soit l'autre de ces deux lectures. Dans l'exemple (4), le verbe *cesser* fait en sorte que le nom *neige* signifie uniquement un événement :

(4)   La neige avait cessé, tout était net et magnifique. (Brisac, *Week-end de chasse à la mère*, 1996 : 42).

En revanche, dans l'exemple (5), le verbe *craquer* sélectionne la lecture substantive du même nom :

(5)   La neige craque sous nos semelles cruellement perméables, nous prenons l'air et nous prenons l'eau par la même occasion. (Brisac, *Week-end de chasse à la mère*, 1996 : 39).

Nous trouvons le même comportement du nom 'neige' en anglais et en russe. Les verbes météorologiques de l'exemple (6) expriment un événement uniquement :

(6)   a.   It has been raining / snowing all day. (Cobuild Concordance Demo).

       b.   S   rannego utra   doždilo   i   nastroenie bylo   plochoe.

             depuis tôt$_{adj}$ matin [il] pleuvait$_{impers}$ et humeur   était   mauvais
             'Il pleuvait depuis le matin et l'humeur était massacrante.'

tandis que les phrases de l'exemple (7) permettent les deux lectures du nom 'neige' :

(7)   a.   We had a lot of snow yesterday.

       b.   Stojal   oktjabr' a   na   dvore   byl   sneg.

             demeurait octobre mais   sur   cour   était neige
             'C'était octobre, mais il y avait de la neige dehors.'

Ces deux lectures sont explicitées respectivement par les exemples (8) et (9) : l'exemple (8) présente une lecture événementielle grâce à l'adjectif *heavy* [fort] en anglais et à l'adjectif *silnyj* [intense] en russe, employés tous les deux avec une expression de durée 'deux jours' :

(8)   a.   Two days of heavy snow made skiing impossible. (Cobuild Concordance Demo).

       b.   Dva   dnja   silnogo   snega   paralizovali   ves'   gorod.

             deux   jours   intense$_{gén}$ neige$_{gén}$ ont paralysé   entier   ville
             'Deux jours de neige intense ont paralysé la ville entière.'

alors que l'exemple (9) présente une lecture substantive grâce à l'adjectif *melting* [fondant] employé avec un verbe *to slide* [glisser] en anglais et au verbe *ležat'* [litt. être allongé] en russe :

(9) a. The melting snow began to slide from the sloping tiled roofs. (Cobuild Concordance Demo).

   b. Na   kryšach   domov   ležal   sneg.
      sur   toits   maisons$_{gén}$ se trouvait neige
      'Il y avait de la neige sur les toits des maisons.'

Comme nous venons de voir, les phrases à verbe impersonnel météorologique présentent les météores sous un seul aspect, i.e. événementiel, tandis que les noms météorologiques peuvent soit désigner un phénomène atmosphérique dans toute son ambiguïté - dans les constructions les plus neutres de type *il y a* ou dans les phrases nominales en russe - soit mettre en évidence l'un de ses aspects possibles - dans les phrases où ces noms sont accompagnés de verbes ou de locutions verbales et adjectivales - en levant ainsi toute ambiguïté à l'interprétation. Etant donné cette originalité des noms météorologiques, la forme logique proposée par Higginbotham (1983) pour les expressions météorologiques ne peut s'appliquer qu'aux verbes et aux noms météorologiques d'événements.

Les noms météorologiques, en raison de l'ambiguïté de leur interprétation sémantique, provenant principalement des caractéristiques physiques distinctes des phénomènes atmosphériques, peuvent donc manifester plusieurs types de comportement linguistique.

4. Complexité du comportement des noms de météores

Le comportement linguistique des noms météorologiques oscille autour de trois pôles : celui de la substance, illustré dans la phrase (10a), celui de l'état, illustré dans la phrase (10b) et celui de l'événement, illustré dans la phrase (10c) [5] :

(10) a. Je n'ai pu déceler aucune trace de radio-activité dans les différentes substances que j'ai étudiées dans l'Antarctique : neige, givre, verglas. (Rouch, *Régions polaires*, 1927 : 173).

   b. Tout ça ne rimait à rien, il faisait un froid de chien, et un sale temps. (Aragon, *Les Beaux quartiers*, II, III).

   c. [...] j'ai un sens qui prend dans le désert une merveilleuse acuité, le sens du danger. Je vous en ai donné un petit exemple hier matin, au moment de l'orage. (P. Benoît, *L'Atlantide*, 1919 : 95).

Bien que presque chaque nom possède plus d'une seule lecture, nous pouvons tout de même distinguer une caractéristique dominante qui

---

[5] Il nous semble essentiel d'ajouter un troisième type de sens possible pour les noms de météores, celui d'état. Nous employons le terme au sens de propriété stable et non comme synonyme de « statif », « non progressif ».

conditionne le comportement du nom dans les constructions différentes, et ce pour les trois langues : le français, l'anglais et le russe. Dans ce qui suit, nous considérerons surtout les noms dont le comportement peut être vu comme prototypique pour chaque groupe de noms. Nous examinerons d'abord les substances, puis les états et enfin les événements.

4.1 Substances

Les noms de substances sont des noms d'entités physiquement tangibles situées dans l'espace, contrairement aux événements qui entretiennent une relation directe avec le temps et indirecte avec l'espace. Nous pouvons considérer les noms désignant tout type de précipitation comme ayant potentiellement la lecture substantive, car le fait même qu'ils puissent se combiner avec un verbe comme *tomber* présuppose qu'ils réfèrent à une matière susceptible de tomber [6] :

(11) a. La pluie tombait paisiblement avec une monotonie qui ne manquait pas de charme. (M. de Guérin, *Journal*, 1834 : 203).

   La neige tombait plus épaisse, leurs vêtements confondus se liseraient d'un fin duvet blanc. (Zola, *Terre*, 1887 : 317).

b. Rain / snow fell cruelly and relentlessly. (Cobuild Concordance Demo).

c. Včera vypal   dožd'/sneg,a   segodnja   daže   luži   podsochli.

   hier   est tombé pluie/neige,mais aujourd'hui même flaques ont séché
   'Hier, il a plu / neigé, mais aujourd'hui même toutes les flaques ont séché.'

Seules les substances peuvent former des couches et couvrir des objets. Les noms météorologiques employés dans le contexte des prédicats associés à l'idée de revêtement des objets par une matière ou d'accumulation de cette matière ont donc nécessairement une interprétation de substance, comme dans l'exemple (12) :

(12) a. Une nappe de brouillard couvre la terre. (Barbusse, *Feu*, 1916 : 70).

   La tour Eiffel disparaissait derrière un rideau de pluie. (Green, *Journal*, 1932 : 87).

   Ces sommets, toujours couverts de neige, [...] donnent comme une sorte de fraîcheur par souvenir au milieu de ces campagnes brûlantes. (Stendhal, *Chartreuse*, 1839 : 93).

b. A thin layer of snow covered the car.

---

[6] Comme l'a très justement remarqué Marie-Noëlle Gary-Prieur, la langue accepte également les emplois où le nom accompagnant le verbe *tomber* ne désigne pas la substance, telle que *la nuit*. Nous nous référons ici surtout aux substances qui peuvent tomber « à verse », « goutte à goutte », « à flots », « à pleins seaux », etc.

He was going forward through the dense banks of fog at a few miles an hour.
The fog was shrouding the hill. (Cobuild Concordance Demo).

c. V   ovrage   ležal   tolstyj sloj   snega.
dans   ravin   se trouvait épais   couche neige$_{gén}$
'Il y avait une épaisse couche de neige dans le ravin.'

Derev'ja byli   pokryty   snegom / ineem.
arbres   étaient couverts   neige$_{instr}$ / givre$_{instr}$
'Les arbres étaient couverts de neige / de givre.'

Zemlju skryval   tuman.
terre$_{acc}$ cachait   brouillard
'La terre était cachée par le brouillard.'

Il semble intéressant de remarquer que la substance *neige* reste une fois l'événement *neige* terminé, tandis que la substance *brouillard* disparaît avec la disparition de l'état *brouillard*.

4.2. Etats

Les noms météorologiques peuvent aussi désigner des états atmosphériques, comme dans l'exemple (10b). Dans leur comportement linguistique, ces noms d'états météorologiques sont assez comparables aux noms d'états en général, comme *tristesse* ou *bonheur*, dans la mesure où ce sont des noms intensifs qui ne marquent pas la distinction entre la quantité et la qualité. L'expression *beaucoup de* en français, ainsi que son équivalent anglais *a lot of* (*much* / *many*) possèdent une signification différente en fonction du nom qualifié. Couplée avec un nom d'état, cette expression a une lecture exclusivement intensive. Les phrases dans l'exemple (13) signifient donc que le brouillard était dense et que le vent était fort :

(13) a. Jamais je n'oublierai les mots qu'elle ajouta : « Il y a beaucoup de brouillard, regardez... peu d'avions décollent ». (Bianciotti, *Le pas si lent de l'amour*, 1995 : 156).

Il faisait beaucoup de vent, une vraie tempête. (TLF électronique).

b. We've got so much wind, you do not want to fly out right away. (Cobuild Concordance Demo).

En russe, cette structure est bloquée surtout parce que l'expression *mnogo* [beaucoup] ne peut en aucun cas recevoir une lecture intensive. Pour exprimer la même idée, la langue russe a recours aux adjectifs qualificatifs, tel que *gustoj* [dense] ou *sil'nyj* [fort].

c. *Mnogo   tumana / vetra / tepla.

beaucoup de brouillard / vent / chaleur

La même expression accompagnée de noms avec une interprétation de substance désigne une grande quantité de cette substance, comme dans l'exemple (14). Tout comme les noms qui peuvent s'interpréter comme des états, les noms interprétés comme des substances restent dans ces constructions au singulier, puisque les noms de masse ne prennent pas de pluriel.

(14) a. Il y avait beaucoup de glace sur les fleuves et de neige sur les vitres du train. (Lanzmann, *Le Têtard*, 1976 : 9-10).

　　 b. We have had a lot of snow.

　　 c. Segodnja   utrom   vypalo   mnogo   snega.

　　 aujourd'hui matin$_{instr}$ est tombé beaucoup neige$_{gén}$
　　 'Il est tombé beaucoup de neige ce matin.'

En revanche, avec les noms interprétés comme des événements, une expression quantitative signifie un nombre d'occurrences. Contrairement aux noms interprétés comme des états et des substances, les noms interprétés comme des événements apparaissent au pluriel, car les événements sont vus comme des entités quantifiables, pourvues de limites temporelles.

(15) a. En octobre, quelques pluies avaient rafraîchi les prés, les arbres étaient encore verts et feuillés au milieu du mois de novembre. (Balzac, *Ténébreuse affaire*, 1841 : 29).

　　 b. We have had incessant rains since your departure. (Jefferson, *Letters* 1760-1826).

　　 c. V   etoj   mestnosti   byvaet   mnogo   doždej / groz.

　　 dans ce   pays   a lieu   beaucoup   pluies / orages
　　 'Il y a beaucoup de pluies / d'orages dans ce pays.'

Une autre caractéristique des noms qui permettent une interprétation d'état est leur capacité d'entrer dans des contextes exprimant les états atmosphériques. En français, ce contexte exige la construction impersonnelle à verbe *faire*, comme dans l'exemple (16a), tandis que l'anglais utilise un adjectif dans une structure impersonnelle à verbe 'être' pourvu d'un ancrage temporel du type *today*, comme dans l'exemple (16b). En russe, les noms météorologiques qui admettent une interprétation d'état sont les seuls à former une catégorie grammaticale entre l'adverbe et l'adjectif, à savoir une catégorie d'état (cf. Ščerba 1957), comme dans l'exemple (16c).

(16) a. [...] à Londres, il fait brouillard [sic], il pleut sur Berlin, il bruine sur Paris, il neige sur Moscou [...]. (Tournier, *Les Météores*, 1975, Chapitre XV, *Les Miroirs vénitiens* : 431).

Le vent qu'il fait décide de tout. (D'Ormesson, *La Douane de mer*, 1993 : 458).

b.   It is foggy / windy / hot today.

c.   Segodnja   tumanno / vetrenno / žarko.
aujourd'hui   brouillardeux / venteux / chaud
'Il fait brouillardeux / venteux / chaud aujourd'hui.'

4.3. Evénements

Comme nous l'avons signalé à plusieurs reprises, les noms météorologiques peuvent s'interpréter comme des événements. Pour définir un événement, nous nous limiterons à la définition de Vendler (1967), pour qui les événements sont tout d'abord des entités temporelles et de celle de Danièle Van de Velde (à paraître), pour qui un nom d'événement apparaît « dégagé de tout lien avec quelque argument que ce soit, si ce n'est implicite et tout à fait indéfini », et peut être « défini approximativement comme une action dotée d'un ancrage spatio-temporel déterminé ». Le terme « action » est utilisé dans un sens large, par rapport à l'état de choses qui, lui, est statif, c'est la distinction que l'on peut faire entre des noms tels que *bombardement* et *connaissance*.

Selon les critères définitoires de Vendler, l'événement doit être d'abord temporel. Il peut avoir lieu, commencer, durer ou se terminer. Comme on le constate dans l'exemple (17), les noms d'événements peuvent se combiner avec des verbes tels que *commencer*, *éclater* en français, *to start* en anglais et *načat'sja* [commencer] et *razrazit'sja* [éclater] en russe :

(17) a.   Et aucune voix n'a crié Lucie. Et me voici dehors. Et la pluie commence. Drue. (Forlani, *Gouttière*, 1989 : 22-23).
L'orage se dissipe sans avoir éclaté. (TLF électronique).

b.   It happened after the rain / the storm started. (Cobuild Concordance Demo).

c.   V tri   časa   načalsja / razrazilsja dožd', načalas' / razrazilas' groza.
A trois heures a commencé / éclaté pluie, a commencé / éclaté orage
'A trois heures la pluie / l'orage a commencé / éclaté.'

Ce même contexte exclut l'emploi des noms pour lesquels la lecture substantive paraît dominante, comme on peut le voir dans l'exemple (18) :

(18) a.   *Le givre / *le brouillard / *la rosée a commencé / eu lieu à l'improviste.

b.   *The hoarfrost / *the fog / *the dew broke out / suddenly happened.

c.   *Inej / *tuman   načalsja / razrazilsja,   *rosa načalas' / razrazilas'.
givre / brouillard   a commencé / éclaté,   rosée   a commencé / éclaté.

Puisque les événements sont dotés d'une certaine durée, les noms qui les signifient peuvent se combiner avec la préposition *pendant* ou *au cours de* en français, ainsi que *during* en anglais et *vo vremja* [pendant] en russe, comme nous le constatons dans l'exemple (19) :

(19) a.   C'est le transfo qui a dû sauter pendant l'orage. (Cl. Michelet, *Les Palombes ne passeront plus*, 1988 [1980] : 56).

Il y a, pendant la pluie, une certaine obscurité qui allonge tous les objets. (Joubert, *Pensées*, t.1, 1824 : 335).

b.   Part of the roof collapsed during the storm.

Someone had evidently come here during the rain or immediately after it. (Cobuild Concordance Demo).

c.   On   ljubil   brodit'   vdol'   reki   vo vremja   doždja.

il   aimait   flâner   au bord   rivière$_{gén}$ pendant   pluie$_{gén}$
'Il aimait bien flâner au bord de la rivière pendant la pluie.'

Encore une fois, l'emploi de ces prépositions est impossible avec les noms interprétés comme des substances :

(20) a.   *C'est le transfo qui a dû sauter pendant le brouillard.

*Il y a, pendant la neige, une certaine obscurité qui allonge tous les objets.

b.   *Part of the roof collapsed during the fog.

*Someone had evidently come here during the hoarfrost or immediately after it.

c.   *On   ljubil   brodit'   vdol'   reki   vo vremja   ineja.

il   aimait   flâner   au bord   rivière$_{gén}$ pendant   givre$_{gén}$

La langue accepte également les phrases où les noms d'événements météorologiques sont accompagnés du verbe *durer,* comme dans l'exemple (21) :

(21) a.   [...] il s'agit de ces tièdes averses du printemps, qui ne durent que quelques minutes, [...]. (A. Theuriet *France, Suppl.* 1907).

La pluie, qui a commencé de tomber pendant la nuit, a duré toute la journée sans interruption. (Maine de Biran, *Journal,* 1816 : 187).

Un orage affreux, avec grêle et tonnerre violent qui a duré [...] toute la soirée. (Delacroix, *Journal*, 1854 : 209).

b.   Something clearly had to be done, and done quickly, for the ramparts were now diminishing at a steady rate the longer the rain lasted, the more quickly the ramparts melted.

The storm lasted five days, and to ride over Orkney after that was like riding through a great field the day after beggars had left it. (Cobuild Concordance Demo).

Employé avec les noms de substances, le même verbe *durer* signifie 'tenir' :

(22) a. [...]Toutes les rues sous la neige (non la neige demi-fondue de Paris, mais la solide, durable et qui dure six mois). (Michelet, *Journal,* 1849-60 : 573).

b. The snow lasted from Christmas until Easter. (Cobuild Concordance Demo).

Les prépositions *avant* et *après* se combinent avec les noms d'événements pris au sens large, comme dans l'exemple (23) ; autrement dit, ces prépositions admettent même les noms pour lesquels l'interprétation substantive semble dominante, mais qui permettent toutefois une interprétation événementielle, comme le nom *neige,* par exemple. En revanche, la préposition *au milieu de* (ou *au beau milieu de*) avec une interprétation temporelle est plus restrictive et n'accepte que les noms d'événements « purs », comme on peut le constater dans l'exemple (24) :

(23) a. Après la pluie, ces rocailles poreuses, où s'accrochent des plantes courtes, élèvent dans l'air matinal, tout frais de la nuit, une puissante odeur de lavande, de thym et de genièvre. (Bosco, *Mas Théotime,* 1945 : 330).

Et dans la chair navrée des roses après l'orage, la terre, la terre encore au goût de femme faite femme. (Saint-John Perse, *Exil,* Pluies, 1942 : 258).

b. We saw his sledge just in front of you on the night before the storm.

The mortar is set before the frosts, and the roof will be on well before the snow.

For after the rain came hail, to batter and crush what the water had left undamaged, and after the hail, snow, sudden freezing squalls that piled white drifts in every cranny and across every open space. (Cobuild Concordance Demo).

(24) a. Mais quand midi retentit au milieu de la pluie (au beau milieu de l'averse), je [Ligier] le [Besme] vis sortir, tel qu'un homme qui croit que la lune marche derrière son dos. (Claudel, *La Ville,* 1re version, 1890, II : 368).

b. There was a momentary crisis when the telex failed, [...] but two Tongan soldiers arrived on his doorstep in the middle of the storm [...]. (Cobuild Concordance Demo).

Il semble que le comportement des noms d'événements duratifs (et non ponctuels comme *éclair*) peut être rapproché de celui des noms d'activités, puisque les activités ainsi que les événements duratifs sont des procès homogènes. Leur déroulement est continu et l'on peut diviser trois heures de pluie en deux heures de pluie plus une heure de pluie sans que l'événement lui-même change de nature, exactement de la même façon que l'on peut diviser trois heures de marche.

Ces deux types de noms, signifiant des grandeurs continues pourvues d'une extension dans le temps, peuvent prendre l'article partitif. Ils sont également susceptibles d'être divisés en segments discontinus au moyen de l'article indéfini accompagné d'un complément temporel. Ainsi on peut mettre en parallèle :

   [*Il fait*] *de l'orage* et [*Marc fait*] *de la marche*,

ainsi que :

   Une pluie de deux heures et *une marche de deux heures*.

Le passage de l'article partitif à l'article indéfini ne produit aucun changement de sens autre que « celui qu'induit le passage de l'absence à la présence d'une limite » (Van de Velde 1995 : 234). En effet, deux heures de pluie peuvent continuer, tandis qu'une pluie de deux heures est nécessairement achevée :

(25) a. Après deux heures de pluie, je me suis rendu compte que ma journée était gâchée. En effet, il a plu jusqu'au soir.

      b. Après une pluie de deux heures, j'étais enfin libre de sortir.

Parmi les événements duratifs, on peut donc distinguer les processus finis, comme *une pluie*, *un orage* (*Il a eu un orage hier*) et les processus non finis, comme *de la pluie* (*Nous avons eu de la pluie la semaine dernière*). Autrement dit, on peut parler de l'aspect dans le cas de ces noms, ce qui va à l'encontre d'un point de vue généralement admis, défendu notamment par Grimshaw (1990). Pour Grimshaw, les noms d'événements prototypiques possèdent une structure argumentale et une structure aspectuelle. Même si elle accepte l'idée qu'il y a des noms d'événements dépourvus de structure argumentale, qu'elle appelle des « événements simples », ces événements simples manifestent un comportement comparable à celui des noms résultatifs. Ces derniers sont également sans structure argumentale, et ne possèdent pas de structure aspectuelle, puisque cette dernière est étroitement liée à la structure argumentale. Par exemple, l'exemple (26a), comporte un nominal résultatif (« result nominal »), tandis que l'exemple (26b) comporte un nom d'événement complexe, puisque l'argument interne du verbe correspondant est présent et obligatoire :

(26) a. The expression is desirable.

      b. The frequent expression *(of one's feelings) is desirable.

Cependant, comme nous venons de démontrer, on peut parler d'aspect dans le cas des noms d'événements météorologiques, lesquels sont néanmoins dépourvus de structure argumentale. Ces noms sont des noms de « purs événements », et contrairement aux noms des autres événements, ce ne sont pas des noms abstraits à la condition qu'ils ne soient pas issus de verbes (cf. Van de Velde 1995 : 8). Un événement ordinaire est pris séparé de ses actants, même si ces derniers sont explicitement ou implicitement présents et on ne peut pas par exemple imaginer un départ sans que quelqu'un parte.

Nous pratiquons donc l'abstraction en considérant un élément qui ne se présente pas séparément dans la réalité. En revanche, dans le cas des noms météorologiques, nous ne saurions parler d'abstraction, car dans le cas de la pluie, il n'y a pas de séparation entre le prédicat et ses arguments, - il s'agit du phénomène entier, existant dans la réalité, sur lequel nous ne pratiquons aucune opération de l'esprit pour en isoler un élément et le considérer indépendamment.

5. Conclusion : le triangle météorologique

Toutes ces données sur le comportement des noms météorologiques nous amènent à conclure que même si la plupart de ces noms possèdent une caractéristique dominante, il est difficile de tracer des limites bien définies entre les différents types qu'ils constituent. Les noms météorologiques présentent plutôt un continuum que nous proposons de représenter sous la forme d'un triangle.

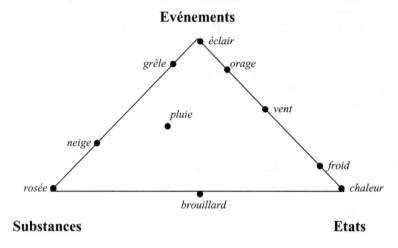

Evénements

éclair

grêle   *orage*

pluie   *vent*

neige

froid

rosée   *chaleur*

brouillard

Substances   **Etats**

Les noms répondant à un seul critère, tels que *éclair, rosée* ou *chaleur* se trouvent près des extrémités, les noms répondant plus ou moins à deux critères, tels que *neige, vent, brouillard*, le long des côtés et les noms répondant aux trois critères, tel que *pluie*, vers le centre. Nous pouvons également placer ces noms d'une façon plus ou moins ordonnée, car le nom *neige*, par exemple, possède plus de traits de nom de substance que le nom *grêle*, et le nom *grêle* possède plus de traits de nom d'événement que le nom *neige*.

Les noms météorologiques occupent donc dans le lexique une place originale à deux titres principaux. D'une part, ils font coexister trois notions :

événements, états et substances et reprennent à eux seuls toute une palette de types de comportement linguistique des noms ; d'autre part, ils contiennent des noms d'événements purs, sans structure argumentale, ne venant pas nécessairement de verbes et possédant toutefois une structure aspectuelle.

Références

Birjulin, L. A. (1993). Sintaksičeskoe predstavlenie russkogo impersonala (tipa *svetaet*) : k istorii i teorii voprosa, *Russian Linguistics* 17.2 : 181–203.

Bloch, O. ; Wartburg, W. von (1996). *Dictionnaire étymologique de la langue française*, Paris : Presses Universitaires de France.

Bolinger, D. (1977). *Meaning and Form*, Londres : Longman.

Boons, J.-P. ; Guillet, A. ; C. Leclère (1976). *La Structure des phrases simples en français. Constructions intransitives*, Genève – Paris : Librairie Droz.

Bréal, M. (1882). *Mélanges de Mythologie et de Linguistique*, Paris : Hachette.

Černych, P.J. (1993). *Istoriko-étimologičeskij slovar' sovremennogo russkogo jazyka*, 2 volumes, Moscou : Russkij jazyk.

Darden, B. (1973). What rains?, *Linguistic Inquiry* 4.4 : 523–526.

Grammaire générale et raisonnée de Port-Royal (1845). Paris : Félix Locquin.

Dauzat, A. ; Dubois, J. ; Mitterand, H. (1993). *Dictionnaire étymologique et historique du français*, Paris : Larousse.

Davidson, D. (1980). *Essays on Actions and Events*, Oxford : Clarendon Press.

Grimshaw, J. (1990). *Argument Structure*, Cambridge : MIT Press.

Higginbotham, J. (1983). The Logic of Perceptual Reports: An Extensional Alternative to Situation Semantics, *The Journal of Philosophy* 80.2 : 100-127.

Liddell, H. G. ; Scott, R. (1996). *A Greek-English Lexicon*, Oxford : Clarendon Press.

Martin, R. (1983). *Pour une logique du sens*, Paris : Presses Universitaires de France.

Meillet, A. (1948, 1951). *Linguistique historique et linguistique générale*, tomes 1 et 2, Paris : Champion.

Moignet, G. (1981). *Systématique de la langue française*, Paris : Editions Klincksieck.

Mourelatos, A. (1978). Events, Processes and States, *Linguistics and Philosophy* 2.3 : 415–434.

Paykin, K. (2001). Les noms en –ing en anglais dans le domaine de la météorologie, communication au colloque des jeunes linguistes, Dunkerque.

Peškovskij, A. M. (1956). *Russkij sintaksis v naučnom osveščenii*, Moscou : Gosudarstvennoe učebno-pedagogičeskoe izdatel'stvo.

Polge, H. (1977). Faiseurs de pluie et verbes unipersonnels, *Revue des langues romanes* 82 : 237-255.

Potebnja, A. A. (1968). *Iz zapisok po russkoj grammatike. Ob izmenenii značenija i zamenach souščestvitelnogo*, t.3, Moscou : Prosveščenie.

Robert, P. (1989). *Dictionnaire alphabétique et analogique de la langue française (Le Grand Robert)*, 9 volumes, Paris : Le Robert.

Ruwet, N. (1988). Les verbes météorologiques et l'hypothèse inaccusatif, in : Blanche-Benveniste, Cl. ; Chervel, A. ; Gross, M., (éds), *Grammaire et histoire de la grammaire. Hommage à la mémoire de Jean Stéfanini*, Aix-en-Provence : Publications de l'Université de Provence, 383-402.

Ruwet, N. (1990). Des expressions météorologiques, *Le Français moderne* 58 : 43-97.

Sal'nikov, N. (1977). Bezličnye predloženija tipa « Kryšu sorvalo vetrom », *Russian Linguistics* 3.3-4 : 271–292.

Šachmatov, A.A. (1925). *Sintaksis russkogo jazyka. Učenie o predloženii i o slovosočetanijach*, Léningrad : Académie de Sciences de l'URSS.

ŠČerba, L.V. (1957). *Izbrannye raboty po russkomu jazyku*, Moscou : Prosveščenie.

Van de Velde, D. (1995). *Le spectre nominal. Des noms de matières aux noms d'abstractions*, Louvain - Paris : Peeters.

Van de Velde, D. (1996). La détermination des noms abstraits, in : Flaux, N. ; Glatigny, M. ; Samain, D., (éds), *Les noms abstraits, histoire et théories,* Villeneuve d'Ascq : Presses Universitaires du Septentrion, 275-287.

Van de Velde, D. (à paraître). Actions et événements : comment les uns s'édifient sur la base des autres.

Vendler, Z. (1967). *Linguistics in Philosophy*, Ithaka, NY : Cornell University Press.

Vinogradov, V.V. (1972). *Russkij jazyk. (Grammatičeskoe učenie o jazyke)*, Moscou : Vysšaja škola.

Lors de, au moment de ou à l'occasion de ?

Hélène de PENANROS
Université Paris 7

0. Introduction

Cet article propose une caractérisation du marqueur *lors de*. L'étude est envisagée dans une optique contrastive, pour mieux cerner la singularité du marqueur. *Lors de* s'inscrit dans un paradigme de prépositions et de locutions liées à la détermination temporelle des énoncés. Ce paradigme est constitué en particulier des prépositions : *durant, pendant, au cours de, au moment de, à l'occasion de*. Nous analyserons *lors de* à travers sa comparaison avec ces différentes prépositions afin de cerner ce qui l'en distingue, ainsi que les conditions où ces différents marqueurs peuvent s'interchanger.

Pour cela, nous reprenons l'hypothèse couramment formulée dans la littérature selon laquelle la préposition est un relateur ; on aura donc dans chaque cas la configuration X R Y, où Y, repère de la relation, correspond au groupe nominal introduit par la préposition et X à un terme [1] mis en relation avec Y.

A partir des observations qui ont déjà été faites sur la distribution de ces marqueurs temporels, en particulier par A-M. Berthonneau (1989), il sera proposé une grille d'analyse permettant de rendre compte des contraintes déjà relevées, ainsi que d'autres qui seront introduites au cours de l'étude.

Nous nous pencherons plus particulièrement sur le statut spécifique que chaque préposition confère à Y. Puis, nous analyserons les contraintes que l'on observe concernant le choix de X selon les prépositions. En effet, il y a des différences d'acceptabilité pour une même préposition selon les propriétés de X :

(1)   *Au cours de / à l'occasion de cet entretien plus que cocasse (Y)*, il me conseilla avec bienveillance de faire un autre métier que celui d'écrivain, un métier « nourrissant son homme » (X).

(1')   *Au cours de / ?? à l'occasion de cet entretien plus que cocasse (Y)*, il avait été pris de violents hoquets (X), ce qui ajouta encore au ridicule de la situation.

Dans (1), *à l'occasion de* et *au cours de* sont également possibles. Dans (1'), la prise en compte d'un procès qui échappe au contrôle du sujet (cf. *être pris*

---

[1]   On entend par « terme » un segment quelconque de l'énoncé, pouvant aller d'un "mot" à toute une partie d'énoncé.

© *Cahiers Chronos* 10 (2002) : 201-215.

de...) rend *à l'occasion de* difficile. Ces différences d'acceptabilité d'une préposition avec un terme Y constant montrent que les propriétés de X constituent un enjeu pour ce qui est de l'emploi des prépositions.

1. Présentation de l'étude de A.-M. Berthonneau (1989)

Dans sa thèse de doctorat d'état, A-M. Berthonneau présente une analyse détaillée d'une importante série de compléments de temps du français. Elle en propose un classement en trois catégories (repères, espaces de temps et durées, repères et intervalles déictiques).

Elle montre en particulier que *lors de* se distingue des prépositions *pendant, durant* et *au cours de* par le fait qu'il n'introduit pas un intervalle, mais un événement. Nous reprenons directement le résultat de sa démonstration sans évoquer le détail de l'argumentation [2] : notre analyse ne portera donc pas sur ces trois marqueurs qui ne sont pas en effet du même ordre que *lors de*.

A.-M. Berthonneau rappelle par ailleurs que :

– *lors de* est une locution qui est composée étymologiquement du nom *heure*.

– *lors de*, comme les autres marqueurs de sa catégorie (les repères), ne peut pas construire de localisation du procès à partir des unités avec l'article défini.

(2)   * lors de la semaine

– *lors de* sélectionne des noms non temporels. Il ne peut introduire de noms temporels que s'ils sont déterminés :

(3)   * lors de l'année / lors de l'année 1984

---

[2]   En guise de brève indication, on peut se reporter aux exemples (a) à (d). Avec *pendant* et *durant*, Y a le statut d'intervalle, il est donc possible d'homogénéiser la classe des instants : *tout* est possible. Par contre, avec *lors de, à l'occasion de* et *au moment de, tout* ne permet pas de considérer l'extension de la période de référence, ce qui est cohérent avec le fait qu'ils introduisent un événement ; il n'y a pas d'intervalle à homogénéiser, *tout* ne peut construire que des classes d'occurrences.

(a) pendant tout le repas / durant tout le repas

(b) * lors de toute la cérémonie / lors de toute cérémonie

(c) * au moment de toute la cérémonie

(d) * à l'occasion de toute la cérémonie

– *lors* donne l'indication d'un moment, d'où l'impossibilité de *lorsque* dans les interrogatives : on ne peut assigner une valeur référentielle à un interrogatif.

D'un point de vue général, elle pose que « *lors de* prend la période référentielle dans sa valeur neutre ; il se situe entre *pendant* (qui marque la durée) et *à* (qui discrétise) ». Toutes ces remarques serviront de fondement à notre hypothèse sur *lors de*.

2. Première comparaison

Afin d'élaborer une grille d'analyse pour les marqueurs *lors de, au moment de* et *à l'occasion de*, une étude des types de N possibles après chaque préposition est nécessaire.

2.1. N non événementiels :

(4)   On trouvera donc au cours de / * lors de / * à l'occasion / * au moment de cet *ouvrage* quelque trace de cette humeur où une volonté humaine se prend pour la mesure des choses.

(5)   Aussi les esprits curieux trouveront-ils au cours de / * lors de / ?? à l'occasion / * au moment de ces *pages* à se satisfaire pleinement.

(6)   Les terrains les plus anciens, ayant eu à subir de plus nombreuses vicissitudes au cours de / * lors de / * à l'occasion / * au moment de *l'histoire de la terre*, sont aussi ceux dont la stratigraphie est la plus accidentée.

(7)   On l'avait prié à tant de noces, au cours de / * lors de / * à l'occasion / * au moment de son *existence*, que, le moment étant venu de rendre les politesses, il ne se ferait pas remarquer par sa ladrerie.

(8)   Chez certains sujets anormaux, cette activité mythique persiste, et se traduit, au cours de / * lors de / * à l'occasion / * au moment de *leur vie*, par des manifestations pathologiques.

Comme A.-M. Berthonneau l'a indiqué, *lors de* sélectionne des termes dénotant des événements. Aussi, les termes *ouvrage, pages, histoire de la terre, existence, vie*, qui ne réfèrent pas à des événements, sont-ils impossibles en position de Y. On remarque que les acceptabilités sont les mêmes pour *lors de, au moment de* et *à l'occasion de* qui eux aussi sélectionnent des événements.

2.2. Comparaison *lors de* / *à l'occasion de*

(9)   A l'occasion / * Lors *d'une prochaine restructuration* (Y), cette société
         débauche 20 personnes (X).

(10)   A l'occasion / Lors de *la prochaine restructuration* (Y), cette société
         débauchera 20 personnes (X).

(11)   A l'occasion / Lors de *la dernière restructuration* (Y), cette société a
         débauché 20 personnes (X).

Dans (9), on a *à l'occasion de*, et *lors de* est impossible. Cette impossibilité
est levée si l'on emploie le futur (cf. (10) [3]) ou le passé en relation avec la
détermination *dernière* (cf. (11)). La différence entre (9) et (10) ou (11) est
que, dans (9), l'emploi du présent (cf. *débauche*) conjointement à la
détermination *prochaine*, qui marque que la localisation temporelle de
l'événement *restructuration* relève de l'à venir, pose une dissociation
temporelle entre les événements auxquels réfèrent X et Y : cette dissociation
empêche que la localisation temporelle t_i [4] de Y fonctionne comme repère
temporel de X ; dans (10) et (11) par contre, les temps employés concordent
avec les déterminations de Y, t_i peut alors fonctionner comme repère
temporel de X.

Ce contraste montre que la composante t_i de l'événement auquel
correspond Y est pertinente pour la relation de repérage que pose *lors de*.
Cette composante apparaît au contraire ne pas être un enjeu pour *à l'occasion
de* qui est en effet possible dans tous ces exemples, qu'il y ait concordance
entre la localisation temporelle de X et Y, ou non (cf. (9) et (12)) :

(12)   A l'occasion / * Lors d'une restructuration à venir (Y), cette société a
         débauché 20 personnes (X).

2.3. Comparaison *lors de* / *au moment de*

Lors de et *au moment de* n'apparaissent pas dans les mêmes contextes ; en
particulier, les acceptabilités entre les deux marqueurs diffèrent selon les
propriétés de Y.

(9')   A l'occasion / * Au moment *d'une prochaine restructuration* (Y), cette
         société débauche 20 personnes (X).

---

3   Pour la question de la détermination, voir le paragraphe 3.
4   On représente un événement par le couple e_i/t_i, avec e_i représentant l'ensemble
       des propriétés de l'événement, et t_i marquant la localisation temporelle de
       l'événement.

Au moment de est impossible dans (9') : *au moment de*, de même que *lors de* est impossible quand il y a une dissociation entre la localisation temporelle de Y et celle de X.

(13)　　? La plaidoirie s'achevait. Au moment *du dernier effet de manche de l'avocat* (Y), les portes de la salle d'audience s'ouvrirent à la volée (X).

(13')　　La plaidoirie s'achevait. Au moment précis / ?? lors *du dernier effet de manche de l'avocat* (Y), les portes de la salle d'audience s'ouvrirent à la volée (X).

(14)　　? Au moment de *sa chute dans les escaliers* (Y), son frère jumeau, à 1000 km de là, se brûlait gravement avec le four (X).

(14')　　Au moment précis / ?? lors de *sa chute dans les escaliers* (Y), son frère jumeau, à 1000 km de là, se brûlait gravement avec le four (X).

La préposition *au moment de* apparaît dans les contextes où la temporalité de Y peut servir de période de référence à X, sans qu'aucun lien autre que temporel ne soit nécessaire entre eux : dans (13), l'instant t associé à l'événement *effet de manche* sert de repère temporel à X (l'ouverture à la volée) ; les propriétés de *effet de manche* ne sont impliquées en aucune manière dans la détermination temporelle que pose le syntagme, seules les coordonnées temporelles de cet événement sont en jeu. A ce titre, on pourrait remplacer Y par tout autre événement survenu au même instant, cela ne modifierait en rien l'interprétation de la phrase. Il est à noter que l'insertion de déterminations comme l'adjectif *précis*, qui opère un recentrage sur *moment*, donc sur la temporalité de l'événement permet de faciliter certains énoncés (cf. (13'), (14')).

Lors de est par contre difficile dans les contextes où les propriétés de l'événement Y ne sont pas pertinentes pour ce qui est de la détermination temporelle de l'énoncé.

(11')　　Lors de / ? au moment de *la dernière restructuration* (Y), cette société a débauché 20 personnes (X).

Dans (11'), *au moment de* est contraint : ici, Y, *la dernière restructuration*, peut difficilement se constituer comme période de référence indépendamment de ses propriétés ; X et Y ne sont pas dans un rapport de contingence : ce n'est pas tant l'ancrage temporel de Y qui importe ici que ses propriétés ; c'est du fait de la restructuration qu'il y a eu débauchage, la composante e_i de l'événement e_i/t_i a ici toute sa pertinence.

2.4. Proposition de caractérisation des marqueurs

A partir de ces différentes observations, il est possible de proposer une hypothèse sur *lors de* et ses rapports avec les deux autres prépositions.

Les exemples (4) à (8) montrent que les trois marqueurs s'opposent aux prépositions du type *au cours de* parce qu'ils introduisent des événements et non des intervalles.

Les différences d'acceptabilité entre les trois marqueurs dans les exemples (9) à (14) marquent que *lors de*, *à l'occasion de* et *au moment de* ne mettent pas en œuvre la notion d'événement de la même manière. On fait l'hypothèse que ces marqueurs se distinguent par le fait qu'ils privilégient différentes composantes de l'événement Y (dans le couple e_i/t_i associé à l'événement).

– Ainsi, il apparaît que *à l'occasion de* privilégie la composante e_i de l'événement, c'est-à-dire qu'il introduit **un événement dissocié de sa localisation temporelle** : c'est l'événement et ses propriétés qui sont pertinents, l'instant t_i où l'événement a lieu étant secondaire (cf. (9)).

– A l'opposé, *au moment de*, pondère sur la composante t_i de l'événement ; il introduit **l'ancrage temporel d'un événement** : l'élément pertinent est l'instant t_i auquel se produit l'événement, les propriétés de celui-ci n'ont pas d'importance (cf. (13)-(14))

– *Lors de* se situe à mi-chemin entre les marqueurs *à l'occasion de* et *au moment de*. *Lors de* est impossible dans les contextes où t_i ne peut pas fonctionner comme repère temporel de X (cf. (9)) et dans les contextes où la composante e_i de l'événement n'est pas prise en compte (cf. (13)-(14)). On pose que *lors de* introduit un événement temporalisé de telle sorte qu'il n'y a pas de dissociation entre e_i et t_i ; autrement dit, *lors de* confère à Y un statut **d'événement en bloc** : e_i et t_i sont dans un rapport de nécessité.

Ces hypothèses permettent d'expliquer pour chaque préposition les contraintes sur le type de N possible en position de Y. On analysera les autres contraintes d'emploi que posent les trois marqueurs à travers cette grille d'analyse, afin de la tester sur un corpus plus large.

3. Contraintes sur la détermination

3.1. N temporels

Comme A.-M. Berthonneau l'a fait remarquer (cf. ex (3)), les noms temporels sont impossibles avec *lors de*, sauf lorsqu'ils sont déterminés :

(15)   Curieusement, ça lui arrivait toujours pendant / * lors de *la semaine* (Y) / lors de la *semaine des soldes* (Y)...

(16)   Pierre s'était absenté plusieurs fois durant / * lors de *l'après-midi* (Y) / lors de *l'après-midi du meurtre* (Y).

Cette contrainte est liée au fait que *lors de* n'introduit pas un intervalle de temps mais un événement temporalisé. Dans (15), le GP *des soldes* confère à Y un statut d'événement, il ne s'agit pas ici de l'intervalle de temps *semaine* (au sens de la durée de 7 jours [5]), mais d'une semaine particulière qui a lieu périodiquement (comme le marque l'emploi du présent avec *toujours*); dans (16), la détermination *du meurtre* inscrit le terme *après-midi* dans une logique événementielle : il n'est pas question ici de l'espace de temps [6] auquel réfère *après-midi*, mais d'un événement singulier ayant eu lieu dans le passé (comme l'indique le plus que parfait).

3.2. Autres N

Cette contrainte sur la détermination peut être étendue aux autres types de N. D'une manière générale en effet, *lors de* introduit des GN accompagnés de déterminations [7].

(17)   Les USA ont expérimenté leurs dernières armes chimiques durant / * lors de *la guerre* (Y) / lors de *la guerre du Golfe* (Y).

(18)   C'est qu'il s'en est passé des choses lors de *cette vie tumultueuse* (Y) !

Le terme *guerre* peut être considéré comme un simple espace de temps ; il faut une détermination (le GP *du Golfe*) pour lui conférer le statut d'événement singulier : on ne considère pas l'espace de temps que recouvre le terme *guerre*, mais l'événement particulier ayant eu lieu en 1991, avec toutes ses propriétés. De même, on peut comparer (8) et (18) où le terme *vie* n'a pas le même statut : dans (8) il s'agit de l'espace de temps que constitue la vie (et *au cours de* prélève des instants sur l'intervalle), alors que dans (18), les déterminations – le démonstratif qui fonctionne comme anaphorique et l'adjectif *tumultueuse* – construisent *vie* comme renvoyant à un événement singulier.

Ainsi, dans tous les cas où N réfère à un espace de temps, des déterminations sont nécessaires pour avoir l'interprétation en termes d'événement :

(19)   pendant le / ?? lors du repas [8]

---

[5]   Pour une analyse de *semaine* (ensemble de 7 jours ou complémentaire de week-end) voir Berthonneau (1989).

[6]   Terme emprunté à A. Borillo.

[7]   Sur un corpus de 150 occurrences tirées de *Frantext*, on ne trouve que 4 exemples avec un GN déterminé uniquement par l'article défini.

[8]   *Lors du repas* sera possible dans les cas où le repas est considéré comme un événement singulier, qui a une identification situationnelle ; il y a en effet dans

(20)   pendant le / lors du repas de noces

3.3. *Lors de* et l'article défini

Comme tout événement peut être considéré du point de vue de l'espace de temps qui lui est associé, avec *lors de* des déterminations sont nécessaires pour "tirer" l'interprétation du terme vers l'événement. D'où le peu de cas avec des GN déterminés uniquement par l'article défini. Les seuls termes possibles sont des termes qui ne peuvent être dissociés d'un repère temporel : *la réunion, la finition, la sélection, l'initiation* sont les seuls termes relevés dans Frantext.

Il s'agit de nominalisations. On peut remarquer que la plupart de ces termes réfèrent à des événements qui s'inscrivent dans une succession : *finition* est dans un rapport d'altérité avec les termes *patronage, coupe, assemblage,* etc. qui constituent les différentes étapes de la confection d'un vêtement. En tant qu'étapes successives d'une activité, ces termes réfèrent à des événements indissociables de leur ancrage temporel : on a e_i/t_i, correspondant à « la finition », qui s'oppose à e_j/t_j (correspondant à « l'assemblage »), qui s'oppose à e_k/t_k (correspondant à « la coupe ») avec i postérieur à j, lequel est postérieur à k, etc.

(21)   Ils anticipent sur les sévices et les brimades que doivent supporter les adolescents lors de *l'initiation* (Y).

Il en est de même pour *initiation* qui, suivant les contextes, peut s'inscrire dans le paradigme *initiation, apprentissage, perfectionnement,* etc., ou *initiation, affiliation, confirmation,* etc.

Notre hypothèse permet ainsi d'expliquer à quelles conditions *lors de* peut introduire un GN déterminé uniquement par l'article défini. Il est vrai que celui-ci suffit rarement à construire un événement singularisé, mais cette contrainte peut être dépassée avec des N "très événementiels", au sens où ils sont indissociables de leur ancrage temporel.

4. L'interprétation des "dates"

Lors de n'est pas compatible avec tous les termes déterminés en position d'Y. En particulier, il apparaît très contraint avec les termes marquant une "date". Ces termes sont par contre possibles avec *à l'occasion de* :

(22)   A l'occasion / * lors *du premier mai* (Y), des manifestations ont été organisées un peu partout dans le pays.

---

ce cas-là une solidarité entre e_i et t_i. Ce qui est important ici, c'est le contraste avec *repas* dans (20), où il n'y a aucune contrainte de contextualisation.

(23)   A l'occasion / * lors *du 25 décembre* (Y), Marianne nous fit parvenir le traditionnel Christmas pudding.

A l'occasion de est un marqueur très peu temporel, au sens où il introduit un événement hors temps, seul e_i est pris en compte, t_i étant secondaire. Ce fonctionnement induit qu'avec *à l'occasion de*, les termes référant à des dates n'ont plus le statut de date en tant que telle, mais le statut de l'événement qui est associé à cette date. Ainsi, les syntagmes *1er mai, 25 décembre* ne sont possibles en position d'Y que parce qu'ils correspondent à des fêtes nationales reconnues au sein de la communauté francophone. En dehors de ces cas particuliers, *à l'occasion de* est incompatible avec l'indication d'une date au sens strict :

(24)   ? Mon père était venu de Saumur m'embrasser à l'occasion *du 14 août* (Y).

Ainsi, (24) n'est possible que dans le cas où le 14 août correspond à un événement particulier connu du locuteur et qu'il suppose connu de son interlocuteur (une fête nationale d'un autre pays, un événement quelconque dont ils célèbrent l'anniversaire, etc.).

Nous faisons l'hypothèse que l'impossibilité de *lors de* dans ce type de cas est liée au fait que c'est un marqueur trop temporel[9] pour tirer l'interprétation d'un terme fondamentalement temporel comme une "date" vers une interprétation d'événement. Ainsi, *lors de* est impossible avec les termes référant à des événements qui sont indissociablement liés à une date : jours fériés, fêtes nationales, anniversaires, cf. ((25), (26) et (27)) :

(25)   Mon père était venu de Saumur m'embrasser à l'occasion de / * lors de *Noël* (Y).

(26)   A l'occasion / * lors de *son 40ème anniversaire* (Y), on lui a offert une tondeuse.

(27)   On a fait une grande fête à l'occasion de / * lors de *ses 20 ans* (Y).

Ce type de termes constitue la large majorité des termes introduits par la préposition *à l'occasion de* ; ce point sera abordé plus précisément au point 6.

5. Contraintes avec l'itération au présent

Lors de apparaît très contraint avec le présent dans les énoncés comportant un procès itératif :

(28)   En général, *il vient sans arrêt chez nous* (X) pendant / ? lors de la campagne électorale (Y), et après les élections, pfft!, plus personne!

---

[9]   On se rappelle que *lors* vient de *heure*.

Cette contrainte est liée au fait que l'itération [10] pose un brouillage de la relation e/t : on construit plusieurs occurrences de p [11] (p_i, p_j, ...p_n) telles que la classe des t a une autonomie par rapport à la classe des p mis en jeu. Cette autonomisation de la classe des p par rapport à celle des t est incompatible avec le fonctionnement de *lors de* qui construit un événement e_i/t_i en bloc.

On retrouve la même contrainte dans des énoncés faiblement itératifs.

(29) a. Pauvre nigaud d'Antonin, tu ne peux plus me servir à rien...
        – « Monsieur, vous trouverez ces demoiselles dans la classe du fond. »
        Il pense que je le renvoie à cause des yeux malins de mes compagnes, me lance un regard éloquent et s'éloigne. Je hausse les épaules aux « hum » entendus de la grande Anaïs et nous reprenons *une émouvante partie de* « *tourne-couteau* » au cours de / ?? lors de *laquelle* (Y) *la* débutante Luce *commet fautes sur fautes* (X). C'est jeune, ça ne sait pas. On sonne la rentrée.

      b. Je hausse les épaules aux « hum » entendus de la grande Anaïs et nous reprenons une émouvante partie de « tourne-couteau » lors de *laquelle* (Y) la débutante Luce *commet une faute éliminatoire* (X). C'est jeune, ça ne sait pas. On sonne la rentrée.

      c. Puis nous avons repris *une émouvante partie de* « *tourne-couteau* » au cours de / lors de *laquelle* (Y) la débutante Luce *commit fautes sur fautes* (X).

Dans (29a), la valeur itérative ne tient qu'au syntagme *fautes sur fautes* : on construit plusieurs occurrences de procès (p), tel que p_i, p_j et p_k sont ordonnés sur le plan temporel [12]. Cette construction de la classe des p (p_i, p_j,...p_n), combinée à la valeur du présent implique une différenciation de la classe des t : on considère chaque occurrence de procès à chaque instant t de la classe. Cette prise en compte d'instants successifs est incompatible avec un repère temporel donnant e_i/t_i en bloc.

La substitution d'un procès ponctuel à la succession de p (commettre des fautes) suffit à débloquer l'énoncé (cf. (29b)) : il n'y a plus construction d'une classe de p ordonnés sur le plan temporel.

Ou bien l'emploi d'un aoristique permet de considérer l'événement en bloc (cf. l'emploi du passé simple dans (29c)). A la différence du présent, avec le passé, le locuteur est extérieur à la scène, ce qui permet une vision globale de l'événement. Le passé simple permet de considérer la succession

---

[10]   Comme le montre l'exemple suivant, la contrainte n'est pas liée aux propriétés de Y :
        Il était très irritable lors de la campagne électorale.

[11]   Où p correspond à « procès ».

[12]   Pour une analyse de « sur » en général et de sa « valeur d'enchaînement » en particulier, voir Franckel & Paillard (1998).

de fautes de Luce comme un fait particulier qui a eu lieu, et qu'on entérine : ce qui devient compatible avec la référence temporelle que pose *lors de* [13].

6. *Lors de* / *à l'occasion de* / *au moment de* : **différents statuts de X**

La mise en évidence des différents statuts que la préposition confère à Y, a permis d'expliquer un certain nombre de contraintes sur les emplois et les valeurs des prépositions étudiées. Elle permet également de reconsidérer les contraintes sur la sélection de X.

Il a déjà été noté que *à l'occasion de* n'est pas compatible avec tous les cas où Y correspond à un événement (cf. (1b)).

Une analyse plus fine des propriétés de Y et de X dans les énoncés où apparaît *à l'occasion de* permet de dégager les spécificités de cette préposition et de prédire dans quels contextes elle sera possible.

(30)   ?? A l'occasion de *l'accident* (Y), Paul était à l'autre bout du monde, loin de se douter de tout ça (X).

(31)   ?? Je n'ai pas vu le reportage. A l'occasion de *sa diffusion* (Y), je bricolais dans le garage (X).

A l'occasion de est difficile, voire bloqué, dans les contextes où X et Y sont dans un rapport de contingence.

En fait, en plus de la propriété d'introduire un événement considéré hors du temps, *à l'occasion de*, du fait du sémantisme du terme *occasion*, introduit un événement tourné en opportunité [14].

Cette propriété du marqueur induit d'importantes contraintes concernant les relations entre X et Y. Elle permet par exemple de comprendre pourquoi les énoncés (30) et (31) apparaissent mal formés avec *à l'occasion de* : X et Y sont ici dans une relation de contingence ; il n'y a pas de lien autre que temporel entre les deux événements.

A l'occasion de introduit un événement hors du temps qui est considéré comme une opportunité pour ce qui est de X. Il faut que ces deux conditions soient remplies pour qu'une suite comprenant *à l'occasion de* soit bien formée. La notion « d'opportunité » pose une relation nécessaire entre X et Y qui peut être de différents types selon les contextes.

(32)   Au cours de / * à l'occasion de *la discussion* (Y) elle appela *étourdiment* le visiteur « mon chéri » (X) et s'en aperçut aussitôt.

---

13   Cf. : « le passé simple désigne un fait qui s'est accompli et qui a marqué une rupture... Le passé simple entérine un fait particulier... ». Pour cette analyse du passé simple, voir de Vogüé (1993).

14   On peut rappeler la définition du Robert qui est à ce titre éclairante : « *à l'occasion de* : l'occasion en étant fournie par ».

(32')   A l'occasion de *la discussion* (Y), elle appela le visiteur « mon chéri », *sûre de son effet* (X).

Il peut par exemple s'agir d'une relation où l'événement Y est utilisé intentionnellement par un agent (comparer (32) et (32')). Dans (32), *à l'occasion de* est difficile du fait de l'adjectif *étourdiment* qui marque que le procès échappe au contrôle du sujet : Y, *la discussion*, n'est donc pas une « opportunité », c'est un événement contingent hors de toute visée de la part du sujet. La préposition est par contre tout à fait possible dans (32'), où la substitution de *sûre de son effet* à *étourdiment* inscrit clairement la discussion dans un calcul du sujet : la relation X-Y n'est pas une relation contingente, le sujet profite de la discussion pour agir.

En dehors de ces cas, la préposition *à l'occasion de* est exclue :

(33)   Lors de / * A l'occasion de *l'affaire Lewinsky* (Y), j'étais clouée au lit avec 40° de fièvre (X).

Les propriétés de *à l'occasion de* permettent de comprendre pourquoi les termes référant à des fêtes, des cérémonies, des anniversaires, des célébrations sont les plus nombreux en position d'Y : en tant qu'événements extraordinaires, ils peuvent plus facilement être tournés en opportunités.

Cette propriété de *à l'occasion de* d'introduire des « opportunités » pour X explique une grande partie des cas où les acceptabilités diffèrent d'avec *lors de. Lors de* est par exemple possible dans l'exemple (33). Comme on l'a vu, *lors de* donne un événement associé à une temporalité qui sert de repère à un autre événement. Cette apparente simplicité du fonctionnement de *lors de* est liée au sémantisme de *lors* qui vient de *heure* ; *lors de* est à ce titre très différent de *à l'occasion de*. C'est cette simplicité relative qui est reflétée dans la caractérisation d'A.-M. Berthonneau : « *lors de* prend la période référentielle dans sa valeur neutre. »

Dans les cas où *lors de* et *à l'occasion de* sont tous les deux possibles dans un énoncé, on note une nette différence d'interprétation :

(34) a. A l'occasion de *la fête du Sacré-Coeur* (Y), on organisa une procession dans le jardin du couvent (X).

      b. Lors de *la fête du Sacré-Coeur* (Y), on organisa une procession dans le jardin du couvent (X).

(35) a. On organisa une procession dans le jardin du couvent pour *la fête du Sacré-Coeur.*

      b. Au moment *de la fête du Sacré-Coeur*, on organisa une procession dans le jardin du couvent.

Ainsi, on peut gloser (34a) par (35a) avec l'emploi de la préposition *pour* qui marque le lien nécessaire entre X et Y, alors que (34b) est plus proche de

(35b) où la préposition *au moment de* marque un lien purement temporel entre X et Y : *lors de*, comme *au moment de*, marque une relation non nécessaire entre X et Y.

La différence entre *lors de* et *au moment de*, est que dans le premier cas on considère l'événement en bloc, alors que dans le second on ne considère que son ancrage temporel. Si la différence d'interprétation n'est pas très nette dans beaucoup de contextes, elle apparaît clairement dans les cas où les propriétés de e_i n'ont aucune pertinence pour ce qui est de la référence temporelle.

(14')   Au moment précis de / ?? lors de *sa chute dans les escaliers* (Y), à 1000 km de là, son frère jumeau se brûlait gravement avec le four (X).

Ainsi, *lors de* est difficile dans (14') parce qu'il est question ici d'une pure coïncidence temporelle, les propriétés de e_i n'ont ici aucune pertinence. *Au moment de* apparaît donc dans les contextes où Y peut n'être considéré que du point de vue de sa temporalité. Ainsi, il est possible dans (30), (31) et (33) :

(30)   Au moment de *l'accident* (Y), Paul était à l'autre bout du monde, loin de se douter de tout ça (X).

(31)   Je n'ai pas vu le reportage. Au moment de *sa diffusion* (Y), je bricolais dans le garage (X).

(33)   Au moment de *l'affaire Lewinsky* (Y), j'étais clouée au lit avec 40° de fièvre (X).

Par contre, comme cela a déjà été indiqué plus haut, *au moment de* est exclu dans les cas où les propriétés de l'événement e_i sont pertinentes pour ce qui est de la référence temporelle de X :

(11)   Lors de / ? au moment de *la dernière restructuration* (Y), cette société a débauché 20 personnes (X).

Une caractérisation complète de ce marqueur nécessiterait une analyse détaillée du sémantisme de « moment », mais ce n'est pas notre objet dans la présente étude.

7. Bilan

L'analyse détaillée de la préposition *lors de*, de sa distribution, sa comparaison avec d'autres marqueurs temporels a permis d'en donner la caractérisation suivante :

Lors de introduit un événement temporalisé, considéré en bloc, qui sert de repère à un autre événement.

Ce fonctionnement de *lors de* explique la contrainte sur *lorsque* notée par A.-M. Berthonneau : *lorsque* est impossible dans les interrogatives avec une question centrée sur la détermination temporelle ; *lorsque* est incompatible avec la prise en compte de t_i uniquement, parce que *lors* pose la prise en compte en bloc de e_i/t_i. *Lorsque* est donc incompatible avec le fonctionnement d'interrogatif, qui ne peut en effet être associé à une valeur référentielle.

Lors de s'inscrit au sein d'une série organisée autour des marqueurs *à l'occasion de* et *au moment de*, qui se distinguent essentiellement par le type de statut qu'ils confèrent à Y. On peut schématiser ce paradigme de la manière suivante :

à l'occasion de
(e_i)
⇓
lors de
(e_i/t_i)
⇓
au moment de
(t_i)

Selon la préposition, la notion d'événement est construite de différentes manières :

– événement hors temps pour *à l'occasion de* : on ne considère que e_i, t_i étant secondaire.

– ancrage temporel d'un événement pour *au moment de* : on ne considère que t_i, e_i étant secondaire

– événement temporalisé pour *lors de* : on considère e_i/t_i de manière indissociée.

Cette grille d'analyse a permis de cerner la singularité de *lors de*, de le distinguer des autres marqueurs et de voir dans quels cas il pouvait apparaître en concurrence avec eux. Dans les cas de concurrence, elle permet d'analyser les différences d'interprétation selon la préposition employée. Il reste à effectuer une analyse détaillée des autres marqueurs afin que la grille soit pleinement opératoire.

Références

Berthonneau, A-M. (1989). *Composantes linguistiques de la référence temporelle. Les compléments de temps, du lexique à l'énoncé*, Thèse de doctorat d'Etat, Paris 7.

Borillo, A. (1983). Les adverbes de référence temporelle dans la phrase et dans le texte, *DRLAV* 29 : 109-131.

Borillo, A. (1986). La quantification temporelle, durée et itérativité en français, *Cahiers de Grammaire*, 11 : 119-156.

Culioli, A. (1990). *Pour une linguistique de l'énonciation. Opérations et représentations*, tome 1, Paris : Ophrys.

Franckel, J.-J. ; Paillard, D. (1998). Les emplois temporels des prépositions : le cas de « sur », *Cahiers Chronos* 3 : 199-211.

Gosselin, L. (1996). *Sémantique de la temporalité en français, Un modèle calculatoire et cognitif du temps et de l'aspect*, Louvain-la-Neuve : Duculot.

Paillard, D. (1988). Temps, aspect et types de procès ; à propos du présent simple, in : *Recherches nouvelles sur la langage*, Collection ERA 642, Université Paris 7.

Rohrer, Ch. (1976). Comment analyser « depuis » ?, in : J. David ; R. Martin, (éds), Modèles logiques et niveaux d'analyse linguistique, Paris : Klincksieck, Recherches linguistiques 2 : 293-305.

Vogüé, S. de (1993). Des temps et des modes, *Le gré des langues* 6.

Vu, T-N. (1998). *Systématique des valeurs du passé composé en français contemporain*, Thèse de doctorat, Paris 7.

Dictionnaire « Le Petit Robert », (1983), Paris.

Interface Design & Document Design

Edited By Piet Westendorp, Carel Jansen and Rob Punselie.

Amsterdam/Atlanta, GA 2000. 120 pp. Illustrated

ISBN: 90-420-0510-6   € 18,-/US $18.-

User interfaces and supporting documentation are both supposed to help people when using a complex device. But often, these forms of support seem to come from different worlds. User interface designers, document designers, and researchers in both interface and document design share many goals, but are also separated by many barriers.

In this book, user interface designers and document designers from Microsoft Corporation and from Apple Computer, plus researchers from several universities try to bridge the gap between interface design and document design. They discuss opportunities for closer cooperation, and for more integrated and effective help for users of modern technology.

Contents:
Preface.
Piet WESTENDORP, Carel JANSEN, Rob PUNSELIE: Parallels and dichotomies in Interface Design & Document Design. Tjeerd HOEK & Leah KAUFMAN: Help yourself: designing help to fit software users and their work. Kevin KNABE: Designing online help for the Mac OS. José ARCELLANA: Designing Assistants. Herman BOUMA: Document and user interface design for older citizens. Patricia WRIGHT: Supportive documentation for older people. Dominic BOUWHUIS: Document supported communication: design of new forms of interaction.

USA/Canada: One Rockefeller Plaza, Ste. 1420, New York, NY 10020,
Tel. (212) 265-6360, Toll-free (U.S. only) 1-800-225-3998,
Fax (212) 265-6402
All other countries: Tijnmuiden 7, 1046 AK Amsterdam, The Netherlands.
Tel. ++ 31 (0)20 611 48 21, Fax ++ 31 (0)20 447 29 79
Orders-queries@rodopi.nl   www.rodopi.nl

On Comparing
And Evaluating Scientific Theories.

Edited by Adam Jonkisz and Leon Koj

Amsterdam/Atlanta, GA 2000. 237 pp.

(Poznan Studies in the Philosophy of the Sciences and the Humanities 72)

ISBN: 90-420-1263-3   Bound € 55,-/US-$ 51.-

Contents: Adam JONKISZ, Leon KOJ: Preface. Leon KOJ: Methodology and Values. Leon KOJ: Science as System. Adam GROBLER: Explanation and Epistemic Virtue. Piotr GIZA: "Intelligent" Computer Systems and Theory Comparison. Henryk OGRYZKO-WIEWIÓROWSKI: Methods of Social Choice of Scientific Theories. Kazimierz JODKOWSKI: Is the Causal Theory of Reference a Remedy for Ontological Incommensurability? Wolfgang BALZER: On Approximative Reduction. C. ULISES MOULINES: Is There Genuinely Scientifc Progress? Adam JONKISZ: On Relative Progress in Science. Contributors.

USA/Canada: One Rockefeller Plaza, Ste. 1420, New York, NY 10020,
Tel. (212) 265-6360, Call toll-free (U.S. only) 1-800-225-3998,
Fax (212) 265-6402
All other countries: Tijnmuiden 7, 1046 AK Amsterdam, The Netherlands.
Tel. ++ 31 (0)20 611 48 21, Fax ++ 31 (0)20 447 29 79
Orders-queries@rodopi.nl   www.rodopi.nl

Las Gramáticas Misioneras de Tradición Hispánica (Siglos XVI-XVII)

Edited by Otto Zwartjes

Amsterdam/Atlanta, GA 2000. VI,309 pp.
(Portada Hispánica 7)

ISBN: 90-420-1292-7 €55,-/US-$ 55.-

USA/Canada: One Rockefeller Plaza, Ste. 1420, New York, NY 10020,
Tel. (212) 265-6360, *Call toll-free* (U.S.only) 1-800-225-3998,
Fax (212) 265-6402
All Other Countries: Tijnmuiden 7, 1046 AK Amsterdam, The Netherlands.
Tel. ++ 31 (0)20 6114821, Fax ++ 31 (0)20 4472979
orders-queries@rodopi.nl www.rodopi.nl

Corpus Linguistics And Linguistic Theory

Papers from the Twentieth International Conference on English Language Research on Computerized Corpora (ICAME 20) Freiburg im Breisgau 1999

Edited by Christian Mair and Marianne Hundt

Amsterdam/Atlanta, GA 2000. VII,395 pp.
(Language and Computers: Studies in Practical Linguistics 33)

ISBN: 90-420-1493-8   Bound € 91,-/US$ 91.-

From being the occupation of a marginal (and frequently marginalised) group of researchers, the linguistic analysis of machine-readable language corpora has moved to the mainstream of research on the English language. In this process an impressive body of results has accumulated which, over and above the intrinsic descriptive interest it holds for students of the English language, forces a major and systematic re-thinking of foundational issues in linguistic theory. "Corpus linguistics and linguistic theory" was accordingly chosen as the motto for the twentieth annual gathering of ICAME, the International Computer Archive of Modern/ Medieval English, which was hosted by the University of Freiburg (Germany) in 1999. The present volume, which presents selected papers from this conference, thus builds on previous successful work in the computer-aided description of English and at the same time represents an attempt at stock-taking and methodological reflection in a linguistic subdiscipline that has clearly come of age.

Contributions cover all levels of linguistic description - from phonology/ prosody, through grammar and semantics to discourse-analytical issues such as genre or gender-specific linguistic usage. They are united by a desire to further the dialogue between the corpus-linguistic community and researchers working in other traditions. Thereby, the atmosphere ranges from undisguised skepticism (as expressed by Noam Chomsky in an interview which is part of the opening contribution by Bas Aarts) to empirically substantiated optimism (as, for example, in Bernadette Vine's significantly titled contribution "Getting things done").

USA/Canada: One Rockefeller Plaza, Ste. 1420, New York, NY 10020,
Tel. (212) 265-6360, Toll-free (U.S. only) 1-800-225-3998, Fax (212) 265-6402
All other countries: Tijnmuiden 7, 1046 AK Amsterdam, The Netherlands.
Tel. ++ 31 (0)20 611 48 21, Fax ++ 31 (0)20 447 29 79
Orders-queries@rodopi.nl   www.rodopi.nl

A THESAURUS OF OLD ENGLISH IN TWO VOLUMES

Jane Roberts and Christian Kay with Lynne Grundy

Volume I: Introduction and Thesaurus, Volume II Index.
Amsterdam/Atlanta, GA 2000. XXXVI, 1562 pp.

Costerus NS 131+132

ISBN: 90-420-1573-X   € 136,-/US-$ 136.-
ISBN: 90-420-1583-7   € 159,-/US-$ 159.-

Contents:
Acknowledgements. Abbreviations. Introduction.
A Thesaurus of Old English
1. The Physical World. 2. Life and Death. 3. Matter and Measurement. 4. Material Needs. 5. Existence. 6. Mental Faculties. 7. Opinion. 8. Emotion. 9. Language and Communication. 10. Possession. 11. Action and Utility. 12. Social interaction. 13. Peace and War. 14. Law and Order. 15. Property. 16. Religion. 17. Work. 18. Leisure. Index.

USA/Canada: One Rockefeller Plaza, Ste. 1420, New York, NY 10020,
Tel. (212) 265-6360, Call toll-free (U.S. only) 1-800-225-3998,
Fax (212) 265-6402
All other countries: Tijnmuiden 7, 1046 AK Amsterdam, The Netherlands.
Tel. ++ 31 (0)20 611 48 21, Fax ++ 31 (0)20 447 29 79
Orders-queries@rodopi.nl   www.rodopi.nl

ADVERBIAL MODIFICATION
Selected papers from the Fifth Colloquium
on Romance Linguistics

Edited by Reineke Bok-Bennema, Bob de Jonge,
Brigitte Kampers-Manhe, Arie Molendijk

Amsterdam/Atlanta, GA 2001. 208 pp.
(Faux Titre 203)
ISBN : 90-420-1564-0   € 39,-/US-$ 36.-

This volume contains a selection of papers presented at the *Cinquième Colloque de Linguistique Romane/Fifth Colloquium on Romance Linguistics,* which was held at Groningen University in September 1998. The theme of the colloquium was 'adverbial modification in Romance languages'.

Therefore, adverbial modification is the common denominator of the works in this volume. However, and interestingly enough, the viewpoints taken by the Various authors differ considerably: some of the works deal with traditional adverbs (Ocampo, Kampers-Manhe, Bok-Bennema, Molendijk), others with elements such as mood (de Jonge, Quer) or negation (de Swart). Degree modification is discussed by Cover and Doetjes. Modifying clauses are the topic of Le Draoulec's article and modifying nominals play a central role in Schroten's contribution. A special type of modification is the pragmatic one, which is represented by Montolio's article. Also, various theoretical approaches are represented in this volume, such as the generative approach (e.g. Kampers-Manhe, Bok-Bennema), formal semantics (Molendijk, De Swart) and functional-cognitive linguistics (Ocampo, De Jonge), among other ones. Moreover, the languages dealt with are Catalan, French, Rumanian and Spanish.

Thus, this volume offers a wide perspective on adverbial modification in Romance languages both from a theoretical point of view as from the point of view of the different languages involved.

USA/Canada: One Rockefeller Plaza, Ste. 1420, New York, NY 10020,
Tel. (212) 265-6360, *Call toll-free* (U.S.only) 1-800-225-3998,
Fax (212) 265-6402
All Other Countries: Tijnmuiden 7, 1046 AK Amsterdam, The Netherlands.
Tel. ++ 31 (0)20 6114821, Fax ++ 31 (0)20 4472979
orders-queries@rodopi.nl   www.rodopi.nl

'Les Tentations de saint Antoine' and Flaubert's Fiction
A Creative Dynamic

Mary Neiland

Amsterdam/Atlanta, GA 2001. 201 pp.
(Faux Titre 204)

ISBN: 90-420-1345-1   € 37,-/US-$ 34.-

This book reveals the extensive and dynamic interplay between *Les Tentations de saint Antoine* and the rest of Flaubert's fiction. Mary Neiland combines two critical approaches, genetic and intertextual criticism, in order to trace the development of selected topoï and figures across the three versions of *La Tentation* and on through Flaubert's other major works. Each chapter is devoted to one of these centres of interest, namely, the banquet scene, the cityscape, the crowd, the seductive female and the Devil. Detailed study of these five areas exposes a remarkable intimacy between writings that appear at a far remove from each other. The networks of recurring images located demonstrate for the first time the obsessive nature of Flaubert's writing practice; the pursuit of these networks across his fictional writings exposes his developing technique; and *La Tentation* is revealed as both a privileged moment of expression and as a place of auto-reflection.
This volume will be of interest to students and specialists of Flaubert as well as to those interested in genetic and intertextual criticism.

USA/Canada: One Rockefeller Plaza, Ste. 1420, New York, NY 10020,
Tel. (212) 265-6360, Call toll-free (U.S. only) 1-800-225-3998,
Fax (212) 265-6402
All other countries: Tijnmuiden 7, 1046 AK Amsterdam, The Netherlands.
Tel. ++ 31 (0)20 611 48 21, Fax ++ 31 (0)20 447 29 79
Orders-queries@rodopi.nl   www.rodopi.nl

FRENCH
'CLASSICAL' THEATRE TODAY
Teaching, Research, Performance

Edited by Philip Tomlinson

Amsterdam/Atlanta, GA 2001. 307 pp.
(Faux Titre 205)

ISBN: 90-420-1355-9   € 55,-/US-$ 51.-

Arising from the activities of the Centre for Seventeenth-Century French Theatre, this volume proposes a selection of eighteen essays by internationally renowned scholars aimed at all those who value and work with the theatre of seventeenth-century France, whether in teaching, research or performance. Frequently seeking out the interfaces of these areas, the essays cover historiography (including that of opera), the theory and practice of textual editing, visualizing – in terms of both theatre architecture and the significance of playtext illustration - , approaches to study and research (including the most recent applications of computer technology), and performance studies which relate the classical canon to contemporary French and other cultures. Always suggesting new directions, challenging the epistemological bases of the very concept of French classical theatre, the essays provide a snapshot of scholarship in the field at the dawn of a new millennium, and offer an ideal opportunity to reassess its past whilst looking to its future.

Rodopi

USA/Canada: One Rockefeller Plaza, Ste. 1420, New York, NY 10020,
Tel. (212) 265-6360, Call toll-free (U.S.only) 1-800-225-3998,
Fax (212) 265-6402
All Other Countries: Tijnmuiden 7, 1046 AK Amsterdam, The Netherlands.
Tel. ++ 31 (0)20 6114821, Fax ++ 31 (0)20 4472979
orders-queries@rodopi.nl   www.rodopi.nl

Titres, toiles et critique d'art
Déterminants institutionnels du discours sur l'art au dix-neuvième siècle en France

Leo H. Hoek

Amsterdam/Atlanta, GA 2001. 389 pp.
(Faux Titre 210)

ISBN: 90-420-1386-9 € 82,-/US-$ 77.-

Dans *Titres, toiles et critique d'art*, Leo H. Hoek interroge deux types de discours — les titres picturaux et la critique d'art — sur les fondements institutionnels de leur fonctionnement discursif et social. Les diverses formes de manifestation des titres picturaux et les jugements de l'art par un journaliste débutant comme Emile Zola, servent de points de départ à un examen approfondi de la fonction institutionnelle du discours sur l'art au dix-neuvième siècle français. L'interaction entre les 'règles de l'art' et les changements institutionnels dans le 'champ artistique' (Pierre Bourdieu) permet à l'auteur de mettre en lumière le rôle social des titres picturaux et de la critique d'art. Il s'avère que la poétique des titres picturaux et l'évaluation de l'œuvre d'art sont toutes les deux motivées beaucoup plus par les déterminants institutionnels que constituent les rapports de force entre les positions dans le champ artistique, que par les qualités présumées des œuvres commentées. Cette exploration interdisciplinaire du rôle ambigu et fascinant qu'ont joué ces deux types de commentaire sur l'art, se situe à l'entrecroisement de plusieurs disciplines concourantes comme l'histoire de l'art, l'histoire littéraire et la sociologie institutionnelle et donc au coeur même de l'étude des rapports entre le texte et l'image.

USA/Canada: One Rockefeller Plaza, Ste. 1420, New York, NY 10020,
Tel. (212) 265-6360, Call toll-free (U.S.only) 1-800-225-3998,
Fax (212) 265-6402
All Other Countries: Tijnmuiden 7, 1046 AK Amsterdam, The Netherlands.
Tel. ++ 31 (0)20 6114821, Fax ++ 31 (0)20 4472979
orders-queries@rodopi.nl www.rodopi.nl

Time, Narrative & the Fixed Image/
Temps, Narration & Image Fixe

Edited by/sous la direction de Mireille Ribière et Jan Baetens

Amsterdam/Atlanta, GA 2001. 226 + 40 pp. ill.
(Faux Titre 208)

ISBN: 90-420-1366-4 € 57,-/US-$ 53.-

This volume focuses on the relationship between time, narrative and the fixed
image. As such, it highlights renewed interest in the temporality of the fixed
image, probably one of the most important trends in the formal and semiotic
analysis of visual media in the past decade.

The various essays discuss paintings, the illustrated covers of books, comics or
graphic novels, photo-stories, postcards, television and video art, as well as
aesthetic practices that defy categorization such as Chris Marker's masterpiece
La Jetée. The range of works and practices examined is reflected in the
different theoretical approaches and methods used, with an emphasis on
semiology and narratology, and, to a lesser extent, aesthetics and psychoanaly-
sis. The interest of this book, however, does not stem exclusively from the
range and scope of the artefacts examined, or the methodological issues that
are addressed; its fundamental importance rests in the contributors' readiness
to question the differentiation between fixed and moving images which all too
often provides a convenient, if not altogether convincing, starting point for
image analysis.

The originality and value of the contribution that *Time, Narrative and the
Fixed Image/Temps, Narration et image fixe* makes to the body of theoretical
writing on visual media lies in this challenging and comprehensive approach.

USA/Canada: One Rockefeller Plaza, Ste. 1420, New York, NY 10020,
Tel. (212) 265-6360, Call toll-free (U.S. only) 1-800-225-3998,
Fax (212) 265-6402
All other countries: Tijnmuiden 7, 1046 AK Amsterdam, The Netherlands.
Tel. ++ 31 (0)20 611 48 21, Fax ++ 31 (0)20 447 29 79
Orders-queries@rodopi.nl www.rodopi.nl